Dieses Buch ist auch als E-Book erhältlich

Über die Autorin:

Kate Allatt ist verheiratet und Mutter dreier Kinder. 2010 hatte sie einen Schlaganfall und litt anschließend am Locked-in-Syndrom. Nach ihrer erstaunlichen und unvorhersehbaren Genesung gründete sie die Wohltätigkeitsorganisation »Fighting Strokes«, die sich aktiv für die Verbesserung der Schlaganfall-Rehabilitation von vornehmlich jungen Menschen einsetzt.

Kate Allatt

So nah bei dir und doch so fern

Als ich in meinem Körper gefangen war

Aus dem Englischen von
Axel Plantiko

BASTEI LÜBBE TASCHENBUCH
Band 60752

1. Auflage: September 2013

Vollständige Taschenbuchausgabe

Deutsche Erstausgabe

Für die Originalausgabe:
Copyright © 2011 by Kate Allatt and Alison Stoke
Titel der Originalausgabe:
»Running free«
Originalverlag: Accent Press Ltd, The Old School, Upper High Street,
Bedlinog, Mid-Glamorgan CF46 6RY

Für die deutschsprachige Ausgabe:
Copyright © 2013 by Bastei Lübbe AG, Köln
Textredaktion: Friederike Haller; Berlin
Titelbild: © Trevillion, shutterstock
Umschlaggestaltung: Christin Wilhelm, www.grafic4u.de
Satz: hanseatenSatz-bremen, Bremen
Gesetzt aus der Stempel Garamond
Druck und Verarbeitung: GGP Media GmbH, Pößneck
Printed in Germany
ISBN 978-3-404-60752-5

Sie finden uns im Internet unter
www.luebbe.de
Bitte beachten Sie auch: www.lesejury.de

*Für meinen bewundernswerten Ehemann Mark,
der mir das Leben rettete, sowie für meine gleichermaßen
bewundernswerten und dabei außergewöhnlich belastbaren
Kinder – Indi, Harvey & The Woodster.
Ich liebe euch so sehr.
Kate und Mum x*

*»Erfolg ist nicht final, Misserfolg nicht fatal;
es ist das Durchhaltevermögen, das zählt.«*

Winston Churchill

INHALT

Prolog 9
1 Intensivstation 15
2 Das Laufen und meine erstaunlichen
Freundinnen 19
3 Die Mutter aller Kopfschmerzen 26
4 Acht von zehn ist schlecht 32
5 Innen lebendig 37
6 Die größte Erniedrigung 47
7 Wir hatten unsere Differenzen, aber meine Mutter
ist fantastisch 56
8 Lachen ist die beste Medizin 65
9 Ein Wimpernschlag für »nein«, zwei für »ja« 71
10 Wieder achtzehn 86
11 Mama weint nur, weil sie glücklich ist, dich zu
sehen 92
12 Teezeit 97
13 Wer einmal lügt, der wird entlassen 100
14 Willkommen in Osborn 4 104
15 Es fühlt sich an, als würd ich eine Wassermelone
machen 112
16 Es gehört sich nicht, jemanden als Krüppel zu
bezeichnen 121
17 Die wollen mich umbringen 125
18 Wag es nicht, mich abzuschreiben 130
19 Hondas und Rasenmäher 136

– 7 –

20	»Du bist nicht meine Mutter. Ich hasse dich!«	141
21	Denen werde ich es zeigen!	147
22	Das ganze Dorf hilft mit	158
23	Besucher sind wie Busse	163
24	Facebook rettete mir das Leben	170
25	Frustshopping und grauer Haaransatz	176
26	Vierzig und kein bisschen munter	181
27	Es ist meine Party, und ich heul, wenn mir danach ist	191
28	Therapiewahnsinn	198
29	Schubkarren und Freundschaft	209
30	Tagesausflüge und Tagebücher	215
31	»Sag meinen Namen, Mama«	224
32	Lasst mich nicht noch einmal im Stich	228
33	Weshalb muss ich um alles kämpfen?	234
34	Für ein Wochenende zu Hause	249
35	Ich weiß, dass ich keine gute Patientin bin	256
36	Ich stehe in Marks Schuld	264
37	Ich habe meine Zeit abgesessen; danke und tschüss!	268
38	So, Kinder, jetzt reicht's! Die Normalität hat mich wieder	272
39	Ich werde wieder laufen	277
40	Ein Wochenende unter Frauen	282
41	Bis dass der Tod uns scheidet	288
42	In Pute und Fleischbällchen lauert Gefahr	293
43	Wohltätigkeit beginnt zu Hause	300
44	»Alles, was wir uns zu Weihnachten wünschen, ist unsere Mama«	311
45	Laufen ist meine Freiheit	317

Nachwort Reflexionen nach einem beschissenen Jahr ... 321

Danksagungen ... 330

PROLOG

Sonntag, 7. Februar 2010

*I*ch weiß nicht, wie sich Migräne anfühlt. Neununddreißig Jahre lang blieb es mir erspart, sie zu erleben. Doch wenn sie sich so anfühlt, dass man am liebsten seinen Kopf abnehmen und ihn jemand anderem überlassen würde, damit derjenige sich darum kümmert, bis der Schädel endlich zu kreischen aufhört, dann lag der Arzt in der Notaufnahme wohl richtig, als er bei mir Migräne diagnostizierte.

Vor vier Stunden hat mich derselbe Arzt mit einer Packung Co-codamol-Schmerztabletten nach Hause geschickt und mir geraten, es ein paar Tage lang ruhig angehen zu lassen. Ich versuche mein Bestes, seinem Rat zu folgen, was für eine Mutter von drei äußerst lebhaften Kindern alles andere als einfach ist. Den Nachmittag verbringe ich im Bett und warte darauf, dass das Medikament endlich zu wirken beginnt, damit das unablässige Hämmern in meinem Schädel erträglich wird. Ich schließe die Augen, umklammere meinen Nacken und massiere mit den Fingern sacht den Hinterkopf. Mein einziger Wunsch ist, von dieser Höllenqual wenigstens so lange befreit zu sein, bis ich in einen schmerzfreien Schlaf versinke. Bitte, nur eine Stunde Erholung, dann bin ich wieder auf dem Damm.

Plötzlich ertönt ein »MAMA!« aus dem Badezimmer. Dort tobt ein brüderlicher Kampf zwischen dem neunjährigen Harvey und dem sechsjährigen Woody. Es ist Woody, der meine Unterstützung fordert. Ich versuche ihren Streit zu ignorieren, da ich weiß, dass mein Ehemann Mark, der unten in der Küche die Hinterlassenschaften des sonntäglichen Mittagessens beseitigt, einschreiten wird, sollte der Zank aus dem Ruder laufen – was meistens der Fall ist. Aber ich kann den Krach nicht ausblenden. Diese Kopfschmerzen machen mich rasend. Ich stehe auf und schleppe mich ins Badezimmer.

»Harvey, wenn du deinen kleinen Bruder nicht auf der Stelle in Ruhe lässt, gehst du morgen nach der Schule nicht zum Fußballtraining!«, schimpfe ich, was dazu führt, dass neuerliche Übelkeit in mir aufsteigt. Mark hört die Verzweiflung in meiner Stimme und kommt mir zu Hilfe.

»Du strengst dich zu sehr an«, sagt er leicht verärgert. »Setz dich. Ich kümmere mich schon um die beiden. Und beruhige dich erst mal, ich mache dir gleich eine Tasse Earl Grey.«

Er legt mir den Arm um die Schulter und führt mich nach unten ins Wohnzimmer, wo ich auf das rote Ledersofa sinke und mir den Kopf halte, in dem es so grauenhaft hämmert. Dies ist die Mutter aller Kopfschmerzen. Unsere Tochter India, elf Jahre alt, hat den Fernseher laufen lassen und ist nach oben gegangen, um ihren Schulranzen für morgen zu packen. Auf dem Plasmabildschirm läuft die Wiederholung von *Dancing on Ice* aus der vergangenen Woche, und irgendein Seifenopern-Star wirbelt wie ein Profi über die Eisbahn. Doch ich sehe ihm nicht zu. Ich schaue auf die Uhr des Bildschirms. 18.09 Uhr. Ich fühle mich krank, richtig krank. Nicht so, als steche nur ein furchtbarer Kopfschmerz in meinen Schädel, es ist vielmehr ein Gefühl, das sich nicht beschreiben lässt. Mein ganzer Körper ist geschwächt, alle Energie scheint aus mir herauszufließen. Langsam gerate ich in Panik.

»Mark, was ist mit mir los? Mir ist so komisch«, versuche ich meinem Mann zuzurufen, der sich ein paar Meter entfernt in der Küche aufhält. Es ist nur noch ein Lallen. »Mmmooh«, ein unterdrücktes Stöhnen kommt aus meinem Mund, und plötzlich steht Mark vor mir, doch sein Gesicht ist lediglich eine verschwommene Fläche vor meinen Augen. Mein ganzer Körper versteift sich, und panisch registriere ich, wie ich vom Sofa rutsche und als unförmiger Haufen auf dem Boden lande. Ich fühle Marks Arme, die mich umfassen, als er versucht, mich hochzuheben, um meine starren Gliedmaße auf dem Teppich in eine normale Position zu bringen. Ich erkenne nichts außer vagen Formen und Bewegungen, doch ich spüre die Furcht meines Mannes, als er unserer Tochter zuruft: »India, lauf nach nebenan und hol Burt!«

Sekunden verstreichen, aber ich habe kein Gefühl für die Zeit, nur blinde Angst. Ich habe keinerlei Kontrolle mehr über meinen Körper, was mich zu Tode erschreckt. Mark ist immer noch dicht neben mir, ich kann gerade noch das Weiß seines T-Shirts im Kontrast zu seinem dunklen Haar erkennen.

»Bitte, hilf mir! Lass mich nicht allein«, flehe ich innerlich.

Wie aus der Ferne höre ich India, die Mark berichtet, der Nachbar sei nicht zu Hause. Danach will sie wissen, was denn los ist.

»Lauf und hol Lise, hol irgendjemand!«, erwidert Mark, damit India eine andere Nachbarin um Hilfe bittet, die zufällig Krankenschwester ist. Während er mich im Arm hält, wächst die Angst in seiner Stimme. Mark, dieser für gewöhnlich ruhige, vernunftgeleitete »Alles-ist-schwarz-oder-weiß-Typ«, gerät in Panik. Momentan sieht er nur schwarz.

»Kate, hörst du mich? Was ist passiert? Alles in Ordnung mit dir, Kate?« Lise ist hier. Ich habe keine Ahnung, wie viel Zeit inzwischen verstrichen ist. Mir ist heiß, ich möchte nach irgendetwas greifen, mit dem ich mir Luft zufächeln kann, doch ich kann mich nicht rühren. Meine Augen sind angstvoll aufgerissen wie bei einem Kaninchen, das vom Scheinwerferlicht angestrahlt wird. Nicht einmal meine Atmung kann ich noch kontrollieren, und ich ringe nach Luft. Ich höre meine eigenen verzweifelten Hechelgeräusche. Lise schickt India fort, um einen Ventilator zu holen, und sie weist Mark an, sofort den Notarzt zu alarmieren.

Als Erstes erscheint ein Sanitäter. Er hört meine Herztöne ab und misst meinen Blutdruck, dann greift er zum Funkgerät, um Unterstützung anzufordern, einen Rettungswagen für eine »Frau in Notlage«. Ich warte. Mark und Lise befolgen den Rat des Sanitäters und legen mir feuchte Tücher auf die Stirn, um mich zu kühlen. Doch ich fühle mich nach wie vor, als befände ich mich im Glutofen der Hölle. Vielleicht ist dies die Strafe für meine Lebensweise, bei der ich einen Haushalt führe, gleichzeitig eine eigene Firma betreibe und die Kinder nach der Schule zu ihren Vereinen und sonstigen Aktivitäten kutschiere. Möglicherweise bekomme ich hier auch die Quittung für mein anspruchsvolles Berglauf-Programm.

»Hat sie einen Anfall?«, fragt Mark den Sanitäter.

»Das ist kein Anfall«, lautet die ernste und knappe Antwort.

Minuten verstreichen, und wir warten. Ich fühle mich immer schwächer werden. Der Sanitäter greift wieder zu seinem Funkgerät. Er lässt keinerlei Entschuldigung gelten: »Schickt mir den erstbesten Wagen, und zwar auf der Stelle!« Selbst er scheint inzwischen in Panik zu geraten.

Es ist ernst: Mark weiß, dass es ernst ist, und auch ich weiß, dass es ernst ist. Der Sanitäter sagt Mark, er solle eine Reisetasche mit den nötigsten Dingen für mich vorbereiten, da ich sie brauchen würde. Ich höre Marks Schritte auf der Treppe, und er kommt mit meinen Laufklamotten zurück,

– 12 –

dieser Volltrottel. Ich weiß, dass ich es liebe, bis zum Umfallen zu laufen, aber Joggingsachen sind in diesem Moment wirklich das Letzte, was ich brauche.

Zwei Männer in Grün kommen und heben mich auf eine Bahre mit Rollen. Während ich aus meinem Haus gefahren werde, denke ich: Wo sind die Kinder? Ich hoffe nur, dass sie mich nicht in diesem Zustand sehen. Danach frage ich mich, ob ich einen zueinander passenden Schlüpfer und BH trage.

Als ich hinten in den Rettungswagen geschoben werde, spüre ich, wie auf der Innenseite meines linken Oberschenkels etwas hinabträufelt. Na toll, jetzt habe ich mir auch noch in die Hose gemacht. Wie werde ich jemals mit dieser Peinlichkeit leben können? Mark hält meine Hand, die Sirene heult, und ich gleite in eine Bewusstlosigkeit, als habe jemand eine Pausentaste für mein Leben gedrückt.

KAPITEL 1

Intensivstation

Mittwoch, 10. Februar 2010

Oh Scheiße! Was ist denn jetzt passiert?, war mein erster Gedanke, als ich wieder zu Bewusstsein kam. Ich lebte. Gerade so. Drei Tage lang hatte ich im Koma gelegen. Um mich herum konnte ich das Geräusch von allen möglichen Geräten und Maschinen der Intensivstation hören. Man hatte mich zusammengeschnürt wie einen Truthahn. Nie zuvor hatte ich so viele Schläuche auf einmal gesehen. Sie hingen in meiner Nase, steckten in meinen Armen, und am schlimmsten war dieser Monsterschlauch, den man mir in den Mund gestopft hatte. Ich wollte ihn ausspucken, doch außer meinen Augenlidern konnte ich nichts bewegen.

Was ich nicht wahrnahm, war die Tatsache, dass der Schlauch in meinem Mund mit einer Maschine verbunden war, die die Atmung für mich besorgte. Das ließ mich sabbern, was niemanden gut aussehen lässt, insbesondere keine prächtige junge Mutter wie mich. Im Moment fühlte ich mich allerdings alles andere als prächtig, ich war verängstigt und entsetzt.

Ich konnte mich nicht rühren, doch mein Verstand arbeitete normal und machte Überstunden. So etwa muss es sein, wenn man lebendig begraben wird, dachte ich. Nur war dies noch schlimmer, da ich sehen konnte, wie um mich herum das Leben weiterging, ohne dass ich eine Chance hatte, da-

– 15 –

ran teilzunehmen. Ärzte und Krankenschwestern drängten sich am Fußende meines Bettes; sie unterhielten sich leise über mich.

»Hallo, wissen Sie denn nicht, dass es ungehörig ist, über Leute zu reden, die sich im selben Raum befinden?«, sagte ich. Doch natürlich blieben meine Gedanken ungehört. Ich konnte nicht sprechen, und ich konnte auch nicht genau verstehen, was sie über mich sagten, was mich fürchterlich ärgerte, aber ihr Gesichtsausdruck verriet, dass ich jemand war, den man bemitleiden musste. Nachdem sie gegangen waren, hörte ich Gelächter aus dem Schwesternzimmer. Die Medikamente mussten mich paranoid gemacht haben, denn ich dachte, die Schwestern würden über mich lachen.

»Kommt, Leute, lasst mich an eurem Spaß teilhaben. Ich habe genügend Sinn für Humor. Und genau jetzt könnte ich wahrlich etwas brauchen, das mich aufmuntert.« Ich wollte sie unbedingt wissen lassen, dass ich die lebenslustige Kate war. Ich wollte ihnen zeigen, dass sich unter all diesen Schläuchen eine nette, normale Mutter befand, ganz wie sie, und nicht der medizinische Notfall, der dem Tode nahe war. Eine Schwester erschien mit einem Klemmbrett und beschäftigte sich mit einem der Geräte. Sie bemerkte nicht einmal die vor lauter Frustration vergossenen Tränen, die mir über die Wange liefen. »Bitte, kommen Sie und reden Sie mit mir. Ich weiß, dass ich wahrscheinlich scheiße aussehe, aber ich beiße nicht.«

Wenigstens hatten jetzt endlich die Kopfschmerzen aufgehört. Das Hämmern im Hinterkopf war der Grund, weshalb ich hier so nahe dem Tode lag. Später erfuhr ich, dass es in der Tat keine Migräne gewesen war, sondern ein Blutgerinnsel im Stammhirn, oder, um es weniger verbrämt zu sagen, ein gewaltiger Schlaganfall. Man hatte mir eine Fifty-fifty-Überlebenschance gegeben, und drei Tage lang hatten die Ärzte mich im künstlichen Koma gehalten, um meinem Gehirn Ruhe und die Möglichkeit zur Erholung zu verschaffen. Als ich mein Bewusstsein wiedererlangte, war ich in meinem Körper eingeschlossen, gefangen – »locked in«, wie es im Englischen heißt. Die gesamte Muskulatur – mit der ich normalerweise jede Bewegung in meinem Körper kontrollierte – war gelähmt. Ich war nicht nur unfähig, mich zu setzen oder einen Finger zu rühren, ich konnte aus eigenem Antrieb nicht einmal atmen oder schlucken. Ich war vollkommen hilflos. Doch ich konnte meine Augenlider bewegen – daher war ich in der Lage, die Augen zu öffnen und alles in meinem unmittelbaren Blickfeld zu beobachten. Ich konnte selbstständig denken und verstand alles, was um mich herum geschah. Aber wusste jemand, dass ich innerhalb meines erstarrten Körpers noch am Leben war?

Da bemerkte ich, dass ich auch Schmerz empfinden konnte. Nachdem ich drei Tage lang in unveränderter Position verbracht hatte, tat die Schulter verteufelt weh. Ich hätte alles dafür gegeben, mich auf die Seite rollen zu können, um sie zu entlasten, doch ich war nicht imstande dazu.

Die Uhr gegenüber meinem Bett zeigte 14.50 Uhr. Bald würden die Kinder aus der Schule kommen. Ich spürte Panik. Wo war Mark? Wartete er vor der Schule auf sie?

Die Zeit vergeht grausam langsam, wenn man keine Kontrolle über seinen Körper besitzt. Mir blieb nichts anderes übrig, als den Minutenzeiger der Uhr zu beobachten, wie er Stück für Stück vorwärtstickte, und zu hoffen, dass jemand käme, um ein paar schöne Minuten mit mir zu verbringen und mir zu erzählen, was gerade vor sich ging. Ich bin nie ein Minutenzähler gewesen. Mein Leben war zu hektisch mit drei Kindern, dem Betreiben der eigenen Firma, einem großen Freundeskreis und meinem Hobby, dem Berglaufen, gewöhnlich hatte der Tag viel zu wenig Stunden. Doch jetzt konnte ich nichts anderes tun, als auf die Uhr zu starren und auf jemanden zu warten, irgendjemanden, der Notiz von mir nahm. Erst nach ein oder zwei Tagen fiel mir auf, dass ich mich nicht einmal auf Mahlzeiten freuen konnte. Selbst das war mir genommen worden, denn ich wurde durch den Schlauch in meiner Nase ernährt. Ohne es zu spüren, ging ich davon aus, dass man einen Katheter gelegt hatte, um meinen Urin abfließen zu lassen.

Plötzlich hatte ich das furchtbare Gefühl, auf Toilette zu müssen. Mist! Mir wurde klar, dass ich auch keine Gewalt über meine Gedärme besaß und eine Windel trug. Ich spürte, wie da unten irgendetwas vor sich ging, als hätte mir jemand einen Kuhfladen in den Schlüpfer gestopft. Ich roch nichts, stellte mir aber vor, ein unangenehmer Geruch wabere zum Schwesternzimmern auf der anderen Seite meines Bettes hinüber. Bestimmt würde gleich eine Schwester kommen und nach mir schauen.

Wenn so mein künftiges Leben aussehen sollte, dann wünschte ich ein schnelles Ende herbei.

KAPITEL 2

Das Laufen und meine erstaunlichen Freundinnen

Was kann ich über mein früheres Leben berichten, das mir auf so plötzliche und würdelose Weise genommen wurde? Für jeden außenstehenden Beobachter musste es ausgesehen haben, als hätte ich das große Los gezogen. Wir waren die typische Mittelklasse-Familie, die ein perfektes Vorstadtleben führte.

Mark und ich waren frisch verheiratet, als wir vor dreizehn Jahren in dem kleinen Ort Dore in ein Zweifamilienhaus aus den Dreißigerjahren zogen. Wir hatten uns in das Dorf und seinen ländlichen Charme verliebt. Es war eine angenehm altmodische, freundliche Yorkshire-Gemeinde mit florierenden Geschäften, Pubs und einer guten Grundschule, genau das, was wir für die Gründung unserer Familie brauchten. Wichtiger noch, vor unserer Haustür erstreckte sich das herrliche Hochlandgebiet von South Yorkshire, das wir ausgiebig für Spaziergänge und Touren mit dem Mountainbike nutzten. 1998 wurden wir in der Kirche von Dore getraut. Ein Jahr später kam India zur Welt, das erste unserer drei Kinder. Harvey und Woody komplettierten unsere Familie.

Mark und ich arbeiteten beide hart und steckten unser Geld in das Haus und die Familie. Mark war Vertriebs- und Marketingleiter eines Unternehmens, das Sanitätsartikel verkaufte, und ich war gerade dabei, meine eigene Online-Marketing-Firma aufzubauen, nachdem ich jahrelang für

– 19 –

andere Leute gearbeitet hatte. Die Kinder hatten ihren eigenen prallen Terminkalender: Pfadfinderinnen und Tanzstunde für India, Fußball und Rugby für Harvey, Klavierstunde und Schwimmen für Woody.

In unserer Beziehung war ich die Leidenschaftliche, Kreative: die treibende Kraft. Ich steckte meine Ziele stets höher, als andere Leute es von mir erwarteten. Ich trieb mich an, mich immer noch mehr für meine Arbeit und mein Privatleben zu engagieren. Mark war praktischer und geerdet: mein Steuermann. Sobald ich mal wieder zu einem Höhenflug ansetzte, holte er mich auf den Teppich zurück. Zusammen bildeten wir ein gutes Team.

Neben meiner Familie waren die wichtigsten Dinge in meinem Leben meine Freundinnen und meine eigene Fitness. Meine engsten Freundinnen hießen Alison, Anita und Jaqui, drei andere Mütter aus Dore. Wir hatten etwa gleichaltrige Kinder, die dieselbe Schule besuchten, und im Laufe der Jahre vertiefte sich unsere Freundschaft noch durch andere Gemeinsamkeiten. Wir waren alle »Superfrauen«, die die Belastung eines Fulltime-Jobs meisterten, einen Haushalt führten und dabei noch genügend Zeit fanden, sich selbst ansehnlich und gut in Schuss zu halten. Wir bildeten das Äquivalent von Dore zu den *Desperate Housewives* – vier Frauen in den Dreißigern, die sich täglich auf dem schmalen Grat zwischen Dramatik und friedlicher Häuslichkeit bewegten.

Alison ist meine beste und loyalste Freundin. Sie ist die Überlegte und Fürsorgliche und mit Chris, dem Schuldirektor, verheiratet. Ich kann ihr meine tiefsten Geheimnisse anvertrauen. Jaqui ist die Praktische, Effiziente des Typs »Tochter aus gutem Hause und etwas nervig«. Sie bekleidet einen hochrangigen Regierungsjob und ist mit einem Firmenchef verheiratet. Anita ist die, auf die alle Kerle stehen. Als zierliche Halb-Inderin sieht sie umwerfend aus, gibt sich bisweilen blauäugig und betreibt ihren eigenen Hundesalon. Ihr Mann Bill besitzt eine Etiketten- und Verpackungsfirma.

In dieser Gruppe war ich die Sture, die harte Nuss, die ewig Pläne schmiedete und Resultate schaffte. Wenn eine von uns gestresst war, halfen die anderen ihr, den Druck zu mildern. Wenn eine aus der Gruppe niedergeschlagen war, organisierten die anderen einen Ausgleich. Wir genossen unsere Weiberabende, indem wir uns Filme anschauten, uns jede Woche im Literaturkreis trafen, uns an Wochenenden davonmachten und in Wellnesscentern verwöhnen ließen oder an mediterranen Stränden Sonne tankten. Durch unsere Freundschaft wurden auch unsere Ehemänner gute Kumpel. Mark meinte, ich sei in der Lage, jedes Ereignis zu einer Party zu machen, und mit Alison, Anita und Jaqui an meiner Seite tat ich das auch.

Unser Berglauf am Samstag gehörte zu unseren regelmäßigen Treffen. Während der letzten vier Jahre hatten Jaqui, Anita und ich uns jeweils für den Morgen verabredet und waren gelaufen. Egal, bei welchem Wetter, egal, was sonst anstand, wir liefen. Wir planten die Strecke reihum, und sie war jedes Mal mindestens 20 Kilometer lang. Wenn es regnete, wählten wir einen Weg durch die tiefer gelegenen Wälder, und wenn es schneite, was gelegentlich vorkam, liefen wir einfach etwas schneller. Am Ende winkte immer das Café. Der Lauf war ein Muss, für das weder mieses Wetter noch andere Entschuldigungen akzeptiert wurden, und er gab uns die Möglichkeit, den Klatsch und Tratsch der Woche auszutauschen. Unsere Gespräche drehten sich im Allgemeinen um die vier Hauptthemen: Wie beschissen sich unsere Ehemänner wieder einmal benommen hatten; wie hektisch es bei der Arbeit zugegangen war; wie ungezogen die Kinder gewesen waren; und die üblichen Betrügereien im Dorf, bei denen sich jemand dummerweise hatte erwischen lassen. Nach zwei Stunden und einer Tasse Earl Grey waren wir für eine weitere Woche Stress mit Arbeit und Familie gerüstet.

Wenn ich mit dem Festlegen der Strecke an der Reihe war, führte ich die anderen häufig zum Froggatt Edge hinauf. Mit über 30 Kilometern war es einer unserer längeren Läufe, doch der Ausblick über die violett blühende Heidelandschaft entschädigte für die Mühe. Dieses Bild unbeschreiblicher Schönheit blieb mir während meines Krankenhausaufenthalts immer vor Augen.

Unsere Ehemänner verdächtigten uns, die Läufe seien reine Erfindung, nachdem Mark uns einmal im Dorf vor einem Café sitzend entdeckt hatte, als wir eigentlich auf halbem Wege zu einem Berggipfel hätten sein müssen. Doch unsere Fitness sprach für sich.

Vier Tage vor meinem Schlaganfall war ich zu Gast bei BBC Sheffield, einem lokalen Radiosender, um über meine große Geburtstagsherausforderung zu reden. Am 3. Juni 2010 stand mein vierzigster Geburtstag an, und ich war wild entschlossen, dieses Jahr unvergessen zu machen. Einige Jahre zuvor hatte ich zusammen mit einigen befreundeten Arbeitskollegen als Unterstützung für eine lokale Wohltätigkeitsorganisation die *Three Peaks Challenges* absolviert und die drei höchsten Gipfel in England, Schottland und Wales bewältigt. Meinen Geburtstag nahm ich zum Anlass, meine Ziele noch höher zu stecken: Ich plante, eine Serie von Herausforderungen anzugehen, die im September mit der Besteigung des Kilimandscharo enden sollte, des höchsten Berges von Afrika. Wir wollten die schwierigste, die westliche, Route nehmen. Die Organisation des Unternehmens lag bei mir. Mark, Jaqui und fünf Freunde vom örtlichen Rugbyverein wollten mich begleiten. Wir hatten unsere Beiträge bereits bezahlt und die Plätze für die Herausforderung unseres Lebens gebucht.

Uns blieben nur noch sieben Monate Vorbereitung, um richtig fit zu werden.

Als Teil meiner Geburtstagsherausforderung hatte ich die Freundinnen beim *Eyam Halbmarathon* im Mai angemeldet, der eine der härtesten Strecken in Yorkshire, wenn nicht in ganz Großbritannien, bereithält. Während der 21,1 Kilometer rauf zu den Yorkshire Moors würden wir 365 Höhenmeter zu bewältigen haben, und deshalb hatte ich Anita davon überzeugt, dass es gut wäre, vorher an einem Ausbildungslager teilzunehmen. Wir mussten uns einfach noch stärker fordern, und ich hielt ein zweistündiges Trainingsprogramm mit militärischem Drill für genau das Richtige.

Am Samstag, dem 6. Februar, um 7.45 Uhr, einen Tag vor meinem Schlaganfall, holte mich Anita ab, und wir fuhren nach Chatsworth House, wo unser neues Training beginnen sollte. Es war einer dieser perfekten Wintermorgen, kalt und klar, und wir freuten uns darauf, mal etwas anderes zu tun. Ich war richtig aufgekratzt, denn zum ersten Mal seit fast zwei Wochen war ich beschwerdefrei aufgewacht. Die lästigen Kopfschmerzen, unter denen ich in den letzten vierzehn Tagen gelitten hatte, waren verschwunden, und ich fühlte mich pudelwohl, als der Ausbilder uns aufforderte, uns in der klaren, frischen Februarmorgenluft aufzuwärmen, wobei wir den Schafskötteln auf dem herrschaftlichen Anwesen des Duke of Devonshire ausweichen mussten.

»Kate, mach langsam«, warnte mich Anita, weil ich meinen Körper mit Pendelläufen bis zum Limit forderte, weit schneller, als unser Ausbilder von uns verlangte. Außerdem machte ich doppelt so viele Sit-ups und Liegestützen wie gefordert. Anita wusste, dass für mich träges Herumtraben auf dem Gelände nicht infrage kam.

Das erste Mal hatte ich Anita mit der wundervollen

Landschaft des Peak Districts bekannt gemacht, als unsere Kinder noch Säuglinge waren. Unsere Babys legten in jungen Jahren hunderte Kilometer zurück, indem wir sie bei jeder Witterung in unseren Tragerucksäcken Kilometer um Kilometer über die Hügel mitschleppten oder in ihren total verdreckten dreirädrigen Geländekinderwagen durch die Wälder schoben. Im Gegenzug hat Anita mich zum Berglauf gebracht. Ich hatte jahrelang Straßenläufe gemacht und an Fünf- oder Zehn-Kilometer-Benefizläufen wie dem *Race for Life* teilgenommen. Den Sheffield-Halbmarathon hatte ich in ordentlichen 1:38 Stunden geschafft. Doch Berglauf erschien mir für meine alternden Gelenke einfacher. Anita wusste, dass ich gerne 200 Prozent gab, wenn ich etwas anging; andere sagten, es sei der Kontrollfreak in mir, ich hingegen meinte, es sei Zielstrebigkeit. Sie wusste auch, dass ich zwei Wochen zuvor eine Trainingseinheit mit einem Privattrainer absolviert hatte, die damit endete, dass ich herumlief, als habe ich zwei Wochen auf einem Pferd gesessen. Deshalb war sie zu Recht beunruhigt.

Von den Endorphinen in unseren Körpern noch total aufgedreht, beschlossen wir auf der Rückfahrt, Jaqui davon zu überzeugen, uns in der nächsten Woche zu begleiten. Als ich nach Hause kam, gönnte ich mir ein heißes Schaumbad, während Mark sich für seine übliche Wochenend-Tour aufs Mountainbike schwang. Harvey hatte Fußballtraining, Woody war beim Schwimmen und India befand sich in ihrem Kinderzimmer und hörte Musik auf ihrem iPod, daher hatte ich wohlverdiente Zeit nur für mich allein und kam zur Ruhe. Später am Abend brachte Alison ihre Tochter Charlotte vorbei, die bei India übernachten wollte, und während die Mädchen oben vor Facebook klebten, saß der Rest der Familie wie jeden Samstagabend vor der Glotze, kuschelte auf dem Sofa, genoss

Chicken tikka massala, Pilau-Reis und Onion bhaji aus der örtlichen Imbissstube und schaute sich *Dancing on Ice* an, bevor es früh zu Bett ging.

_____ KAPITEL 3 _____

Die Mutter aller Kopfschmerzen

Am nächsten Morgen waren die Kopfschmerzen wieder da. Außerdem kribbelte mein Mund. Ich fühlte mich lausig und konnte es nicht mal auf den Rotwein vom vorigen Abend schieben, da ich nicht mehr als ein halbes Glas geschafft hatte. Eigentlich hätte ich mich mit Jaqui zu einem Lauf aufmachen sollen, doch ich schickte ihr eine SMS: »Mir ist nicht nach Laufen. Kopfschmerzen sind zurück.«

Nach dem Frühstück kam Alison, um ihre Tochter abzuholen. Ich bezeichnete Alison gerne als meine Komplizin, denn wir teilten die gleiche Lebenslust und denselben verrückten Sinn für Humor. Sie behauptete immer, ich sei der einzige Mensch, der auf ihrer Wellenlänge lag. Nie bereit, mit der Wahrheit hinterm Berg zu halten, sagte sie: »Du siehst scheußlich aus.«

Ich nahm es als Einladung, über meine Kopfschmerzen zu jammern, die mir während der vergangenen beiden Wochen den letzten Nerv geraubt hatten. Es war zwar nicht so schlimm gewesen, dass ich meine tägliche Routine hätte aufgeben müssen, doch es störte und belastete mich. Die Kopfschmerzen schienen ständig präsent zu sein, ein permanenter Schmerz, der mich behinderte. Am vorangegangenen Samstagabend waren mein Bruder und dessen Frau mit ihren Kindern gekommen, und ich war früh schlafen gegangen, was äußerst ungewöhnlich für mich ist. Ich dachte, der Grund sei vielleicht Dehydration gewesen, und trank des-

– 26 –

halb eine Menge Wasser. Doch führte das nur dazu, dass ich häufiger pinkeln musste, ohne dass der Schmerz nachließ.

Nachdem Alison gegangen war, sagte Mark, den ich im Verdacht hatte, langsam genug von meinem ewigen Gejammer zu haben: »So, das reicht mir jetzt; wir lassen es untersuchen.«

Typisch Mann, der seinem natürlichen Drang folgte, Dinge in Ordnung zu bringen, trommelte er die Kinder zusammen und fuhr uns zum örtlichen Krankenhaus. Als wir dort ankamen, hatten sich die Kopfschmerzen von »ziemlich lästig« zu »ganz und gar nicht normal« entwickelt. Mark setzte mich und India am Eingang der Notfallambulanz ab und fuhr mit den Jungs weiter, um den Wagen zu parken. Wir gingen zu der Frau am Empfang. Doch als ich ihr meinen Namen sagen wollte, begann ich zu lallen und sah nur noch verschwommene Bilder.

»Ist dies der schlimmste Kopfschmerz, den Sie je erlebt haben?«, fragte die Krankenschwester, was ich mit »Ja« beantwortete. Man testete meinen Urin, und obgleich die Schwester sagte, man habe nichts Außergewöhnliches gefunden, gefiel ihr die Sache mit dem Lallen offenbar gar nicht, denn sie empfahl, die Notfallstation des Allgemeinkrankenhauses in Sheffield aufzusuchen. Mir boten sich drei Möglichkeiten: sofort dorthin aufbrechen, am nächsten Morgen hinfahren oder einen Termin für den nächsten Tag machen.

»Wir fahren direkt«, sagte Mark, der inzwischen mit Harvey und Woodster vom Parkplatz gekommen war. Die Empfangsdame benachrichtigte die Notfallstation, und wir fuhren quer durch die Stadt zum Sheffield Hallam Hospital.

Eine Stunde später stand ich dem diensthabenden Arzt gegenüber. Zuweilen heißt es, man solle unbedingt vermeiden, an einem Sonntag krank zu werden, denn dies sei der Tag, an dem die Fachärzte freimachen und die jüngsten unter den Assistenzärzten Dienst schieben. Mittlerweile hatte die wunderbare Wirkung der Ibuprofen-Tabletten eingesetzt, die ich früher am Morgen eingenommen hatte, und mir ging es nicht mehr so schlecht; Sprachvermögen und Sehkraft funktionierten wieder. Ich beschrieb, was mir im anderen Krankenhaus widerfahren war.

»Haben Sie es gehört?«, fragte der Arzt Mark.

Hatte er nicht. Ich schickte ihn nach draußen zum Empfang, um nach den Kindern zu schauen, die wir in unserer Panik im belebten Eingangsbereich alleine zurückgelassen hatten. Dann wollte der Arzt wissen, ob irgendjemand anderes mein Lallen gehört hatte. Damals kam mir diese Frage seltsam vor.

»Haben Sie momentan irgendwelche Sorgen?«, fragte der Arzt weiter.

Ich erklärte, dass ich gerade dabei sei, meine eigene Marketing-Firma aufzubauen, und dass mich die Aufgabe, einen Kundenstamm zu gewinnen und genügend Geld zu verdienen, um meine zwei neuen Angestellten zu bezahlen, durchaus unter Druck setzte. Daraufhin kam der Arzt zu dem Schluss, ich leide an Migräne, und schickte mich mit ein paar Co-codamol-Tabletten und dem Ratschlag nach Hause, ich solle es »im Auge behalten« und mich nicht überanstrengen.

Im Nachhinein weiß ich, dass ich seine Diagnose hätte infrage stellen und darauf hinweisen sollen, dass die Schwester im anderen Krankenhaus immerhin besorgt genug über mein Lallen gewesen war, um mich eine zweite Meinung einholen zu lassen. Außerdem hätte ich dem Arzt erklären müssen, dass er nach der Blutdruckmessung bei dem Ergebnis »normal« nur einen Blick in meine Akte hätte werfen müssen, um festzustellen, dass »normal« in meinem Fall »niedrig« bedeutete. Doch von all dem tat ich nichts, ich fuhr einfach nach Hause, legte mich ins Bett und wartete, bis das Blutgerinnsel in meinem Stammhirn die Versorgung des Gehirns kappte.

An die Fahrt im Rettungswagen zur Notfallstation vier Stunden später erinnere ich mich kaum, doch man erzählte mir, dass dort helle Aufregung und fieberhafte Aktivität herrschten, während Mark bei Alison anrief, sie solle sich um die Kinder kümmern. Ich wurde nach Sheffield in dasselbe Krankenhaus gebracht, nur schob man mich diesmal auf einer Bahre mit Rädern und mit hektischen Rettungssanitätern an meiner Seite hinein. Der erste Mensch, dem wir begegneten, war der Arzt, der nachmittags die Migräne diagnostiziert hatte. Mark berichtete mir später, er sei ganz schön bleich geworden, als er uns als absoluten Notfall zurückkehren sah.

Ich versuchte, irgendetwas über einen Krampf in meinem Bein zu schreien. In diesem Moment bemerkte Mark den Wahnsinnsschrecken in meinen Augen. Ich war ein Kontrollfreak, der sämtliche Kontrolle über seinen Körper verloren hatte. Mir wurde eine Maske über das Gesicht gestülpt, um mich zu sedieren, und die Ärzte entschieden, sie müssten eine Ader zum Gehirn blockieren, bevor ein Scan gemacht werden konnte. Mark sagten sie, »irgendetwas Neurologisches« sei vorgefallen, aber sie wüssten noch nicht, was es sei.

Während mein Gehirn gescannt wurde, hatte Mark die unangenehme Aufgabe, unseren jeweiligen Eltern die schlimme Nachricht zu überbringen. Weil er meine Mutter nicht erreichte, rief er meinen Stiefvater an und teilte ihm Unheil verkündend mit: »Ihr müsst sofort kommen, mit Kate passiert irgendetwas!« Sie waren auf einer Party bei einem Freund in Bury, entschuldigten sich und machten sich umgehend auf den Weg nach Sheffield. Danach rief Mark meinen Vater an, der zu Hause war und direkt zum Krankenhaus raste. Marks letzter Anruf unterbrach eine sonntägliche Soiree seiner Eltern. Seine Mutter und sein Vater, beide halbpensioniert und in ein reges Gesellschaftsleben eingebunden, steckten mitten in den Vorbereitungen für ein Dinner mit Freunden. Nachdem sie den Anruf bekommen hatten, stellten sie das Abendessen auf den Tisch, baten die Gäste, sich selbst zu bedienen, packten ihre Reisetaschen und brachen zu einer einsamen und nervösen Fahrt über 160 Kilometer durch Schnee und Nebel auf.

Drei Stunden später waren sämtliche Eltern versammelt, um den Bericht des behandelnden Arztes zu hören. Ich hatte eine rechtsseitige vertebrale Aortendissektion und -okklusion erlitten, was zu einem akuten Infarkt in der Hirnbrücke geführt hatte. Laienhaft ausgedrückt hieß das, ein großer Pfropfen saß in der Hauptschlagader und verhinderte die Blutversorgung des Gehirns. Die Computertomografie zeigte schwere Schädigungen, und die Prognose war düster. Der Schaden befand sich in einem derart sensiblen Bereich, dass die Ärzte nicht operieren konnten. Die einzige Alternative bestand in der Verabreichung von Medikamenten, die das Blutgerinnsel auflösten, doch die Ärzte waren sich nicht sicher, ob es dafür nicht schon zu spät war. Es handelte sich um ein so spezielles Fachgebiet, dass sie den Rat von Experten einholen mussten, und einige der führenden Neurologen des Landes hatte man bereits zu Hause kontaktiert.

Mark und meiner Mutter reichte das nicht, sie wollten mehr wissen. Sie baten um konkretere Auskünfte, doch zu diesem Zeitpunkt gab es keine.

»Es ist ziemlich ernst«, war alles, was der Arzt sagen konnte. »Wir müssen sie über die nächsten Stunden bringen. Die nächsten Stunden sind entscheidend.« Mark, dem das Ausmaß der Situation damit noch immer nicht klar war, ließ nicht locker.

»Heißt das, dass sie die Nacht möglicherweise nicht überleben wird?«, fragte er.

»Die Chance steht bestenfalls fünfzig zu fünfzig«, lautete die Antwort.

Meine Familie wartete, und aus Minuten wurden Stunden. Für den Einsatz der Blutgerinnsel auflösenden Medikamente war es zu spät, daher beschlossen die Ärzte, die einzige Möglichkeit, mich lebend über diese Nacht zu bringen, bestünde in der Stilllegung meines Körpers. Ich wurde auf die Intensivstation gebracht und an die Maschinen angeschlossen, die mich künstlich am Leben erhalten würden. Mark und meine Mutter blieben an meiner Seite und warteten auf einen winzigen Hoffnungsschimmer, doch da war nichts: nur das Zischen des Atemgeräts und das hypnotisierende Piepsen des Herzmonitors. Um drei Uhr morgens schickte man sie nach Hause. Sie konnten nichts mehr tun. Sie konnten lediglich warten. Als sich auf dem Weg zum Auto die Schleuse der Intensivstation öffnete, fielen sie sich in Tränen aufgelöst in die Arme, weil ihnen die Schwere meiner schier aussichtslosen Lage noch einmal bewusst wurde – sie würden mich vielleicht nie mehr lebend wiedersehen. In dieser Nacht betete meine Mutter, und Mark schlief: den Schlaf eines ausgepowerten und machtlosen Mannes.

KAPITEL 4

Acht von zehn ist schlecht

Während ich im künstlichen Koma lag, lief für meine Kinder die Schule normal weiter. Mark hatte beschlossen, sie alle bräuchten eine gewisse Stabilität in ihrem Leben, für seinen Verstand ebenso wie als Schutz für die Kinder. Er wusste, dass er zusammenbrechen würde, sobald er es sich auch nur eine Sekunde erlauben würde, innezuhalten und sich zu viele Gedanken über die Situation zu machen. Genauso wusste er, dass ich meine ganze Aufmerksamkeit immer unseren Kindern gewidmet hatte, und wenn er sie jetzt vernachlässigte, würde ich zurückkommen und ihn als Geist heimsuchen. Außerdem, was sollte er den Kindern denn ehrlich sagen, wo er doch selbst nicht wusste, was ihm gerade widerfuhr?

Am Abend zuvor waren die Kinder in dem Wissen zu Bett gegangen, dass ich krank war, und als sie aufstanden, fanden sie eine leere Küche vor, in der ich gewöhnlich ihre Müslischalen gefüllt und herumgemeckert hätte, sie sollten endlich voranmachen. Beim Frühstück teilte Mark ihnen mit, Mama läge sehr krank im Krankenhaus, aber alles müsse normal weiterlaufen wie bisher.

»Ich fahre euch zur Schule, und wenn ihr nach Hause kommt, ist alles in Ordnung.« Das entsprach zwar nicht der Wahrheit, doch sie schienen es zu akzeptieren.

Für Mark und Alison war es gleichermaßen schwierig, als sie die Kinder zur Schule brachten und von dort abhol-

– 32 –

ten. Alison vermied jeden Blickkontakt und sprach mit keiner der anderen Mütter aus Angst, die Fassung zu verlieren. Als sie sich in den frühen Morgenstunden von Mark verabschiedet hatte, nachdem er aus dem Krankenhaus zurückgekehrt war, betrug meine Überlebenschance gerade mal fünfzig Prozent. Sie konnte nicht mit ihm reden, da sie sich davor fürchtete, eine schlechte Nachricht zu hören. Anita, die Intuitive unter uns, spürte, dass etwas passiert war, und als Alison ihr die Wahrheit erzählte, kamen sie überein, es für sich zu behalten, bis es nähere Neuigkeiten gab.

An den folgenden Tagen, als sich die Nachricht von meinem Zustand im Dorf verbreitete, wurde das Bringen und Abholen der Kinder von der Schule noch schwieriger, da immer mehr Mütter Mark aus dem Wege gingen. Man konnte meinen, er sei es, der eine furchtbare Krankheit mit sich herumtrug. Alle waren schockiert, doch niemand wusste, was er sagen sollte. Jedermann hatte Fragen, aber wie es sich in einem höflichen, gutbürgerlichen Gemeinwesen gehört, wollte niemand der Erste sein, der Mark eventuell aus der Fassung brachte. Meine Mutter und meine Freundinnen waren es, die ihm über die ersten schweren Tage hinweghalfen.

Nachdem die Kinder zur Schule gebracht worden waren, versammelte sich meine Familie im Besuchszimmer der Intensivstation zu einem Gespräch mit den Ärzten und dem Pflegepersonal. Es war eine unbehagliche Situation mit sehr viel Schweigen, denn aus medizinischer Sicht gab es kaum etwas Neues zu berichten. Ich hatte die Nacht überlebt, das immerhin war positiv, doch die nächste Aufgabe bestand darin, mich über den Rest der Woche zu bringen.

Mark wollte wissen, wie düster die Prognose sei, deshalb fragte er: »Auf einer Skala von null bis zehn, wobei zehn Tod bedeutet, wie schlimm steht es da um Kate?«

Er erwartete eine mittlere Einstufung von fünf, doch als Antwort erhielt er »Acht«.

Dies war der Punkt, als wirklich zu allen durchdrang, wie nahe ich dem Tode war. Meine Mutter war entsetzt, zum einen über die nüchterne Art und Weise, wie Mark mein Leben auf eine Wahrscheinlichkeits-Waagschale hatte legen können, zum anderen über die Trostlosigkeit der Antwort. Sie brauchte einen Hoffnungsschimmer, um das natürliche Gleichgewicht der Mutterschaft wiederherzustellen, welches besagt, dass die Kinder einen überleben sollten.

Einer der Ärzte, ein Ire, musste die Fassungslosigkeit meiner Mutter bemerkt haben, denn er erklärte, das Gehirn sei ein erstaunliches Organ, und er habe einen Fall wie meinen erlebt, bei dem es zu einer Besserung gekommen sei. Und wenn es erst einmal zu einem Fortschritt käme, dann vollzöge sich für gewöhnlich ziemlich schnell ein Heilungsprozess, der sogar zu einer fast normalen Genesung des Patienten führen könne. Allerdings machte der Doktor seinen eigenen Hoffnungsschimmer gleich wieder zunichte, als er hinzufügte, um mich stünde es wirklich sehr schlecht, und bei vielen Patienten mit einer schweren Schädigung des Hirnstamms wie meiner könne man kaum mit einer vollständigen Genesung rechnen. Vielmehr müsse man davon ausgehen, dass ich für den Rest meines Lebens ein Pflegefall bliebe. Falls ich überlebte.

»Das sind keine guten Aussichten«, fasste Mark die Gedanken der anderen zusammen. Die Ärzte nickten zustimmend.

In den folgenden Tagen machte sich Mark den Grundsatz zu eigen: »Das Leben wird hart sein, aber wir müssen damit zurechtkommen.« Bei der Arbeit informierte er seinen unmittelbaren Vorgesetzten, sprach aber nicht mit seinen anderen Kollegen darüber, da er keine schwierigen Fragen beantworten wollte. Mit Unterstützung meiner Mutter und seiner Eltern entwickelte er eine tägliche Routine aus Arbeit, Krankenhaus und Schlaf. Sobald die Kinder um halb neun im Bett waren, legte auch er sich schlafen. Er wollte vermeiden, abends allein dazusitzen und ins Grübeln zu geraten, denn er wusste, wenn er es zuließe, würde er in ein tiefes Loch stürzen, aus dem er vielleicht nie mehr herauskäme. Später erzählte er mir, er habe es noch Monate nach meinem Schlaganfall nicht geschafft, sich in unser Wohnzimmer zu setzen, wo das Drama begonnen hatte. Der Raum vermittelte ihm ein Gefühl zu großer Einsamkeit.

Es ist erstaunlich, dass einen in den bittersten Zeiten die einfachsten Dinge zum Lachen bringen können. Für Mark und meine Familie ergab sich dies anlässlich einer entgangenen Fischpastete und eines Kneipenabends mit den Kumpels.

Sobald sich die Nachricht von meinem Zustand verbreitet hatte, trat die Dorfgemeinschaft von Dore in Aktion. Mit Krankenhausbesuchen war niemandem geholfen, daher versorgte man die ganze Familie mit guter Hausmannskost, was Mark sehr zu schätzen wusste. Die Frauen der Kirchengemeinde taten sich zusammen und kochten im Rotationsprinzip. Wenn man bedenkt, dass wir seit unserer Hochzeit vor fast zwölf Jahren keinen Fuß mehr in die Kirche gesetzt hatten, mit Ausnahme des jährlichen Weihnachtskonzertes, war dies eine außergewöhnlich freundliche Geste.

Jeden Tag wartete auf unserer Türschwelle ein anderes Gericht: herzhafte Aufläufe, Töpfe mit Chili con Carne oder Schüsseln mit Spaghetti Bolognese. Eines tauchte jedoch nicht auf: eine angekündigte Fischpastete, auf die sich besonders mein Stiefvater Dave freute, da es seine Lieblingspastete war. Als er an jenem Freitagabend mit meiner Mutter aus dem Krankenhaus kam, war keine Fischpastete zu sehen. Sie fragten herum, doch niemand wusste etwas davon. Um nicht unhöflich zu erscheinen, bedankten sie sich bei der Köchin, ohne die Pastete gefunden zu haben. Das Rätsel löste sich erst ein paar Tage später auf, als eines der

Kinder eine Schultasche von der Anrichte nahm und darunter die vermisste Speise fand.

Kurz danach luden eine Gruppe Ehemänner aus Dore und seine Mountainbike-Kumpel Mark in die Dorfkneipe ein, damit er für ein paar Stunden auf andere Gedanken kam. Es funktionierte großartig, denn inmitten seines Freitagabendbieres sagte Mark: »Ich habe dermaßen viel um die Ohren, dass ich noch nicht mal dazu gekommen bin, mir einen runterzuholen!«

Daraufhin meinte einer aus der Gruppe: »Wenn ich dir irgendwie behilflich sein kann, brauchst du mir nur Bescheid zu geben.«

Der Mann bemerkte gar nicht, was er da wörtlich angeboten hatte, und Mark verzichtete auf das Angebot, aber die Geschichte sorgte seitdem immer wieder für Lacher.

_____ KAPITEL 5 _____

Innen lebendig

Nachdem ich aus dem Koma erwacht war, bekam ich alles um mich herum mit, während die Ärzte und das Pflegepersonal darum kämpften, Leben zu retten. Über das Rauschen der Ventilatoren und das Piepen des Herzmonitors hinweg hörte ich die gedämpften Stimmen des Personals, wie sie sich über die schlechten Aussichten anderer Patienten unterhielten. Doch ich konnte nichts unternehmen, um ihnen klarzumachen, dass ich lebte und zuhörte.

Ich spürte jeden Schmerz in meinem Körper, und jeder schien verstärkt. Die Schmerzen in der Schulter wollten nicht verschwinden, und ich konnte sie durch nichts lindern. Gestützt durch zwei Kissen unter meinen Armen und mit Schläuchen in jeder Körperöffnung, fühlte ich mich, als sei ich das Opfer irgendeines bizarren Folterrituals.

Den Blick hielt ich starr auf diese verdammte Uhr gerichtet – das war alles, was ich tun konnte. Ich weinte freiwillige und unfreiwillige Tränen, geboren aus Schwermut, Frustration und der Notwendigkeit, Aufmerksamkeit zu erregen. Blinzeln war das Einzige, was ich kontrollieren konnte, doch jemanden darauf aufmerksam zu machen, lag völlig außerhalb meiner Macht, was zu weiteren Tränen führte.

Um 16.17 Uhr erschienen neben meinem Bett eine Krankenschwester mittleren Alters mit einem Dutt und eine blonde Hilfsschwester. Sie unterhielten sich, schauten mich dabei aber nicht an, sondern durch mich hindurch. Die äl-

– 37 –

tere Schwester hielt eine Spritze in der Hand und injizierte Schmerzmittel in eine Kanüle, die in meinem rechten Handrücken steckte. Sie schwieg und vermied die ganze Zeit über jeglichen Blickkontakt, während ich spürte, wie die Kälte des Medikaments in meinen Blutkreislauf floss. Danach rollten mich die beiden vom Rücken auf die linke Seite.

Es war das erste Mal, dass ich bewusst wahrnahm, wie das vierstündliche Ritual ablief, das ein Wundliegen verhindern sollte. Tränen rannen mir über die Wangen. Ich versuchte sie wegzublinzeln, doch sie tropften mir in den Mund. Ich verstand nicht, weshalb die Schwestern nicht mit mir sprachen. Ich wollte verzweifelt wissen, was hier geschah. Ich hoffte so sehr, dass sie über die Schläuche und Diagramme hinweg den Menschen anschauen würden, der da gefangen in einer gelähmten Hülle lag.

Ich stellte mir vor, dass diese Schwestern, die im Retten von Leben ihre Berufung gefunden hatten, in einem anderen Leben jene Art unabhängiger, motivierter Frauen sein mochten, die ich gerne meine Freundinnen genannt hätte, wenn ich nur die Chance dazu erhielte. Später erfuhr ich, dass sie geglaubt hatten, ich sei hirntot, und die Tränen seien meine Art gewesen, dem alten Leben nachzutrauern.

»Riecht, als wenn da jemand einen Wechsel braucht«, murmelte die ältere Schwester ihrer Kollegin zu, als eine Duftwolke aus meiner Windel sie erreichte. Als sie die Vorhänge um mein Bett zogen, wurde mir klar, dass ich am Anfang einer langen Reihe von Erniedrigungen stand. Während ich ausgezogen und von einer Seite auf die andere gerollt wurde, die Schwestern mir den Hintern abwischten und die schmutzigen Einlagen in den Windelbeutel wanderten, versuchte ich, meine Scham zu unterdrücken. Ich schloss die Augen und rief mir das Gefühl frischer morgendlicher Bergluft in meiner Lunge in Erinnerung. In meiner Fantasie lief ich über Hügel.

Nachdem sie ihre Arbeit verrichtet hatten, gingen die Schwestern zum nächsten Bett, und ihre Stimmen verloren sich im Surren und Schwirren der Maschinen. Erneut blieb mir nur das Zählen der Minuten. Wo ist Mark?, fragte ich mich. Ob er wohl weiß, dass ich lebe? Weshalb redet denn niemand mit mir?

Eine Stunde verstrich, doch in diesem Niemandsland zwischen Medikamenten und Tod erschien es wie eine Ewigkeit. Dann erblickte ich am Ende meines Bettes plötzlich ein vertrautes Gesicht.

»Mein Gott, hast du uns einen Schrecken eingejagt«, sagte Mark und versuchte, fröhlich zu klingen und seine Angst zu verbergen, als er mit dem Wrack seiner Frau konfrontiert wurde.

Mark hatte mich nie krank erlebt – außer bei dem einen Mal, bei dem ich mir während eines Rugbyspiels auf der Hochschule den rechten Arm brach. Selbst als Woody mit einem Kaiserschnitt zur Welt kam, stand ich bereits drei Tage später wieder auf und ging ins Fitnessstudio. Mich drei Tage lang im Koma liegen zu sehen, war ein gewaltiger Schock für Mark. Obwohl meine Augen jetzt ein wenig geöffnet waren und leise Hoffnung bestand, erwies sich unsere Konversation als sehr einseitig.

Ich war unheimlich erleichtert, ihn zu sehen. Er umging sämtliche Schläuche, setzte sich ans Bett und umarmte mich. Ich versuchte meine Hand zu bewegen, um seine Finger zu umklammern. Nichts. Ich versuchte meinen Fuß zu bewegen. Nichts. Ich wusste nicht, was mit mir passiert war. Ungewollt liefen mir Tränen über das Gesicht, und ich hatte keine Möglichkeit, sie zu verbergen, während Mark von seinem Tag bei der Arbeit berichtete und die eigenen Tränen zurückhielt.

»Deine Mutter ist zu Hause und kümmert sich um die Kinder. Kate, du musst wieder gesund werden, schließlich weißt du, dass ich es nicht sieben Tage die Woche mit deiner Mutter aushalte«, sagte er in dem Versuch, die ernste Situation aufzuheitern.

Ich wollte ihm mitteilen, dass ich lebte, doch mir stand keine Form der Kommunikation zur Verfügung. Mark hatte mir immer gesagt, meine Augen sprächen deutlicher als Worte. Er hatte gewitzelt, ein einziger Blick in meine Augen würde reichen, um zu wissen, ob ihn Unheil erwartete, wenn er von der Arbeit nach Hause kam. Jetzt konnte ich nur geradeaus starren und hoffen, dass er bemerkte, wie ich eine Verbindung zu ihm suchte. Ich wollte ihn fragen, ob er den Beitrag für Woodys Schwimmgruppe überwiesen hatte. Ich wollte wissen, ob India, Harvey und Woody gesehen hatten, wie ich in den Rettungswagen geschafft wurde, und ob sie genauso angsterfüllt waren wie ich.

Ich beobachtete Mark, während er sprach, doch sein Gesichtsausdruck blieb vage. Ich fragte mich, ob die Ärzte ihm die Wahrheit gesagt hatten. Wusste er, dass ich sterben würde? War dies sein Abschiedsbesuch? Ich hatte Angst, er könnte auf meinen verkrüppelten Körper hinabsehen und mich dann verlassen. Mark redete noch, und mir schoss ein Gedanke durch den Kopf, der meine Augen lachen ließ: »Dies ist das erste Mal, dass du in einem Gespräch mit mir die Oberhand gewinnen kannst, genieße es also!« Ich beobachtete, wie sich seine Lippen bewegten, und ich hätte sein Gesicht so gerne mit den Händen umfasst und ihn heftig geküsst.

Erinnerungen an jenen Abend im Februar 1990 kamen auf, als wir uns im Sheffield Rugby Club zum ersten Mal begegneten. Ich war neunzehn, studierte im ersten Jahr an der Universität von Sheffield und war entschlossen, das Studentenleben in vollen Zügen zu genießen. Ich hatte mir vorgenommen, mich in sämtlichen verfügbaren Clubs zu engagieren oder zumindest in jenen, in denen auch gelacht wurde. Ich war Mitglied der weiblichen Rugbymannschaft, nicht weil ich den Nervenkitzel eines ordentlichen Matches liebte, sondern weil diese Mädchen nach dem Spiel zu feiern wussten. Aus dem gleichen Grunde wurde ich Mitglied in der »Irish Society«, nachdem ich gehört hatte, der *craic* – der Spaß bei den Treffen – sei dort besonders groß.

Mark war dreiundzwanzig und spielte in der ersten Mannschaft des Sheffield Rugby Clubs. Zusammen mit seinen Rugbykumpanen sorgte er für Umsatz in der Bar und wollte gerade sein siebtes Pint Snake Bite (eine Mischung aus Apfelwein und Bier) mit schwarzer Johannesbeere hinunterschütten, als er verkündete: »Das nächste Mädchen, das durch die Tür kommt, fordere ich zum Tanz auf.«

Herein kam ich, gefolgt von meinen Freundinnen. Es war schon ziemlich spät. Nachdem ich im ersten Semester jede Menge Jungen kennengelernt hatte, durchlebte ich momentan eine Saure-Gurken-Zeit und war an diesem Abend auf Spaß aus. Der DJ spielte das Anfangsriff von *Don't Bang The Drum* von den Waterboys, und wir tanzten weniger, als dass wir auf der Tanzfläche herumschlingerten. Mein Bier spritzte auf den Boden, und wir torkelten nach dem Takt, den wir im Kopf hatten, nicht nach der Melodie, die gespielt wurde. Wir lachten viel, und ich zog ihn auf, seine Krawatte stehe von selbst. Er war ganz schön voll, und auch ich war ziemlich betrunken.

Als die Musik endete, gingen wir wieder an die Bar, und ich forderte ihn zu einem Trinkwettkampf heraus. Wer sein Pint Snake Bite mit schwarzer Johannesbeere als Letzter leerte, musste die nächste Runde bezahlen. Er musste mich begutachtet haben, diesen schlaksigen Teenager mit 58 kg Körpergewicht, und dachte wohl, ich sei keine Konkurrenz für ihn. Er ahnte nicht, dass dies mein Kabinettstückchen war und ich einige Erfahrung darin hatte, Apfelwein hinunterzuschütten, nachdem ich während meiner Abiturzeit ge-

– 41 –

lernt hatte, Männer zum Spendieren eines Drinks zu bewegen. Obwohl ihn seine Macho-Kumpane vom Rugby Club lautstark anfeuerten, schlug ich Mark knapp.

Über diese Niederlage kam er nie hinweg. Vielleicht hätte er sich in dem Moment lieber aus dem Staub machen sollen, doch stattdessen bot er mir an, mich zum Studentendorf, in dem ich wohnte, zu begleiten.

Zwei Wochen vergingen, bevor ich wieder etwas von ihm hörte. Nach unserer Trinkeinlage im Rugby Club hatten wir einander Gute Nacht gewünscht, ohne unsere Namen oder Adressen auszutauschen, wie es in den Tagen vor dem Handyzeitalter üblich war. Mark wusste immerhin, dass ich in einem Dorf mit hunderten Studentenbuden lebte, aber ich hatte keine Idee, wo er wohnte, und spürte auch nicht das Verlangen, ihm hinterherzulaufen. Glücklicherweise ergriff Mark die Initiative, kehrte zum Studentendorf zurück und klopfte wahllos an Türen, bis er meine Wohnung fand und bei einer Nachbarin eine Nachricht hinterlassen konnte.

Unser erstes Rendezvous begingen wir in einem örtlichen Pub. Marc erwartete das Mädchen mit den langen dunklen Haaren und dem »entzückenden Knackarsch«, das er im Rugby Club kennengelernt hatte. Als wir uns trafen, sah ich jedoch aus, als sei ich der Zeichentrickserie *Help ... It's the Hair Bear Bunch* entsprungen, da ich mir in der Zwischenzeit diese furchtbaren Dauerwellen hatte machen lassen, die gerade modern waren. Hübscher machte mich das nicht.

Mark bekam also seine zweite Chance, sich zu empfehlen und das Weite zu suchen. Doch er tat es nicht, was ich als gutes Zeichen nahm. Wir verplauderten den Abend und lernten einander besser kennen. Mark war Metallurg, einer dieser intelligenten, wissenschaftlichen Typen, die sich in einem der Stahlwerke von Sheffield mit Metallen beschäftigten. Mit einem Kollegen teilte er sich ein Haus in der Stadt.

Unter der bizarren Frisur entdeckte Mark ein Mädchen, das als Kindermädchen in Amerika gewesen war, jetzt aber wieder in Sheffield lebte, und das Betriebswirtschaft mit dem Ziel studierte, irgendwann eine eigene Kindermädchen-Agentur zu besitzen. Neben unserer Vorliebe für Rugby und der Fähigkeit, Pints mit Snake Bite in Rekordzeit hinunterzuschütten, teilten wir das Interesse an Freiluftaktivitäten wie Mountainbike fahren, Wandern und Skilauf.

Am Ende des Abends fragte mich Mark, ob ich ein halbes Bett oder die Hälfte des Fahrpreises für die Heimfahrt im Taxi haben wolle, dieser Geizkragen! Das machte ihn mir noch sympathischer. Er respektierte meine Unabhängigkeit und ging nicht davon aus, dass ich gleich mit ihm ins Bett springen wollte. Wie das Leben so spielt, wählte ich weder das halbe Bett noch das Taxi, sondern schlief auf Marks Badezimmerboden ein.

Im Laufe der nächsten fünf Jahre wuchs unsere Beziehung als Freunde und Liebespaar. Wir fühlten uns in der Gesellschaft des anderen wohl und konnten stundenlang über irgendwelchen Unsinn reden. Bevor ich Mark kennenlernte, hatte ich kein Vertrauen in Jungs. Ich habe zwei Brüder und eine Halbschwester, Abi, die vierzehn Jahre jünger ist als ich. Mein Bruder Paul ist zwei Jahre älter, während Tim ein Jahr jünger ist und ich als Wildfang in der Mitte eingekeilt bin. So wuchs ich in der Vorstellung auf, Jungs seien nervig.

In der Schule war ich nie die Hübsche oder die Trendige, ich war Kate, die Hinterwäldlerin. Von auswärts kommend, aus Macclesfield, wo die Arbeiterklasse zu Hause war, wurden meine Freunde und ich in der Schule von den schicken Stadtkindern übel beschimpft. Obwohl ich nach außen hin vor Angeberei und Großspurigkeit fast zu platzen drohte, als ich Mark kennenlernte, war ich innerlich furchtbar unsicher. Beide meiner ernsthaften früheren Freunde hatten Schluss mit mir gemacht, und mein Selbstwertgefühl lag im Keller. Anfangs baute ich eine Mauer auf und erlaubte es Mark nicht, mir zu nahe zu kommen, da ich fürchtete, erneut verletzt zu werden, doch Mark schien mich zu mögen. Als sich die Monate zu Jahren auswuchsen, festigte sich unsere Beziehung immer mehr.

Der Anflug von Wettkampf, der mit dem Apfelwein-Trinken begonnen hatte, setzte sich in unserer Beziehung als freundschaftliche Rivalität fort, so wie unter Geschwistern. Wenn wir wandern gingen, lief ich immer schneller und weiter als er. Eines Tages, als wir im Winter im Peak Distrikt eine Wandertour machten, stießen wir auf einen zugefrorenen Tümpel und schlugen ein Loch ins Eis. Ich tauchte meine nackte Hand hinein und forderte Mark heraus: »Wetten, dass du das nicht aushältst?«

Er steckte seine Hand direkt neben meine in das eiskalte Wasser. Auge in Auge, mit einander kaum berührenden Händen, hockten wir da und zitterten, und keiner war bereit, aufzugeben. Ich hätte mir fast Erfrierungen geholt, aber ich siegte. Wie zwei kleine Kinder konnten wir nicht anders, als uns in immer verrückteren und manchmal auch gefährlicheren Dingen zu messen, wie am Springen in einen Stausee.

Zu meinem zweiundzwanzigsten Geburtstag kauften wir neue Mountainbikes und verstauten sie hinten in Marks VW Polo für einen dreiwöchigen Campingurlaub in Frankreich. Ich erinnere mich, dass wir 4 000 Kilometer in sengender Hitze fuhren. Nachdem wir die Räder herausgeholt hatten, raste Mark wie ein Wilder davon, und ich trat wie verrückt in die Pedale, um ihn einzuholen. Ein anderes Mal waren wir zum Skilaufen in der Schweiz und verbrachten jeden Tag von morgens bis abends auf den Pisten, bis wir erschöpft zusammensanken und zu nichts mehr imstande wa-

– 44 –

ren. Wir liebten uns, wichtiger aber war, dass wir die besten Kumpel waren.

Wenn ich Mark jetzt anschaute, sah ich die Angst in seinen Augen. Es gab keinerlei Wettkampf mehr zwischen uns. Er konnte wandern, sprechen, atmen, essen, schlafen und auf die Toilette gehen. Ich konnte gar nichts. Mark besuchte mich jeden Tag und saß stundenlang neben mir. Später erzählte er, manchmal sei es gewesen, »als ob man zu einem Stück Holz sprach«, dennoch schaffte er es immer, die spaßige und flapsige Fassade aufrechtzuerhalten.

An manchen Tagen gelang es ihm, mich aufzumuntern. Wenn ich jedoch in Selbstmitleid versank, schimpfte ich innerlich: »Verpiss dich und lass mich allein!«

Zuweilen brachte Mark eine Kamera mit und machte Fotos von mir. Damals hasste ich es, da ich alles andere als gut aussah und es als Übergriff empfand.

Wenn er die Station verließ, brach Mark angesichts der grausamen Folgen meines Schlaganfalls regelmäßig in Tränen aus, wie ich später erfuhr. Auch ich weinte der Frau nach, die ich einmal gewesen war. Im Geiste wanderte ich zurück in die Anfangszeit unserer Beziehung, als wir uns nach fünf Jahren trennten, da er noch nicht heiraten und Kinder haben wollte, während ich bereit dazu war. Meine Mutter hatte meinen Bruder bereits mit achtzehn geboren, und ich spürte meine innere Uhr ticken. Inzwischen hatten wir uns Liebe »in guten wie in schlechten Tagen« gelobt, wir besaßen drei wundervolle Kinder, und plötzlich konnte ich Mark nichts bieten außer einer Zukunft, in der er mich würde pflegen müssen.

Ständig fragte ich mich: Wann hat er die Nase voll von dieser einseitigen Konversation und verlässt mich? Meine Angst verknüpfte sich mit der Verunsicherung meiner Kindheit und drohte, mich wahnsinnig zu machen. Ich dachte ständig an die zehnjährige Kate, die verletzt war, als ihre Mutter die Familie im Stich ließ und ein neues Leben mit Dave begann. In Wirklichkeit hatte sich Mark mir gegenüber immer treu und hilfsbereit gezeigt, außer bei dem einen Fehltritt zu Beginn unserer Beziehung, als wir noch jung waren, doch tief in mir gab es eine bohrende Stimme, die nicht verstummen wollte. Während ich auf der Intensivstation lag, wuchs meine Paranoia ins Unermessliche.

KAPITEL 6

Die größte Erniedrigung

*I*ch war so vollgepumpt mit Medikamenten, dass ich nur wenige Erinnerungen an diese ersten Tage auf der Intensivstation habe, doch die vorherrschenden Gefühle waren Angst und Frustration. Angst, dass niemand mir erzählte, wie es um mich stand, und Frustration, weil ich von einer unabhängigen, aktiven Frau auf eine hilfsbedürftige Krankenhauspatientin reduziert worden war, die von den Launen des anscheinend überarbeiteten Personals abhing.

In dieser Zeit stellte ich fest, dass die Ärzte und das Pflegepersonal der Intensivstation bei der Überwachung von Geräten und Maschinen, bei der Verabreichung von lebensrettenden Medikamenten und dem Im-künstlichen-Koma-Halten von vom Tode bedrohten Patienten effizient und qualifiziert sind. Im Umgang mit den Kranken jedoch gibt es gewaltige Defizite. Wenn man dauernd mit Menschen zu tun hat, die im Koma liegen oder hirntot sind, hat man wahrscheinlich kaum Gelegenheit, seine sozialen Kompetenzen zu pflegen.

Tagein, tagaus waren sie damit beschäftigt, Krankenblätter auszufüllen, Daten festzuhalten, Protokolle zu schreiben und mein Überleben zu sichern, aber niemand bemerkte, dass ich mitbekam, was sie sagten. Sie gingen einfach davon aus, ich sei hirntot und außerstande, irgendetwas zu erfassen, das um mich herum geschah. In einer Krankenstation, in der Patienten täglich starben oder gerade noch vorm Tode

– 47 –

gerettet wurden, fühlte sich das Eingeschlossensein manchmal schlimmer an, als tot zu sein.

Zunächst einmal hatte ich ständig Schmerzen. Mein Körper tat weh, Krämpfe peinigten Arme, Beine und Hals und verursachten Höllenqualen. Mein Hintern war vom langen Liegen wund, die Füße brannten und litten unter den Schienen, die sie in gerader Haltung fixierten. Ich lag dort und hatte alle Zeit der Welt, mich in meinen Schmerzen zu ergehen. Ich spürte, wie der Krampf in einem Fuß begann, und biss innerlich die Zähne aufeinander, um den brennenden Schmerz auszuhalten, wenn er das Bein hochraste. Zu Hause hatte ich Mark manchmal mitten in der Nacht aufgeweckt, weil ich im Schlafzimmer herumhüpfte, um einen Krampf loszuwerden, auf der Intensivstation jedoch war ich machtlos. Verzweifelt versuchte ich, die Aufmerksamkeit der Schwestern zu erregen, indem ich ihnen mit meinem Blick im Raum folgte und sie anflehte, die Agonie wahrzunehmen, in der ich mich befand.

»Bitte helfen Sie mir. Bitte, es tut so schrecklich weh. Aaaaah!!!«, brüllte ich im Geiste, während ein erneuter Krampf meinen Körper durchzuckte. Doch meine stummen Schreie und flehenden Blicke blieben ungehört und unbemerkt, woraufhin erneute Tränen der Frustration und des Schmerzes flossen.

Wenn der Tod das Ende all dieser Höllenqualen bedeutet, dann soll er kommen, dachte ich, am tiefsten Punkt angelangt, und beschäftigte mich mit den schrecklichen Möglichkeiten, wie ich das Zeitliche segnen könnte. Die Vorstellung, eine Spritze mit der Überdosis eines Medikaments zu bekommen, wie ein Tier, das von seinem Leiden erlöst wird, erschien mir falsch. Ich spielte die imaginäre Szene durch, wie eine Schwester oder ein Arzt neben mir sitzt und die tödliche Dosis verabreicht. Es gefiel mir nicht, denn ich fand, ich sollte zu meinen Bedingungen sterben. Ich wollte, dass jemand meinem jämmerlichen Leben ein Ende machte, den ich liebte.

Mark sollte derjenige sein, der an meiner Seite saß, wenn ich den letzten Atemzug tat. Ich war nicht in der Lage, ihm diesen Wunsch zu vermitteln, doch tief in mir hatte ich das Verlangen, er solle mir ein Kissen aufs Gesicht drücken. Ich konnte mich ja nicht wehren, und so würde ich in einen schmerzfreien ewigen Schlaf hinübergleiten. Meiner Familie und meinen Freundinnen ginge es ohne mich besser als mit mir in diesem Zustand. Sie würden um mich trauern, doch mit der Zeit würden sie den Verlust verarbeiten, ihr Leben weiterführen und mich als jene Frau in Erinnerung behalten, die ich einmal gewesen war: quirlig und voller Tatendrang.

Zu diesen Depressionen kam noch Müdigkeit hinzu. Seit ich aus dem Koma erwacht war, hatte ich nicht mehr schlafen können. Die Nächte wollten nicht enden, und die Tage vergingen im ständigen Kampf, wach zu bleiben, und der vergeblichen Hoffnung, dadurch nachts vernünftig schlafen zu können. Das permanente Zischen der Geräte hätte eigentlich hypnotisierend wirken müssen, stattdessen ging es mir auf die Nerven. Als wäre das nicht genug, lag da auch noch dieser Patient in der Nähe, ein älterer Mann mit Demenz, der die ganze Zeit schrie und wild auf das Pflegepersonal eindrosch.

Tagsüber ärgerte mich die kreischende Stimme nur, in der Stille der Nacht aber hörte sich sein Brüllen noch lauter an und störte mich in meiner Anfälligkeit noch mehr. Es empörte mich, wie er sich gegenüber dem Pflegepersonal äußerte, und ich hatte Angst, er könne seinen Zorn gegen mich richten und mir etwas antun, obwohl er realistisch gesehen keine Möglichkeit hatte, über die Gitter seines Bettes zu klettern.

Eines Nachts hatte ich derartige Schmerzen, dass ich die Augen schloss und in einen Schlaf glitt, den ich für meinen letzten hielt. Ich hatte das Gefühl, am Rande eines Abgrunds zu stehen, hinter dem sich nichts befand. Ich war nie ein sonderlich religiöser Mensch und hatte auch keine Vorstellung, was das Leben im Jenseits bringen würde, aber ich hatte Geschichten über helles Licht und Tunnel gehört, die zum ewigen Frieden führen sollten. Ich sah kein Licht und niemanden, der mich zur anderen Seite hätte geleiten können, nur Düsternis. Als ich aufwachte, war es lediglich Wunschdenken gewesen. Ich spürte immer noch Schmerzen, und der Gedanke, dass es auf der anderen Seite kein höheres Wesen gab, machte mich noch einsamer und depressiver.

In meinem durch die Medikamente vernebelten paranoiden Zustand entwickelte ich eine Abneigung gegenüber einer der Schwestern, einer älteren Frau, deren fehlenden Blickkontakt und mangelnde Einfühlsamkeit ich als Zeichen dafür deutete, ihr sei es lieber, wenn ich endlich sterben würde, obwohl sie vermutlich einzig darum besorgt war, mich am Leben zu halten.

Daneben gab es noch eine Schwester mit dem typischen Akzent von Stoke-on-Trent, die ebenfalls ständig damit beschäftigt war, sich um die Geräte zu kümmern, doch bei ihr hatte ich zumindest das Gefühl, sie sei freundlich, wenn sie die Aufzeichnungen am Fußende meines Bettes überprüfte und ihre Arbeit verrichtete. Und dann war da noch eine hübsche junge Schwester, die sich die Zeit nahm, mit mir zu reden, und die sich trotz ihrer gerade achtzehn Jahre meiner annahm.

Jeden Morgen machten die Ärzte ihre Runde und blieben am unteren Ende meines Bettes stehen. Bei den überlagernden Geräuschen der Geräte konnte ich nicht richtig verstehen, was sie sagten, doch ich dachte, sie diskutierten darüber, ob es sich lohne, mich am Leben zu halten, und ich hatte schreckliche Angst, sie könnten zu dem Schluss gelangen, ich sei den Aufwand nicht wert und das Bett solle für einen hoffnungsvolleren Fall genutzt werden.

Was mir während dieser Zeit einen Heidenschrecken einjagte, war die Tatsache, dass die Herz-Lungen-Maschine ihren eigenen Willen zu haben schien. Der Schlauch, über den Sauerstoff in meinen Körper gepumpt wurde, machte sich manchmal ohne Vorwarnung selbstständig. Das geschah mindestens vier oder fünf Mal pro Woche, und mir blieb nichts anderes übrig, als dort zu liegen und zuzuhören, wie der für meine Lunge bestimmte Sauerstoff in die Luft zischte, wohl wissend, dass ich von meiner Lebensader abgeschnitten war. Oft dauerte es nur zehn Sekunden, bis die Schwestern ein Alarmsignal bekamen und den Schlauch wieder befestigten. Doch in diesen Sekunden wurde ich daran erinnert, wie zerbrechlich mein Leben und wie absolut abhängig ich von den Menschen um mich herum und den Maschinen war.

Im Laufe dieser ersten Tage auf der Intensivstation starben zwei andere Patienten. Einer war ein älterer Mann mit einer schweren Brustkorbinfektion, der andere war ein vierzigjähriger Vater von zwei Kindern, der einen Herzinfarkt erlitten hatte. Bevor der jüngere Mann starb, hörte ich, wie die Ärzte und Oberschwestern mit den Angehörigen sprachen. Der Mann wurde künstlich ernährt, und sie überlegten, ob sie die Versorgung einstellen sollten. Ein paar Tage später war er tot, und seine Familie war am Boden zerstört. Ich musste mit anhören, wie sich die Angehörigen um seine Leiche scharten und weinten. Er war ein Elternteil wie ich, und die Begebenheit nahm mich sehr mit.

Ich hatte von Fällen gehört, in denen bei Menschen, die der höheren Hirnfunktionen beraubt waren, die Versorgung einfach eingestellt wurde, um sie sterben zu lassen. In diesem Anfangsstadium glaubte ich, da keiner des ärztlichen Personals oder aus meiner Familie bemerkt hatte, dass mein Geist arbeitete, man könne möglicherweise beschließen, mir ebenfalls die Nahrung zu entziehen und damit mein Schicksal zu besiegeln. Dieser Gedanke versetzte mich in Panik. Was, wenn die Ärzte mit meiner Familie ein ähnliches Gespräch führen würden wie über den jungen Familienvater? Angenommen sie stünden vor der harten Wahl, mich als Dahinvegetierende leben zu lassen oder den Schlauch herauszuziehen, wofür würden sich meine Lieben entscheiden?

Mark hatte immer gesagt, falls ihm einmal etwas Ernsthaftes zustoßen sollte, wolle er niemals am Leben gehalten werden, ohne sich »selbst den Arsch abwischen zu können«. Ich war bei diesen Was-wäre-wenn-Diskussionen gelassener geblieben und hatte gesagt, ich könne mich nicht entscheiden. Ein ums andere Mal spielte ich diese Gespräche durch und fühlte mich mit jedem hypothetischen Ergebnis schutzloser. Was, wenn mein nächster Angehöriger, der wusste, wie sehr ich das Leben und meine Unabhängigkeit liebte und welch große Bedeutung Gesundheit und Fitness für mich hatten, zu dem Schluss kommen sollte, das Beste für mich sei der Tod? Vor die Wahl gestellt, würde meine Familie zustimmen, die lebenserhaltenden Maßnahmen zu beenden, ohne je bemerkt zu haben, dass mein Verstand arbeitete? Angsttränen rollten mir über die Wangen, während ich überlegte, wie ich meiner Familie mitteilen konnte, dass ich innerlich lebte und meine eigenen Leben-oder-Tod-Entscheidungen treffen konnte.

In dieser Nacht träumte ich, der Mann im Bett neben mir würde getötet. Bis heute bin ich mir nicht sicher, ob ich wach war oder geschlafen habe, als es geschah, aber es ist eine der bleibendsten und aufwühlendsten Erinnerungen an meine Zeit auf der Intensivstation. Im Traum gaben die Ärzte dem Patienten statt einer Herzmassage einen Elektroschock. Wie ich war auch dieser Mann davon überzeugt, man wolle ihn töten, und er schrie: »Ich bin es nicht wert, mich leben zu lassen!«

Bei anderer Gelegenheit träumte ich, eine Nachtschwester habe den Tropf für Grafit, mit dem die Herzfrequenz langsam reduziert wurde, zugedreht. Ich erlebte es ungeheuer plastisch, und es blieb traumatisierend, weil ich im Traum machtlos gewesen war, den drohenden Tod zu verhindern.

Die Medikamente verführten meine Fantasie aber auch zu lustigen Dingen. So erinnere ich mich an einen anderen realistischen Traum, in dem ich glaubte, Patrick Duffy in der TV-Serie *Der Mann aus Atlantis* zu sein. Als Teenager hatte ich in den Achtzigerjahren wie viele gleichaltrige Mädchen ungeheuer für Patrick Duffy geschwärmt, der anschließend den Bobby Ewing in *Dallas* spielte. Im Bett liegend stellte ich mir vor, ich hätte Füße mit Schwimmhäuten wie der Mann aus Atlantis, und ich sei imstande, einfach wegzuschwimmen; oder ich würde von den Toten auferstehen wie Bobby Ewing in der berühmten Duschszene in *Dallas*.

Unglücklicherweise besaßen meine Füße keine Schwimmhäute, sie waren in abscheulichen, unbequemen Beinschienen festgeschnallt. Obwohl die Ärzte übereingekommen waren, dass ich nie wieder laufen können würde, sofern ich überlebte, glaubten sie, sichergehen zu müssen, indem sie meine Beine in ein Metallgestell zwängten. Das hatte den Zweck, meine Füße daran zu hindern, sich wie Baumwurzeln zu verbiegen, falls ich das Bett jemals verlassen sollte. Es führte aber auch dazu, dass sie unerträglich heiß wurden und ich Krämpfe in den Beinen bekam.

Ich fand eine erstaunliche Sache heraus: Ich konnte auf Befehl weinen. Manchmal weinte ich, um die Aufmerksamkeit der Schwestern auf meine Schmerzen zu lenken, doch es funktionierte nur selten.

Ich hasste den Schlauch in meinem Mund. Ich sabberte ständig, nachts machte er es mir unmöglich, in den Schlaf zu

– 53 –

fallen. Dennoch erklärten mich die Ärzte für »schlauchtolerant«.

»Ist das ein gutes Zeichen?«, fragte Mark damals, nur um »Nein« zu hören, als sich herausstellte, dass ich den Würgreflex verloren hatte.

Später erfuhr ich, Schlaflosigkeit könne eine der vielen Nebenwirkungen des Locked-in-Syndroms sein. Es half nicht, dass das Pflegepersonal der Nachtschicht häufig die leere Nische neben meinem Bett als Treffpunkt nutzte. Ich konnte die Männer oder Frauen entfernt lachen und schwatzen hören. Zwar verstand ich nicht, was sie sagten, aber ich bekam mit, dass sie Spaß hatten. Verzweifelt wünschte ich, einbezogen zu werden. Ich wünschte aus ganzem Herzen, die Schwestern und Pfleger würden mich behandeln, als wäre ich ein realer Mensch – nicht irgendeine hilfsbedürftige Nervensäge, die ihre tägliche Routine unterbrach.

Jeden Morgen um acht Uhr erschienen zwei Schwestern mit einer Wasserschüssel und einem Waschlappen und zogen die Vorhänge um mein Bett. »Wie geht's uns denn heute?«, sagten sie mit gönnerhafter Stimme, als sprächen sie zu einem Kleinkind. Ich blinzelte heftig, meine Art, ihnen zu vermitteln: »Verpisst euch und lasst mich in Frieden!« Doch es blieb unbemerkt, und so fuhren sie fort, mich auszuziehen, von einer Seite auf die andere zu rollen und mir Seife und Wasser in jeden Winkel meines Intimbereichs zu reiben.

Als sie das erste Mal meine schmutzige Windel wechselten, war es am schlimmsten für mich, doch es wurde kaum erträglicher. Ich schloss jedes Mal die Augen und versuchte, die Erniedrigung auszublenden. Nach zwanzig Minuten endete die Routinehandlung damit, völlig mit Feuchtigkeitscreme zugekleistert und in ein frisches Nachthemd gesteckt zu werden. Manche Nachthemden waren alt und weich, andere neu, gestärkt und steif. Ich hoffte immer auf ein altes, denn in ihnen lag es sich angenehmer.

Im Laufe der Zeit begann ich, diesen verdrehten Verwöhnakt zu genießen. Normalerweise hatte ich morgens nie genügend Zeit, meiner Haut Lotions und Wässerchen zu gönnen, denn ich musste mich sputen, drei Kinder für die Schule fertig zu machen. Nun legten die Mütter der Schulkinder zusammen und kauften einen teuren Topf Clarins-Feuchtigkeitscreme für mich; eine nette Geste, obwohl es teilweise rausgeschmissenes Geld war für jemanden, der keinen Geruchssinn mehr besaß.

Eine andere dieser unerträglich peinlichen Erniedrigungen, die ich während dieser Zeit erdulden musste, war der Beginn meiner »Tage«, wie die Oberschwester es bezeichnete. Meine Mutter wurde gebeten, einige Monatsbinden für die Nacht mitzubringen, die man in meine Windel einlegte. Später nannte ich sie meine »Crash-Matten«, und sie wurden zu einem weiteren Zeichen für eine peinliche Körperfunktion, die ich nicht unter Kontrolle hatte.

Nach der täglichen Routine des Waschens hob mich mein Physiotherapeut, ein fürsorglicher Neuseeländer, der wie Simon Cowell in Hosen mit Hosenträgern herumlief, wie einen Sack Kartoffeln aus dem Bett und bearbeitete meine Extremitäten, um die Muskeln zu aktivieren. Das Morgenprogramm war anstrengend, und so schlummerte ich nachmittags häufig ein, während ich den Uhrzeiger beobachtete und auf meine ersten Besucher wartete.

KAPITEL 7

Wir hatten unsere Differenzen, aber meine Mutter ist fantastisch

*M*eine Mutter weint nie. Sie ist wie ich, oder vielleicht bin ich wie sie. In meiner ganzen Kindheit sah ich meine Mutter nicht ein einziges Mal weinen. Sie zeigte nie irgendwelche Anzeichen von Emotionen. Es war nicht so, dass sie ihre Kinder nicht liebte, aber sie gehörte eben zu jener Nachkriegsgeneration stoischer Mütter, die gute Miene zum bösen Spiel machten und sich mit den Umständen arrangierten. Wenn sie wütend war, zog sie sich zurück und heulte, weil sie ihre Schwäche nicht zeigen wollte. Das habe ich von meiner Mutter übernommen. Sobald ich Ärger oder Stress hatte, lief ich davon, verbarg mich und tauchte erst wieder auf, wenn ich mich stärker fühlte und die Dinge angehen konnte.

Als ich meine Mutter zum ersten Mal weinen sah, unterstrich dies die Tatsache, in welch schlechtem Zustand ich mich befand. Natürlich wusste meine Mutter nicht, dass ich ihre Tränen sehen konnte und ihren Schmerz bemerkte, sonst hätte sie sich dieses Anzeichen von Schwäche niemals erlaubt.

»Bitte, Mama, sag mir, was mit mir los ist«, flehte ich sie stumm an.

Seit dem Schlaganfall hatte meine Mutter täglich an meinem Bett gewacht. Hilflos sah sie mit an, wie meine Atmung auf und nieder schlingerte. Wenn die Ärzte den Eindruck hatten, meine Atmung sei etwas gefestigter, stellten sie das

– 56 –

Beatmungsgerät eine Stufe niedriger, doch nach ein paar Minuten stürzte die Atmung wieder ab, und sie mussten sich beeilen, das Gerät auf die alte Stufe hochzuregeln. Diesem ewigen Schauspiel zusehen zu müssen, belastete meine Mutter.

Noch schlimmer war für sie das Warten, überhaupt in die Intensivstation eingelassen zu werden. Meine Mutter hasst Krankenhäuser, und mit all den anderen Besuchern in einem trostlosen Raum herumzusitzen und auf die Erlaubnis warten zu müssen, war die reinste Hölle für sie. Abhängig davon, wie beschäftigt das Personal war, konnte es Jahrhunderte dauern. Wenn es so weit war, stand meine Mutter vor dem Fenster, spähte in die düstere Welt des Todes und der künstlichen Beatmung, holte tief Luft und zählte bis zehn, bevor sie eintrat.

Später erzählte sie mir, diese Besuche seien das Schlimmste gewesen, was sie je hatte machen müssen. Ich lag dort und verfolgte mit den Augen, wie sie den Nachttisch aufräumte und die Lotions und Wässerchen hin- und herschob. Es war ihre Art, ihre Liebe zu zeigen, wenn ihr die Worte fehlten, was häufig der Fall war. In und auf dem Nachttisch stapelten sich alle möglichen unnützen Sachen, die ich nicht benötigte, wie Teebeutel, Zahnpasta oder saubere Baumwollschlafanzüge. Sobald das alles neu geordnet war, kümmerte sie sich um mich. Sie massierte meine verdrehten Füße und versuchte, sie in eine Lage zu bringen, die halbwegs normal wirkte. Jedes Mal, wenn sich unsere Blicke begegneten und ich ihren Blick lange genug festzuhalten versuchte, um ihr zu verstehen zu geben, dass ich lebte, ließ ich den Blick zur Tür wandern, wie um ihr zu sagen: »Bitte, Mama, nimm mich mit nach Hause.« Doch es war zwecklos. Sie lächelte und schaute weg. Ich fragte mich, wie lange es wohl dauern würde, bis sie merkte, dass die Art, wie mein Blick ihr durch das Zimmer folgte, kein Zufall war.

Manchmal durchbrach Mutter die stumme Monotonie

dieser Besuche, indem sie als Rückhalt ihren Mann Dave mitbrachte. Einige Jahre jünger als meine Mutter war Dave fast dreißig Jahre lang wie ein Ersatzvater für mich gewesen. Er hatte nie versucht, der neuen Familie seine Wertvorstellungen aufzudrücken, sondern gewann unser Vertrauen durch gegenseitigen Respekt. Seit meinem zehnten Lebensjahr war Dave eine feste Größe in meinem Leben, der kaputtes Spielzeug und ein gebrochenes Herz reparieren konnte, gute Ratschläge erteilte und mit Geld aushalf, wenn ich Bedarf hatte. Sobald ich ihn sah, wollte ich fragen: »Hallo, Dave, wie steht's mit deinem Schuppen?«

Er verbrachte Stunden in seinem Zufluchtsort am hinteren Ende des Gartens. Mutter spottete oft, seinen Drechselwerkzeugen widme er mehr Aufmerksamkeit als ihr. Ich beobachtete, wie er sich meinem Kopf näherte, als wolle er mich küssen.

»Tut mir leid, Kate, aber das hier kann ich nicht in Ordnung bringen«, flüsterte er, seine Gefühle unterdrückend. Ich spürte meine Tränen wieder fließen, und Dave wischte sie fort, ohne eine Ahnung zu haben, dass ich alles verstand, was er sagte.

Während dieser ersten Tage auf der Intensivstation, als die Prognose äußerst düster war, klammerte sich meine Mutter an die Worte des irischen Facharztes, der erklärt hatte, die Nervenbahnen in meinem Gehirn, die meine sämtlichen Bewegungen kontrollierten, funktionierten nicht mehr. Er hatte gesagt, manchmal besitze das Gehirn die Fähigkeit, neue Nervenbahnen zu erschließen, und dies machte meiner Mutter Hoffnung. Sie starrte mich stundenlang an und wartete auf das leiseste Zucken oder Flackern einer Bewegung, das sie als den ersten positiven Schritt auf dem Genesungsweg des Gehirns betrachten konnte.

»Weißt du was, Kate?«, flüsterte sie in ihrem breiten Akzent – einer Mischung aus Wallisisch, Chester und einer

Spur Liverpooler Dialekt –, wobei ihre Stimme vor Anspannung vibrierte. »Du warst doch immer eine Kämpfernatur. Falls es neue Bahnen in deinem Gehirn gibt, wirst du sie auch finden.« Danach massierte sie meine Füße mit teurer Chanel-Feuchtigkeitscreme. Ich lauschte ihrer beruhigenden Stimme und erinnerte mich an jene Zeiten, als sie weniger feinfühlig gewesen war.

»Das ist doch wohl nicht dein Ernst!«, schimpfte sie am Telefon, als ich sie anrief und ihr mitteilte, ich habe einen One-Way-Flug nach Bangkok gebucht. Es war März 1995, und meine Beziehung mit Mark hatte nach fünf Jahren einen bösen Knacks erlitten. Ein Mädchen, das ich für eine Freundin gehalten hatte, erwies sich als eifersüchtige Verführerin meines Auserkorenen. Als ich dahinterkam, dass sie eine Affäre gehabt hatten, war für mich klar, erst mal abhauen zu müssen. Ich bekam einen Brief von Diana, einer meiner ältesten Freundinnen aus der Katholischen Oberschule, und sie lud mich ein, bei ihr in Bangkok zu wohnen. Für mich war das die Möglichkeit zur Flucht und zum Auskurieren meines gebrochenen Herzens. So buchte ich einen Flug, reichte beim Regierungsamt, wo ich arbeitete, meine Kündigung ein und packte einen Koffer. Mark erzählte ich nichts davon, bis ich reisefertig war; ich war entschlossen, mich abzusetzen. Ich litt, und wie ein verwundetes Tier wollte ich mich vom Schmerz befreien und neue Kraft sammeln.

Meine Mutter sagte, ich sei verrückt, mich einfach so davonzumachen. Ich sei vierundzwanzig Jahre alt, und sie habe geglaubt, ich sei endlich erwachsen geworden und zur Ruhe gekommen, und jetzt wolle ich wie irgendein Teenager so mir nichts dir nichts ein Jahr Auszeit in Thailand nehmen. Sie beschwor mich, zu ihr nach Hause zu kommen, meine Differenzen mit Mark zu klären und so weiterzuleben wie bisher.

Ich hingegen glaubte, ein paar Monate Realitätsflucht,

Sonne, Meer und billiger Schnaps in Thailand seien besser als ein feuchtkalter Frühling in Macclesfield. Nachdem ich mit dem Packen fertig war und zum Flughafen aufbrechen wollte, rief ich Mark an, um ihm mitzuteilen, ich würde mit einem One-Way-Ticket nach Bangkok fliegen. Er kam sofort von der Arbeit nach Hause und versuchte, mich zu überreden, hierzubleiben. Doch wenn es eine Sache gab, die ich ihm in unseren fünf gemeinsamen Jahren bewiesen hatte, dann war das meine Sturheit, und sobald ich mir einmal etwas in den Kopf gesetzt hatte, konnte mich nichts mehr davon abhalten.

Bei meiner Abreise hatte ich 200 Pfund in der Tasche – neun Monate später kehrte ich mit 2000 Pfund und einem Kopf voller wilder Erinnerungen zurück. Aus gutem Grund wird Thailands Hauptstadt das Paradies der Rucksacktouristen genannt. Mit ihrer berauschenden Mixtur aus billigem Fusel, bei Bedarf Drogen und käuflichem Sex und an der Drehscheibe für die Reise in den südwestpazifischen Raum gelegen, bietet sie jungen Europäern, Amerikanern und Australiern auf ihrem Trip um die Welt eine beliebte Zwischenstation.

Diana arbeitete dort seit einigen Monaten als Teilzeitlehrerin bei einer reichen Thai-Familie. Der Ehemann war der Sohn des Eigentümers des größten thailändischen Pharma-Unternehmens. Wir gaben ihm den Spitznamen »Petch the Letch« wegen seines Hobbys, Fotos von seinen englischen Angestellten zu machen. Seine Frau hatte einen Spitzenjob im Erziehungswesen. Sie besaßen zwei Kinder im Alter von vier Jahren und achtzehn Monaten, und Diana war als Teilzeit-Lehrerin für das ältere der beiden engagiert worden, weil es bei einer Aufnahmeprüfung durchgefallen war. Es gab noch vier weitere Kindermädchen in der Familie, und man wollte zusätzlich noch eine englische Vollzeit-Gouvernante haben, wie Anna und der König von Siam.

Als ich mit meinem amerikanischen Abschluss als Erzieherin im Lebenslauf aufkreuzte, bot man mir die Stelle an, und ich sagte sofort zu. Ich wurde sogar gefragt, wie hoch meine Gehaltsvorstellung sei. Diana und ich planten, vier Monate in Bangkok zu bleiben und dann nach Australien weiterzureisen.

Es waren vier total verrückte Monate. Wir verbrachten unsere freien Wochenenden in Petchs Ferienhaus am Meer in Hua Hin. Wir flogen für einen zweiwöchigen Urlaub auf die Insel Koh Samui, wo wir im klaren blauen Wasser schwammen und uns am Strand massieren ließen. Wir nahmen den Nachtzug über die Grenze nach Laos, und ich rauchte Joints mit wildfremden Leuten. Auf der Suche nach Abenteuern reisten wir nach Malaysia. Und wir riskierten unser Leben, als wir uns an der Khao San Road tätowieren ließen.

In seinem Bestseller *The Beach* beschreibt Alex Garland die Khao San Road hervorragend als »das Zentrum des Rucksacktourismus-Universums«. Es war ein Ort, an dem Schwingungen erstarrten und alles abhanden gehen konnte – einschließlich Gesundheit und Sicherheit. Wir feierten meinen fünfundzwanzigsten Geburtstag und hielten es für eine tolle Idee, uns eine putzige Kreatur auf unsere Hüften tätowieren zu lassen. Der Hinterhof-Tattookünstler pries seine Fähigkeiten doch tatsächlich auf einem lebenden Schwein an, das von oben bis unten mit Tätowierungen bedeckt war und in seinem Laden lebte. Der Besitzer hatte so viele Piercings in den Ohren, dass er wie eine ausgefranste Dartscheibe aussah. Er trug ein schweißtriefendes Unterhemd und hielt eine selbst gedrehte Zigarette zwischen den schmutzigen Fingern.

»Ihr warten zwanzig Minuten, dann Bakterien auf Nadel sterben«, sagte er.

Das klang vertrauenerweckend. Wir hatten nur zehn

Minuten gebraucht, um eine Vorlage auszuwählen, einen Schmetterling für mich und einen Marienkäfer für Diana, doch es machte mir nichts aus, weitere zehn Minuten zu warten, falls dadurch eine halbwegs sterile Nadel garantiert war. Wenn man an das Jahr 1995 zurückdenkt, als das Aids-Virus eine der häufigsten Todesursachen war und durch schmutzige Nadeln übertragen wurde, hätte das Schmetterling-Tattoo leicht meinen Tod bedeuten können. Glücklicherweise kam es nicht dazu.

Als unsere vier Monate in Thailand vorüber waren, kündigten wir bei Petch und seiner Frau und jetteten nach Australien zur letzten Etappe unseres Abenteuers. Die ersten paar Wochen reisten wir in einem Greyhound-Bus entlang der Ostküste und machten Station im Surfer-Paradies Byron's Bay, an der Gold Coast und am Cape Tribulation im Nordosten. In Sydney angekommen, gingen Diana und ich getrennte Wege. Sie wollte den Bus nach Ayers Rock nehmen, ich wollte in Sydney bleiben.

Ich quartierte mich in einem 16-Dollar-pro-Nacht-Hotel ein und blieb zwei Wochen, bis mir das Geld ausging. Ich wusch Autoscheiben an Verkehrsampeln, doch das reichte nicht. Bis auf ein paar Dollar war ich total abgebrannt und brauchte dringend einen Job, als mir ein Exemplar des *Sydney Herald* in die Hände fiel. »Kindermädchen für drei Wochen gesucht«, stand da. Es war die ideale Stelle, deshalb rief ich unter der angegebenen Nummer an, nur um zu hören, ich käme zu spät, es seien bereits massenhaft Bewerbungen eingetrudelt.

»Aber Sie müssen mich sehen«, insistierte ich, »ich bin eine englische Kinderfrau und war als Au-pair-Mädchen in den USA.«

Schließlich gab die Frau am anderen Ende nach und sagte, ich solle um 15 Uhr kommen. Um 14 Uhr war ich bereits dort und freundete mich mit ihren drei Jungen an. Wir spielten Basketball und Karten, und als dann das Vorstellungsgespräch begann, war mir der Job schon so gut wie sicher. Probeweise musste ich abends die Babysitterin spielen. So übernachtete ich dort, und als wir am nächsten Morgen am Kaffeetisch saßen, bekam ich die Stelle.

Ich war begeistert, doch gab es noch ein Problem. Das Ehepaar brauchte ein Kindermädchen für drei Wochen, die es in Europa verbringen wollte, und die beiden hatten vor, erst in zwei Wochen zu verreisen. Ich brauchte den Job aber sofort. Mein Geld reichte gerade für eine weitere Übernachtung im Hotel, und wenn ich keine andere Arbeit finden sollte, musste ich die Scham auf mich nehmen, meine Mutter anzurufen und sie um das Geld für den Rückflug zu bitten. Ich bat das Ehepaar, früher beginnen zu dürfen, da ich in einer Notlage sei. Die beiden betrieben eine Anzeigenagentur in Sydney, und so waren sie einverstanden, mir bis zu ihrer Europa-Reise einen Aushilfsjob in ihrem Büro zu geben. Sie fuhren mich zu meinem Hotel, um mein Gepäck abzuholen.

Während meines Aufenthalts in Australien nahm ich Verbindung mit Mark auf und lud ihn zu einem Urlaub ein. Er kam für drei Wochen, und es gelang uns, unsere Beziehung zu kitten. Als es dann so weit war, Sydney zu verlassen, wusste ich, dass ich nach Hause zu meinem Ritter in schillernder Rüstung flog. Bei der Landung in Heathrow war Mark zur Stelle, um mich abzuholen. Sechs Monate später, am Freitag, dem 15. Mai 1998, heirateten wir.

Meine Mutter war zufrieden, dass ich schließlich doch noch Wurzeln geschlagen hatte, doch in ihrem Herzen regte sich vielleicht wie bei vielen Müttern die Sorge, jener Mann, den ihre Tochter heiratete, sei nicht gut genug für sie. Über die Jahre hinweg haben meine Mutter und Mark ein typisches, angespanntes Mutter-Schwiegersohn-Verhältnis entwickelt. Sie war der Meinung, Mark habe mich nie genügend unterstützt, als die Kinder klein waren, stattdessen habe er die meiste Zeit mit Geschäftsreisen rund um die Welt verbracht.

Unmittelbar nach meinem Schlaganfall erreichte das schlechte Verhältnis der beiden seinen Höhepunkt, da sie häufig wegen meiner Prognose aneinandergerieten. Sie waren eben zwei unterschiedliche Persönlichkeiten mit unterschiedlicher Herangehensweise. Für Mark ging es nur darum, die Fakten zu kennen, so hart sie auch sein mochten, um mit ihnen zum Wohle der Familie umgehen zu lernen. Er war mein nächster Verwandter und das Bindeglied zwischen der Familie und den Medizinern. Meine Mutter fürchtete jedoch, er erzähle ihr nicht die ganze Wahrheit, wenn er Dinge sagte wie: »Immer noch dasselbe. Nichts Neues.« Sie schrieb einen leidenschaftlichen Brief an die Ärzte, bat um einen Termin bei ihnen, und sie willigten ein. Sie erhielt zwar dieselben Informationen, die sie schon kannte, doch ging es ihr danach besser, da sie die Ärzte direkt hatte befragen können.

Während ich auf der Intensivstation lag, war meine Mutter manchmal wütend, weil Mark einfach mit seinem Familienleben fortfuhr. Was sie nicht bemerkte, war die Tatsache, dass er genauso litt wie sie, nur dass er eine andere Art der Schmerzbewältigung suchte. Schließlich schaltete sich Dave ein, vor dem Mark großen Respekt hatte, und geteilte Tränen und gemeinsames Lachen schlugen am Ende eine Brücke, die diese beiden Menschen, die mich am meisten liebten, miteinander verband.

KAPITEL 8

Lachen ist die beste Medizin

Während die medizinischen Aussichten noch äußerst düster waren, verschwieg meine Familie allen Menschen, die mir gute Besserung wünschen wollten, die harte Realität meines Zustands. Anfangs kamen nur Mark, meine Mutter und Dave, mein Vater und dessen Frau Babs sowie Schwägerin Ann und Schwager Kevin zu Besuch. Als »Anführerin« meiner Freundinnentruppe hielt Alison Kontakt zu Mark und meiner Mutter, um regelmäßig auf den neuesten Stand gebracht zu werden, doch sie wahrte respektvollen Abstand, um die Intimität der Familie nicht zu stören. Aber da ich mich ans Leben klammerte, schien es nur gerecht, diese Freundinnen, mit denen ich in glücklicheren Zeiten so viel geteilt hatte, wieder in meine Welt eintreten zu lassen.

»Ihr müsst sie besuchen«, drängte meine Mutter.

Daraufhin machte Alison mit den anderen einen Besuchstermin aus. Als sie, Anita und Jaqui sich zum ersten Mal meinem Bett näherten, stand in meinen Augen blinde Panik. Sie waren über meinen Zustand vollständig informiert, daher kann ich nur vermuten, welcher Horror sie erfasste, als sie mich an die lebenserhaltenden Maschinen gefesselt daliegen sahen. Sie kannten mich als Kate, die treibende Kraft. In meinen Augen sahen sie jetzt Kate, das verängstigte Opfer. Das breite Grinsen, das mich sonst auszeichnete, war verschwunden, ersetzt durch ein eingesunkenes Gesicht, dem die Muskeln nicht mehr seine normale Form verleihen konnten, gekennzeichnet durch einen sabbernden Mund und Augen, die hohl und angsterfüllt waren.

»Hallo, Kate. Rate mal, wer die letzte freie Stelle auf dem Parkplatz ergattert hat. Ich musste einen Kerl mit seinem Range Rover aus dem Felde schlagen«, verkündete Alison stolz und zog einen Stuhl neben mein Bett, gefolgt von Anita und Jaqui. Ich versuchte, mit den Augen zu lächeln, doch ich scheiterte kläglich. Anita bemühte sich, die Stimmung zu heben. »Ich habe Alison schon gesagt, wenn das Kates Masche ist, sich vor dem Ausbildungslager zu drücken, dann ist sie auf dem Holzweg.«

Ich hörte das fröhliche Geplänkel meiner besten Freundinnen und Laufkumpel, und ich wollte glücklich sein. Ihr Lachen war der erste heitere Ton, den ich seit Wochen vernommen hatte, und ich hätte so gerne mit eingestimmt. Doch ich spürte, dass sie sich nach außen hin stark gaben, während sie innerlich genauso verstört waren wie ich, und das beunruhigte mich. Wussten sie etwas, das ich nicht wissen sollte? Hatte man ihnen etwas über meine Lebenserwartung mitgeteilt? Ich hatte keine Möglichkeit, sie zu fragen.

Als meine Tränen wieder zu fließen begannen, warf Alison Jaqui und Anita einen Blick zu, als wolle sie fragen: »Scheiße, was haben wir denn gesagt, dass sie sich so aufregt?«

»Erinnerst du dich noch an die Nacht, als wir uns mit Limoncello haben volllaufen lassen?«, fuhr Alison fort und wählte damit ein Thema, auf das ich reagieren musste. Sie versetzte mich in eine glücklichere Zeit, als unsere Familien gemeinsam Urlaub machten und viel Spaß hatten. Sie redete wie ein Wasserfall und verdrängte die tödliche Stille auf der Station. Alison ist eine begnadete Rednerin. Es ist Teil ihres Jobs. »Gehen Sie heute Abend aus?«, »Wohin geht's denn im Urlaub?«, das ist so die Art Fragen, die man im Friseursalon parat haben muss. Jetzt setzte sie ihre ganzen Fähigkeiten ein, um die Leere mit unsinnigem Geschwätz zu füllen.

»Weißt du, dass du deinen Ruf als die Obersäuferin von Dore zu verteidigen hast? Sieh also zu, dass du wieder auf die Beine kommst, sonst klaue ich dir die Krone«, sagte sie und machte mir damit bewusst, dass ich in den Augen der Freundinnen immer noch die gleiche Person war, mit der sie durchzechte Nächte und Läufe mit klarem Kopf geteilt hatten. Dieser Gedanke stimmte mich positiver.

Damals konnte ich noch nicht wissen, wie schwer es ihnen gefallen war, die Station überhaupt zu betreten. Wie meine Mutter hatten sie draußen im Wartezimmer gestanden, tief Luft geholt und all ihren Mut zusammengenommen, um das, was hinter diesen Schwingtüren auf sie wartete, zu ertragen. Alison verglich es später mit dem Gefühl einer Schauspielerin, die zum ersten Mal eine Bühne betritt. Die Türen waren für sie der Vorhang, und nachdem sie einmal ins Rampenlicht der Intensivstation getreten waren, mussten sie eine tapfere Miene aufsetzen und mit dem Schauspiel zurechtkommen.

Während die Freundinnen um das Bett herum kicherten, hatte ich das Empfinden, zum ersten Mal eine Verbindung zu jemandem zu bekommen. Es wurden keine Worte gewechselt, doch Alison beobachtete meine Augen und verfolgte meine Reaktionen.

Als ich weinte, sagte sie: »Kate, macht es dir etwas aus, wenn ich dein Gesicht abwische?« Dann beugte sie sich über mich und tupfte meine Tränen mit einem Papiertaschentuch weg. Als ich einen Krampf bekam und die Augen vor Schmerzen schloss, glaubte ich wirklich, sie spüre meine Pein. Wir hatten gegenseitig so lange und so oft im Gesichtsausdruck der anderen gelesen, dass ich sicher war, sie würde den Schwestern etwas sagen. In mir keimte neue

Hoffnung auf, meine Familie und die Ärzte würden endlich begreifen, dass ich innerlich lebte.

Als meine Freundinnen gingen, schaute ich ihnen traurig nach. Sie machten sich auf zu ihrem jeweiligen Heim voller Freude und Liebe, und ich fühlte mich, als habe man mir etwas gestohlen.

»Ich komme dich am Freitag besuchen, bevor ich die Kinder von der Schule abhole«, sagte Alison beim Abschied.

Ich wusste, sie würde mich nicht im Stich lassen, und ich hoffte, mich lange genug ans Leben klammern zu können, um meine Freundinnen wiederzusehen. Nachdem sie mich verlassen hatten, gab es nur noch die Schwestern, aber keinen Blickkontakt mehr.

Einmal außerhalb der Intensivstation verloren die drei die Fassung bei dem Versuch, sich gegenseitig zu trösten und zu verstehen, wie jemandem aus ihren Reihen etwas derart Entsetzliches hatte zustoßen können, einer Frau in der Blüte ihres Lebens.

»Wie ist es nur möglich, dass jemand, der so voller Leben steckt, dermaßen außer Gefecht gesetzt wird?«, fragte Anita. »Mir will nicht in den Kopf, dass wir noch am selben Morgen, bevor das passierte, bei unserem Training so wahnsinnig gelacht haben. Das ist nicht fair.«

Nach diesem ersten Besuch wurden meine Freundinnen Dauerbesucherinnen, die jene Prise Leben in meine bedrückende Welt der Intensivstation brachten, die ich so dringend brauchte. Ich wartete sehnsüchtig auf ihre Besuche. Ihr Verhalten am Krankenbett war stets heiter und beschwingt, wovon sich die Ärzte und Schwestern eine Scheibe hätten abschneiden können. Sie bedauerten mich nie und behandelten mich auch nie von oben herab, für sie war ich immer noch Kate – ihr bester Kumpel. Sie ignorierten die lebenserhaltenden Geräte. Manchmal besuchten mich Alison und Anita zusammen, ein anderes Mal brachte Anita Jaqui mit.

Sie standen neben meinem Bett, und ich schaute ihnen zu, wie sie meine Füße massierten, die einzigen Körperteile, an denen nicht irgendwelche Schläuche oder Drähte befestigt waren. Sie ließen mir Pflege und Zuwendung zukommen, wenn die Krankenschwestern gerade zu beschäftigt waren. Manchmal kam Alison alleine, setzte sich neben mein Bett und las mir Kapitel aus dem aktuellen Werk unseres Bücherclubs vor. Mit Geschichten aus ihrem hektischen Leben im Friseursalon und den chaotischen Nachtausflügen in die Stadt mit ihren befreundeten Friseusen gab sie mir neuen Mut.

»Draußen schneit es«, berichtete sie an einem Nachmittag Ende Februar. »Sollen wir dein Bett nach draußen schaffen und als Schlitten benutzen?«

Ich wurde an einen lustigen Morgen im vorigen Winter erinnert, als Alison und ich die Kinder zur Schule gebracht hatten, wo ihnen gesagt wurde, sie könnten wieder gehen. Nachts hatte es heftig geschneit, und allen Eltern, die Angst hatten, ihre Kinder könnten nicht sicher nach Hause kommen, war es freigestellt, sie früher aus dem Unterricht zu nehmen. Wären wir verantwortungsbewusste Mütter gewesen, hätten wir genau das getan. Doch die winterliche Bescherung weckte das große Kind in uns, und wir ließen die Kinder in der Schule, fuhren schnell nach Hause, gruben Harveys Schlitten aus dem Spielzeugschrank aus, zogen unsere Skikleidung an, machten uns eine Thermosflasche mit Milchkaffee, schnappten uns ein paar meiner selbst gemachten Plätzchen und flitzten zum Acker eines Bauern. Außer uns war niemand dort, und so schlitterten wir drei Stunden lang in unsere Kindheit zurück und sausten auf einem hölzernen Rodelschlitten den verschneiten Hügel hinab. Wenn uns jemand gesehen hätte, wäre er sicher zu dem Schluss gekommen, wir seien einer Irrenanstalt entlaufen. Wir lachten uns kaputt, als wir den »Rodel-Sandwich« erfanden, wobei ich den Kürzeren zog und zum Steuern unten lag, während Alison auf mir saß.

Meine Augen sprühten bei dieser Erinnerung an unser Schnee-Abenteuer, und ich hätte ihr gerne gesagt, dass ich ihr noch nicht verziehen hatte, wie sie auf halbem Wege abgesprungen war und mich mit Karacho in einen Busch brettern ließ. Ich hoffte, in Zukunft würde es noch mehr solcher Freizeit-Abenteuer geben. Alison beobachtete meine Reaktion. Ich war überzeugt davon, dass sie dasselbe dachte: Eines Tages kehren wir wieder zurück zu unseren Kapriolen.

Wenn sie nicht im Krankenhaus waren, verbrachten meine Freundinnen viel Zeit damit, nach Erklärungen für meinen Zustand zu suchen.

»Ich bin sicher, dass Kate versteht, was wir sagen. Die Art und Weise, wie sie auf unsere bescheuerten Geschichten reagiert, kann kein Zufall sein«, beteuerte Alison. Stundenlang hockten sie über anderen Fällen mit Locked-in-Syndrom und Schlaganfall in jungen Jahren, sie lasen Bücher, die Leute mit extremen Erfahrungen geschrieben hatten, sie sprachen mit meiner Familie über kleine Anzeichen, die sie bei mir entdeckt zu haben glaubten, und sie diskutierten, wie sie mir helfen könnten.

KAPITEL 9

Ein Wimpernschlag für »nein«, zwei für »ja«

Drei Wochen nach dem Schlaganfall kam der Durchbruch, auf den ich gewartet hatte.

»Kate, verstehst du, was ich sage? Kannst du zwei Mal blinzeln, wenn du mich verstehst?«, fragte Mark. Ich konnte es kaum glauben, man stellte mir eine Frage, und ich hatte die Möglichkeit, zu antworten. Ich blinzelte, langsam und wohlüberlegt. Ein Mal. Zwei Mal. Als ich die Augen nach dem zweiten Mal öffnete, schaute mich Mark mit dem breitesten, blödesten Grinsen in seinem Gesicht an, das mir je bei ihm begegnet war.

»Versuch es noch mal«, forderte er mich auf.

Ich tat es.

Heilige Scheiße!, dachte ich bei mir, während Mark die tüchtige ältere Schwester heranrief, die am anderen Ende des Bettes damit beschäftigt war, eine Tabelle auszufüllen. Der Mangel an Kommunikation hatte mich derart frustriert, dass ich mich fühlte, als habe mir jemand ein Mikrofon vor den Mund gehalten, um die ganze Welt hören zu lassen, wie ich »sprach«.

»Kate, verstehen Sie mich?«, fragte die Schwester betont langsam und rücksichtsvoll. Ich blinzelte wieder zwei Mal und hätte gerne ein Augen-Klimper-Zeichen zur Verfügung gehabt, um ihr zu sagen: »Ich bin nicht doof, Sie brauchen nicht mit mir zu reden, als sei ich schwachsinnig.«

»Fühlen Sie sich gut?«, fragte die Schwester. »Blinzeln Sie ein Mal für ›nein‹ und zwei Mal für ›ja‹.«

Ich blinzelte ein Mal. Ich fühlte mich unwohl.

»Haben Sie Schmerzen?«

Ein Blinzeln für »nein«. Jedenfalls nicht im Moment.

»Ist Ihnen heiß?«

Ja. Ich blinzelte zwei Mal, und sie stellte einen Ventilator neben mein Bett. Ich weinte vor Erleichterung. Ich hätte gerne meine Arme ausgestreckt und Mark umarmt, weil er zu meinem Sprachrohr geworden war. Jetzt wusste ich, dass all meine Albträume, für den Rest meines Lebens wie eine Dahinvegetierende behandelt oder von der Herz-Lungen-Maschine abgenabelt zu werden, nicht wahr werden würden. Obwohl ich die Hoffnung nie wirklich aufgegeben hatte, gewannen mein natürlicher Optimismus und Kampfgeist erst jetzt wieder die Oberhand, und zum ersten Mal glaubte ich daran, dass es mir irgendwann besser gehen würde.

Es stellte sich heraus, dass Mark meinen Reaktionen mehr Aufmerksamkeit geschenkt hatte, als ich dachte. Wenn ich auf den Fernsehapparat am Fußende meines Bettes geschaut hatte, war ihm aufgefallen, wie ich meinen Blick abzuwenden schien, sobald ein Programm kam, das ich nicht mochte. Wenn er mir von seiner täglichen Arbeit und den Leuten berichtete, die ihm das Leben schwer machten, sah er, wie ich voller Anteilnahme die Augen verdrehte. Wenn er über die Kinder sprach, weinte ich. Das war kein Zufall.

Zu Hause hatte er mit Alison gesprochen, und sie pflichtete ihm bei, denn auch sie hatte das Gefühl, ich könne alles verstehen, was um mich herum vor sich ging.

Als Mark und ich wieder alleine waren, erklärte er mir, was geschehen war: »Kate, du hast einen Schlaganfall gehabt.« Mehr sagte er nicht.

Das ergab keinen Sinn für mich. In meiner Vorstellung

waren Schlaganfälle etwas, das nur alte Menschen traf, und wer einen Schlaganfall erlitten hatte, blieb auf einer Körperseite gelähmt. Weshalb war ich vollständig bewegungsunfähig? Sonderbar für jemanden, der normalerweise immer so wissbegierig war, aber ich wollte keine näheren Details hören, und Mark ging auch nicht auf die Einzelheiten ein.

Als Ergebnis dieses Einstiegs in die Kommunikation wurde eine Karte neben meinem Bett angebracht:
2 x blinzeln = Ja
1 x blinzeln = Nein

Eines Nachmittags erschien Alison zu ihrem üblichen Besuch in Begleitung eines Mannes und einer Frau, beide waren seriös gekleidet und erweckten einen offiziellen Eindruck. Ich geriet in Panik, und Alison musste mich beruhigen. Wollte man mich etwa auffordern, mein Testament zu machen? Wussten sie, dass ich bald sterben würde? Morbide Gedanken schossen mir durch den Kopf, die gar nicht mal so irrational waren, wenn man bedenkt, dass der gesamte Medizinerstab und meine Angehörigen mich über meine düsteren Aussichten im Unklaren ließen.

Alison erklärte mir, Mark habe eine Anwaltskanzlei aus Sheffield beauftragt, eine Vorsorgevollmacht vorzubereiten. Er hatte nicht selbst kommen können und deshalb Alison gebeten, als Zeugin zu fungieren. Für Mark war dies ein weiterer Schritt, das Leben im Lot zu halten. Wir besaßen eine gemeinsame Versicherung für den Fall schwerer Erkrankungen, die unsere beiden Unterschriften erforderte, um Ansprüche geltend zu machen. Außerdem hatten wir ein gemeinsames Bankkonto, und mit einer Partnerin, die nicht mit dem Kopf nicken, geschweige denn eine Unterschrift leisten konnte, wollte Mark Vorkehrungen treffen, um unsere Finanzen auch allein verwalten zu können.

Indem ich ihn zum »Bevollmächtigten« machte, solange ich außerstande war, so etwas Einfaches wie das Ausstellen eines Schecks oder das Unterschreiben eines Briefes zu erledigen, war er in der Lage, sich um unsere Finanzen und das Haus zu kümmern.

Ich erinnerte mich, dass Mark mir bei einem früheren Besuch davon erzählt hatte, doch ich hatte nicht erwartet, so plötzlich damit konfrontiert zu werden. Seit ich auf der Intensivstation lag, fühlte ich mich wie in einem Todestrakt. Ich glaubte, sterben zu müssen, nur wusste ich nicht, wann oder wie, und ich hatte das Gefühl, auch die Leuten um mich herum sähen mich bereits auf dem Totenbett.

Alison stellte mich den Anwälten vor, die mir ein Blatt Papier vor die Augen hielten, das ich lesen sollte. Sie besaßen bereits ein vom Facharzt für Neurologie unterschriebenes Attest, in dem bescheinigt wurde, dass ich an einem Locked-in-Syndrom litt und nicht sprechen konnte. Es wurde bestätigt, ich sei in der Lage, eigene Entscheidungen zu treffen, sofern die Kommunikation über Augenbewegung und Blinzeln sichergestellt sei, und obwohl ich nicht imstande sei, eine Vorsorgevollmacht zu unterschreiben, sei ich doch in der Lage, eine dritte Partei zu autorisieren. In diesem Fall war Alison die dritte Partei. Sie stellte mir eine Reihe von Fragen, die sie aus dem offiziellen Dokument vorlas, und ich sollte blinzeln, ob ich zustimmte oder nicht. Danach unterschrieb sie für mich, und ich musste meine Zustimmung blinken.

Nachdem der offizielle Akt vollzogen war, gingen die beiden Anzugträger und überließen es Alison, sich mit mir und der Situation auseinanderzusetzen.

»Es handelt sich dabei nur um eine Formalität«, versicherte sie mir. »Du brauchst dir absolut keine Sorgen zu machen, das ist lediglich eins dieser rechtlichen Dinge, die Mark benötigt, um sicher zu sein, dass er Sachen in deinem

Namen unterschreiben und sich um eure Finanzen kümmern kann.«

Ich war nicht überzeugt. In meiner Vorstellung war die Botschaft klar und deutlich: Wenn man die Herrschaft über seine finanziellen Angelegenheiten abgeben musste, dann ging es aufs Ende zu. Niemand hatte Derartiges zu mir gesagt, aber die Stimmen in meinem Kopf riefen: Gute Nacht! Dein Schicksal ist besiegelt.

Alison blieb länger bei mir als gewöhnlich, da sie besorgt war, mich in diesem Zustand zurückzulassen. Als sie sich schließlich von mir verabschiedete, weinte ich länger und heftiger als je zuvor. Während sie das Zimmer verließ, befiel mich das Gefühl, dies sei ein endgültiger Abschied gewesen.

Ich dachte an das Gespräch, das Mark und ich geführt hatten, in dem es um die Notwendigkeit gegangen war, unser Testament zu machen für den Fall, dass uns etwas zustoßen sollte. Dabei hatte er gesagt, er wolle von seiner Qual befreit werden, wenn er hirntot sei. Jetzt hatte ich natürlich Angst, Mark habe diese Entscheidung für mich getroffen.

Ich verlor jeden Lebenswillen. Ich hoffte aus ganzem Herzen, Mark würde kommen und mir das Kopfkissen aufs Gesicht drücken. Für Tage versank ich in eine tiefe Depression. Ich hielt es nicht aus, mich mit meinen Besuchern zu unterhalten und dabei das Gefühl zu haben, sie seien alle gekommen, um mir ein letztes Mal Lebewohl zu sagen.

Es war Alison, die mich mit einem ihrer immer fröhlichen und freundlichen Besuche aus meiner düsteren Stimmung herausholte. Ich hatte gerade einen außergewöhnlich langen und schmerzhaften Krampf gehabt, als sie den Raum betrat. Sofort war ich erleichtert, sie zu sehen, und ich hoffte, sie würde mir helfen.

Sie sah meine traurigen Augen und fragte: »Hast du Schmerzen?«

Zwei Wimpernschläge für »ja«. Es folgte ein Biologieunterricht auf dem Niveau der Grundschule, indem sie auf jeden Teil meines Körpers zeigte und die beiden entscheidenden Wimpernschläge erwartete. Nachdem wir den Bereich der Beschwerden, die Beine, lokalisiert hatten, fragte sie: »Tut es sehr weh?«

Zwei Wimpernschläge.

»Ist es ein Krampf?«

Ich blinzelte zwei Mal, und schon machte sie sich auf den Weg und bat eine Schwester, meine Beinschienen zu entfernen, sodass sie die restliche Besuchszeit damit verbringen konnte, meine verkrampften Gliedmaßen zu massieren. Meine Freundinnen kamen bald dahinter, dass die Krämpfe zu den Dingen gehörten, die mich am meisten quälten. An manchen Nachmittagen hatte ich ungeheure Schmerzen. Wenn meine Freundinnen dann den Raum betraten, flossen meine Tränen vor Erleichterung. Es dauerte nicht lange, bis sie herausgefunden hatten, dass meist die Krämpfe dafür verantwortlich waren, und so bewegten sie vorsichtig meine Beine, um die Schmerzen zu lindern.

Eine andere Form der Diagnosefindung lief so ab: »Brauchst du ein Medikament?«

Zwei Mal blinzeln.

»Brauchst du es sofort?«

Ein Wimpernschlag für »nein«.

»Brauchst du es bald?«

Zwei Mal blinzeln.

Dann machte sich Alison auf den Weg und bat um eine Dosis Schmerzmittel für mich. Bei anderer Gelegenheit verursachten meine heißen verschwitzten Beinschienen einen unerträglichen Juckreiz, und ich war ja nicht imstande, mich selbst zu kratzen. Wieder war es Alison, die mit einer Reihe von Ja-Nein-Fragen das Problem lokalisierte und geduldig die juckenden Stellen kratzte. Himmlisch!

Ermutigt durch diese einfachste Form der Kommunikation steckten meine Freundinnen die Köpfe zusammen und ersannen ein »Schmerz-Schaubild«. Die Idee war entstanden, nachdem sich Anita und Alison mit einer Gruppe von Müttern unterhalten hatten. Eine dieser Frauen, die autistische Kinder unterrichtete, glaubte, eine von ihnen in der Schule genutzte Technik könne vielleicht auch bei mir von Nutzen sein. Anita malte ein primitives Strichmännchen und schrieb Fragen daneben: Brauchst du sofort etwas? Brauchst du bald etwas? Beschwerden? Schmerzen? Wundgelegen? Vorne, hinten, Seite, oben? Unbequem? Juckreiz? Medikament?

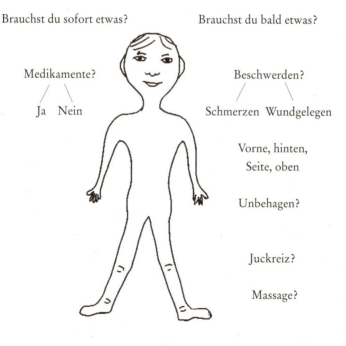

Ja? Nein? Die kleine Figur, mit roter Farbe gemalt und mit großen roten Glotzaugen, erinnerte eher an einen Alien als an einen Menschen. Ich fürchte, Zeichnen ist nicht gerade Anitas stärkste Seite, auch wenn es mich zum Lachen brachte und seinen Zweck erfüllte. Das Schaubild wurde zum Mantra für all meine Besucher, die dadurch in die Lage versetzt wurden, zur Stimme meiner Bedürfnisse zu werden.

Ich hatte über drei Wochen lang warten müssen, aber jetzt konnte ich auf die Dinge hinweisen, die mir zu schaffen machten, sofern jemand bereit war, sich des Schaubilds zu bedienen. Alison, Anita und Jaqui nahmen sich die Zeit, sich zu mir zu setzen und sich durch die diversen Schmerzkombinationen hindurchzufragen, bis ihnen mein Blick signalisierte: »Danke!«

Danach gingen die Freundinnen daran, eine Tafel mit sämtlichen Buchstaben des Alphabets zu entwerfen. Sie hatten mittlerweile jede Menge Bücher und Artikel zum Thema Schlaganfall und Locked-in-Syndrom gelesen, und es schien, als seien viele Patienten in der Lage, ihre Kommunikationsfähigkeiten mit dem Gebrauch einer solchen Vorrichtung zu verbessern. Fortan besuchten mich Alison, Anita und Jaqui mit ihrem Alphabet bewaffnet, und wir verbrachten Stunden damit, Wörter zu buchstabieren. Es war eine langsame und mühsame Form der Kommunikation. Sie mussten jeden Buchstaben erst klar und deutlich aussprechen und dann auf meine Reaktion warten. Für ein einfaches Wort mit höchstens drei oder vier Buchstaben brauchten wir mindestens zwanzig Minuten.

Eine der ersten Botschaften, die ich auf diese Weise blinzelte, war: »KEIN SCHLAF«.

»Du kannst nicht schlafen?«, fragte Jaqui.

Ich blinzelte zwei Mal.

»Nachts?«

Erneut blinzelte ich zwei Mal.

»Du sagst, du kannst nachts nicht schlafen?«

Wieder zweifaches Blinzeln. Endlich hatte ich mich verständlich machen können. An diesem Abend bekam ich eine Dosis zerstoßener Schlaftabletten, und zum allerersten Mal schlief ich von elf bis sechs Uhr morgens durch.

Heute verstehe ich, weshalb Schlafentzug als Foltermittel eingesetzt wird. Nach dieser ersten richtigen Nacht wirkte das Leben gleich viel freundlicher auf mich. Da ich jetzt über eine Möglichkeit verfügte, meine Bedürfnisse zu vermitteln, spürte ich große Erleichterung, und ich hatte sogar Hoffnung, in meine Behandlung mit einbezogen zu werden. Wenn meine Verwandten und das Pflegepersonal wussten, dass mein Verstand arbeitete, würden sie auf keinen Fall die Geräte ausschalten und mich sterben lassen, ohne mich vorher gefragt zu haben.

Ich lernte sehr schnell, dass die Kommunikationstafel nur so effektiv war wie die Person, mit der ich gerade zu tun hatte. Wenn niemand da war, der das Alphabet vorlas, hatte ich keine Stimme. Ich musste auch erkennen, dass einige Verwandte, Freundinnen und sogar Schwestern oder Pfleger weniger geduldig waren als andere, sobald es etwas Mühe kostete, mein Anliegen herauszufinden. Die Schlimmste von allen war meine Mutter, die sich die Tafel schnappte und die Buchstaben vorlas, ihren Blick dann aber im Raum umherschweifen ließ, während ich mir die Lider lahm blinzelte.

»Schau mich bitte an, oder leg das Ding weg!«, hätte ich ihr gerne zugerufen, als meine Energie schwand. Es kostete mich ungeheure Anstrengung, mit meiner Mutter ein kurzes Wort zu bilden, wenn sie immer wieder abschweifte, und so schloss ich die Augen und schmollte. Wenigstens kam ich dadurch dahinter, von wem ich meine Ungeduld geerbt hatte.

Mit Alison klappte es genauso schlecht, allerdings versuchte sie zumindest, sich auf die Aufgabe zu konzentrieren. A B C D E … und so weiter kämpfte sie sich durch das Alphabet, bis ich beim Buchstaben R zwei Mal blinzelte. Sie missverstand es als den Buchstaben P. Danach gingen wir das Alphabet noch mehrfach durch und fügten die Buchstaben A, U und S hinzu.

»PAUS? Du möchtest, dass wir eine Pause machen?«, fragte sie nach.

»Nein, ich will RAUS«, versuchte ich ihr zu sagen. »Verstehst du, RAUS, nach draußen!«

»Du willst pausieren?«

Es war zwecklos, ich drang nicht zu ihr durch. Ich starrte angestrengt auf die Brandschutztür mir gegenüber, die in einen Hof führte. Ich ahnte, dass da Leben hinter dem Sicherheitsglas war. Ich dürstete danach, nach draußen zu kommen und frische Luft auf meinem Gesicht zu spüren. Es war Ende Februar und die Außentemperatur lag knapp über dem Gefrierpunkt, doch ich wünschte mir sehnlichst, der stickigen Atmosphäre der Intensivstation zu entkommen.

Alison war schon lange genug mit mir befreundet, um zu wissen, dass ich starr geradeaus blickte, wenn ich etwas unbedingt wollte. Wir hatten diese Verbundenheit, bei der Worte manchmal überflüssig sind, und das war unser Glück, da wir mit unserer Tafel nicht von der Stelle kamen. Deshalb fixierte ich die Brandschutztür.

Das wiederum führte zu dem Spiel Intensivstation-Scharade. Alison hüpfte im Raum herum, berührte verschiedene Dinge und fragte: »Warm?«

Ich musste blinzeln, wenn es stimmte. Sie berührte den Ventilator neben meinem Bett. Ich blinzelte ein Mal für »nein« und starrte weiter auf die Brandschutztür. Sie zeigte auf meine Füße, um eine Massage anzudeuten. »Nein«, blinzelte ich und starrte auf die Tür. Sie wies auf den Fernseh-

apparat und vermutete, vielleicht wolle ich, dass ein Koch-
programm statt der Nachmittags-Talkshow eingeschaltet
würde. Wieder blinzelte ich ›nein‹ und starrte auf die Tür.
Schließlich fiel bei ihr der Groschen, und sie stellte sich neben die Tür.

»Ja«, blinzelte ich.

»Du möchtest raus?«, fragte sie.

»Ja«, blinzelte ich und dachte: Endlich!

Wieder einmal war Alison mein Sprachrohr und ging eine
Schwester suchen. Es war keine leichte Aufgabe, aber eine,
die Alison unbedingt in die Tat umgesetzt sehen wollte, da
sie verstanden hatte, dass etwas wie das einfache Spüren des
eisigen Windes auf meinen Wangen größeren therapeutischen Nutzen für mich besaß als eine noch so große Menge
Schmerzmittel.

Meine Physiotherapeuten hatten bereits damit begonnen,
mich während der Behandlung in einen Stützstuhl zu heben und wieder herauszuholen. Jetzt verlangte es ein größeres Transportmanöver, als eine Hebevorrichtung an mein
Bett gerollt wurde und man mich wie ein lebloses Wesen in
einen gepolsterten Rollstuhl hievte, wie man sie in Altenhei-
men benutzt. Einmal in den Stuhl geplumpst, von Kissen als
Stütze für meinen Körper umgeben, mit der Kombination
von Atem- und Ernährungsschläuchen auf Rädern neben
mir, wurde ich nach draußen geschoben. Sämtliche Schläuche und Drähte mussten justiert werden, und eine Schwester begleitete uns, um die Geräte zu überwachen.

Der Hof erwies sich nicht gerade als malerischster Ort
der Welt. Der Blick über eine kleine Mauer auf einen Parkplatz konnte nicht mithalten mit der Aussicht von den Gip-
feln der Peaks auf die Täler von Baslow und Hathersage.
Immerhin aber war es ein Fenster zu einer Welt, in der das
Leben normal weiterlief, in der die Menschen ihren täglichen Geschäften nachgingen, und nachdem ich einen Monat

lang in einem Umfeld von Tod und Trübsal verbracht hatte, war dies ein gewaltiger Schub für meine Moral.

Nachdem ich einmal an dem Leben da draußen geschnuppert hatte, wollte ich mehr. Ich war glücklich, jedes Mal zwei oder drei Stunden draußen sitzen zu können. Unter meinen Decken war ich warm eingemummelt, meine armen Besucher allerdings zitterten furchtbar in der Kälte.

Doch wir bemühten uns immer, die lustigen und lächerlichen Seiten des Lebens zu sehen. Ich erinnere mich an eine Episode, als eine der Schwestern ohne nachzudenken sagte: »Rufen Sie mich, wenn Sie mich brauchen.« Mark brach in schallendes Gelächter aus, und ich versuchte, mich zu einem Lächeln zu zwingen.

Unter all meinen Besuchern schien nur Jaqui den Eifer zu besitzen, mit der Buchstabentafel richtig umzugehen, doch selbst mit ihr empfand ich die Prozedur als strapaziös. Ich beherrschte ein paar Schlüsselwörter wie RAUS, HEIß und SCHLAF, um mein Unbehagen auszudrücken, und TEE, um klarzumachen, dass ich unbedingt eine Tasse haben wollte, obwohl ich immer noch nichts trinken durfte.

Der Dienst dieser mühseligen Buchstabentafel war nur von kurzer Dauer, denn die Schwestern wiesen meine Freundinnen darauf hin, die Methode sei nicht zweckmäßig, da sie für Patienten wie mich, die das Kommunizieren erst wieder lernen mussten, eine Karte mit Farbcodes benutzten. Und sie fürchteten, zwei unterschiedliche Systeme könnten mich später bei der Rehabilitation irritieren. Also wurde das Alphabet entfernt. In mancher Hinsicht war ich erleichtert, denn es hatte mehr Scherereien als Nutzen gebracht, und ich fand, meine Augen seien mittlerweile zu einem verlässlicheren Mittel geworden, eine Botschaft zu übermitteln.

Ich freute mich immer mehr auf die Besuche meiner Freundinnen, denn sie bedeuteten Spaß und lenkten mich von meiner scheußlichen Situation ab. Alison saß häufig neben meinem Bett und las mir Geschichten aus der Zeitung vor oder sie brachte das Buch mit, das sie gerade las, und zitierte Auszüge daraus. Einmal las sie mir aus Warren Beattys Autobiografie vor, hörte bei den obszöneren Teilen aber auf.

»Ich glaube der Mann im nächsten Bett wird ein bisschen zu erregt sein«, flüsterte sie.

Sobald die Ärzte festgestellt hatten, dass mein Verstand unangetastet war und ich mittels Blinzeln Fragen beantworten konnte, begannen sie, mich in die Behandlung mit einzubeziehen. Eines Morgens wurde ich gefragt, ob ich bereit sei, eine Tracheotomie durchführen zu lassen. Einfach gesagt ging es darum, einen Schnitt in meine Luftröhre zu machen und einen Schlauch einzuführen, der mir das Atmen ermöglichen sollte.

Für mich war das eine Sache, die keiner längeren Überlegung bedurfte, denn das hieß doch, dass ich endlich von dem Schlauch befreit würde, der meinen Mund füllte und mir Unbehagen bereitete.

Ich blinzelte zwei Mal für »ja«.

Meine Mutter hingegen war strikt gegen die Operation und hatte sich bis jetzt in meinem Namen dagegen gewehrt. Sie glaubte, wenn der Schlauch erst einmal eingeführt sei, würde er nie wieder entfernt werden. Sie hatte eine Freundin gehabt, die mit einem Luftröhrenschnitt gestorben war. Aus ihrer Erfahrung heraus glaubte sie, dies sei der Anfang vom Ende, und die Tracheotomie bringe Komplikationen mit sich, wie ein erhöhtes Infektionsrisiko und sogar Lungenentzündung, eine der größten tödlichen Gefahren für Locked-in-Syndrom-Patienten. Daher beharrte sie auf ihrem Standpunkt.

Ich andererseits vertraute den Ärzten, als sie sagten, es handle sich nur um eine zeitlich begrenzte Maßnahme, bis ich imstande sei, selbst zu atmen. Es kam mir nicht in den Sinn, dies könne eine dauerhafte Maßnahme sein – ich wollte nur, dass mir diese verfluchten Schläuche aus dem Mund genommen wurden.

Die Ärzte warnten, der Eingriff berge das große Risiko, meine Stimmbänder zu beschädigen. Ich könne eine heisere Stimme zurückbehalten oder meine Stimme ganz verlieren. Selbst das kümmerte mich nicht.

Damals wusste ich noch nicht, dass die Fachärzte prognostiziert hatten, ich würde nie wieder gehen oder sprechen können, denn sie hatten mir ja meine eigene Prognose vorenthalten. Doch in meinem Kopf hatte ich diese Kardinalfrage in der Quiz-Show des Lebens bereits durchgespielt. Vor die Wahl gestellt, ob ich lieber gehen oder sprechen wollte, hatte ich mich immer für das Gehen entschieden. Für mich waren Laufen und Aktivität stets wichtiger gewesen als Reden.

Damit ich nicht missverstanden werde: Die alte Kate konnte sich für eine Sache den Mund fusslig reden. Aber nun war ich überzeugt, es gäbe viele andere Möglichkeiten der Kommunikation – wohingegen es nur eine Möglichkeit des Laufens gab.

So wurde ich also am nächsten Tag nach unten in den Operationssaal gebracht, und unter Vollnarkose führten die Ärzte den Eingriff durch. Gut zwei Monate später war ich den Schlauch in meiner Luftröhre wieder los.

Eine Woche nach dem Eingriff wurde ich erneut in den Operationssaal gebracht, wo mir diesmal eine PEG verpasst wurde – eine »perkutane endoskopische Gastrostomie«. Für mich klang das, als habe ein Spitzenkoch ein besonderes Gericht kreiert. In Wirklichkeit handelte es sich um einen hohlen Plastikstöpsel oder Zapfen, der aussah, als könne man ihn in jedem Campinggeschäft kaufen. Für Schlaganfall-Patienten, deren Schluckvermögen beeinträchtigt ist, war das ein gebräuchlicher Eingriff. Jetzt konnte meine Nahrung direkt über den neuen Zugang in vierstündigem Intervall in den Magen eingeführt werden statt über den Schlauch in meiner Nase. Das hieß, es gab noch einen Schlauch weniger, der mich irritierte, und auch das Risiko einer Lungenentzündung verringerte sich dadurch.

_____ KAPITEL 10 _____

Wieder achtzehn

Jedes Mal, wenn mich meine Freundinnen Alison, Anita und Jaqui besuchten, kämpften sie um das Gesprächsthema. Wovon sollten sie berichten? Es erschien ihnen zu grausam, mir Geschichten über ihre alltäglichen Dinge und von den großen Läufen zu erzählen, an denen sie sich beteiligt hatten, während ich völlig bewegungsunfähig im Bett lag. Daher kamen sie letztlich immer auf meine Kinder zu sprechen. Ihnen ging es darum, nichts Unbedachtes zu sagen, das mich eventuell aufregen könnte, und so legten sie sich bereits vor ihrem Besuch Themenbereiche zurecht, die ihnen unproblematisch erschienen, wobei die Kinder ganz oben auf der Liste standen. Meine Freundinnen berichteten mir, was India, Harvey und Woody alles angestellt hatten, meist völlig alberne, harmlose kleine Sachen, die nur einer Mutter auffielen.

Doch ausgerechnet das war das Schlimmste, was ich über mich ergehen lassen musste. Ich lag dort und musste mir anhören, wie für die Kinder das Leben einfach weiterlief – ohne mich. Ich hasste es. Es brachte mich in Rage, daran erinnert zu werden, dass ich ihr ganzes Leben lang ihre wichtigste Bezugsperson gewesen war und jetzt nichts für sie tun konnte. Ich war weder in der Lage, sie zu knuddeln, noch mit ihnen zu reden, nicht einmal berühren konnte ich sie.

Alles, was ich wissen wollte, war, dass es ihnen gut ging, und dass sie weiterhin an einer Art Routine festhielten und ihren regelmäßigen Aktivitäten nachgingen: Fußball für Harvey, Schwimmen und Klavierstunden für Woody, Pfadfinderinnen für India.

Der einzige Weg, mit dieser Situation klarzukommen, die mich innerlich zerriss, war Flucht: Meine Augen wurden glasig, und ich versank in eine Zeit, in der ich noch nicht Mutter gewesen war.

In meiner Fantasie war ich wieder achtzehn. Ich verließ mein Zuhause und machte mich auf den Weg nach Amerika, um als Kindermädchen zu arbeiten. Es war Dezember 1988, und ich musste ein Jahr überbrücken. Ich hatte die Erwartungen meiner Lehrer und Eltern übertroffen, indem ich sie mit ordentlichen Schulnoten überraschte. Zwei Mal »Gut« und ein Mal »Befriedigend« in Wirtschaftslehre, Betriebswirtschaft und Sozialkunde bedeuteten, dass ich die Zulassung für die Universität in der Tasche hatte.

Es gab da nur ein Problem: Da jeder davon ausgegangen war, dass mein Abschluss zu schlecht sein würde, hatte ich mich gar nicht erst an einer der Universitäten beworben. Aufgrund der Schulnoten wurde mir aber für September nächsten Jahres ein Studienplatz an der Fachhochschule in Sheffield angeboten, und daher blieb mir zunächst nichts anderes übrig, als die Zeit mit langweiligen Zeitarbeit Jobs in irgendwelchen Büros zu verbringen.

Eines Tages stieß ich in *The Lady* auf die Anzeige einer Au-pair-Agentur in London. Ich witterte die Chance auf ein Abenteuer und überzeugte Dave, mich zu einem Vorstellungsgespräch nach London zu fahren. Noch während der Rückfahrt nach Macclesfield rief die Agentur an und bot mir einen Job in den USA an – in Washington, Virginia.

Doch das Abenteuer hätte fast ein vorzeitiges schreckliches Ende genommen, bevor es begann. Für den 21. Dezember hatte ich den Pan-Am-Flug 103 von Heathrow nach New York JFK Airport gebucht. Als der Abreisetermin näher rückte, wurde mir allerdings klar, dass ich Weihnachten doch lieber mit meiner Familie verbringen wollte, und so rief ich die Fluggesellschaft an, um meinen Abflug auf Anfang Januar zu verschieben. Dies erwies sich als Fügung des Schicksals, denn sämtliche 243 Passagiere und sechzehn Besatzungsmitglieder der ursprünglich von mir gebuchten Boeing 747 fanden den Tod, als über einer schottischen Stadt an Bord der Maschine eine Bombe explodierte, was als Lockerbie-Anschlag in die Geschichte einging.

Am 4. Januar nahm ich im Abflugbereich von Heathrow tränenreichen Abschied von meiner Mutter, meinem Vater und Dave, um in ein neues Leben in einem fremden Land zu jetten und dort bei einer Familie zu wohnen, die ich noch nie gesehen hatte.

In gewissem Sinne war es eine Flucht. Mark I, mein erster ernsthafter Freund, hatte mir den Laufpass gegeben, und mein Herz war immer noch gebrochen. Wir waren drei Jahre zusammen gewesen, und bevor er auftauchte, hatte ich keinerlei Interesse an Jungs gehabt. Ich besaß zwei Brüder, und Jungs nervten grundsätzlich und gehörten zu einer Spezies, der man besser aus dem Wege ging. Amerika gab mir die Chance, zu vergessen und mich einer neuen Herausforderung mit neuen Menschen zu stellen.

Mein Vater prophezeite mir, ich würde es hassen und mit dem nächsten Flugzeug zurückkommen. Meine Mutter heulte, teilweise weil sie das Gefühl hatte, ihre Tochter zu verlieren, vielleicht aber auch aus Eifersucht, weil ich den Mut besaß, Gelegenheiten beim Schopf zu packen, wenn sie sich boten. In meinem Alter war sie bereits verheiratet und Mutter meines Bruders Paul gewesen. Außerdem machte sie sich Sorgen um meine Sicherheit. Schließlich lag der Lockerbie-Anschlag, dem ich um Haaresbreite entgangen war, noch keine zwei Wochen zurück, und an den Flugsteigen von Heathrow wimmelte es von bewaffneten Polizisten, während Großbritannien seine erste Terrorwarnung erlebte.

Als ich mich verabschiedete, steckte mir meine Mutter einen Brief zu, den ich in meinen BH stopfte. Darin stand: »Kate, wir lieben Dich sehr und werden Dich vermissen. Du sollst nie das Gefühl haben, alleingelassen zu werden. Wenn Du Geld benötigst oder nach Hause kommen willst, brauchst Du uns nur anzurufen. Wir sind immer für Dich da. Alles Liebe, Mum und Dave.«

Einen Monat später meldete ich mich telefonisch bei ihnen – um sie zu einem Urlaub einzuladen. Meine Arbeitgeber lebten auf einer großen Ranch im ländlichen Virginia, wo sie Rennpferde züchteten und zuritten. Er war Rechtsanwalt, mochte die Engländer und liebte die Truthahnjagd. Sie war eine reiche Hausfrau, die ihre Zeit damit verbrachte, sich verwöhnen zu lassen und Tennis mit ihrem Trainer zu spielen. Sie hatten einen vier Jahre alten Sohn und eine achtzehn Monate alte Tochter, und meine Aufgabe bestand darin, mich tagsüber um beide zu kümmern. Mir wollte nie einleuchten, weshalb sie mich dort brauchten, wo ihre Mutter doch nicht arbeitete. Und ich schwor mir, falls ich einmal Kinder haben sollte, wenn ich eines Tages den Richtigen gefunden hatte, immer für sie da zu sein.

Während der sechs Wochen in Virginia war ich einsam. Ich wohnte in einem großen Zimmer im Dachgeschoss und hatte alles, was ich brauchte, außer irgendwelchen Freunden. Zwischen der Ranch und dem nächsten Haus lagen fast zehn Kilometer, und so war es schwierig, überhaupt jemanden kennenzulernen. Manchmal besuchte ich eine der Kneipen von Middleberg, einer extrem anglophilen Stadt, deren Einwohner sich rührend um mich kümmerten, sobald sie meinen Akzent hörten.

Ein Ehepaar, Sam und Gladys, nahm mich unter seine Fittiche. Sie waren Südstaatler der alten Schule. Sam trank zum Frühstück seinen Bourbon und suchte Würmer, um in der Dämmerung angeln zu können. Gladys war häuslich und backte mir zum Geburtstag einen Kuchen. Sie waren so etwas wie Ersatzeltern für mich und bewiesen die großartige Gastfreundschaft der Südstaatler, als meine Mutter und Dave mich besuchten.

Während dieses Aufenthalts in Amerika fand ich auch die Liebe zu Will, oder zumindest das, was ich damals dafür hielt. Ich lernte ihn kennen, als er zum Reiten auf der Ranch erschien. Er war Mitglied der Olympiamannschaft im Reiten von Boston und zehn Jahre älter als ich. Ich glaubte, er sei der Richtige und wir würden für immer zusammenbleiben. Ich irrte mich. Als ich nach England zurückkehrte, verloren wir den Kontakt, und ich stürzte mich ins Studentenleben.

Bei jenen Gelegenheiten, wenn ich mit meinen Gedanken in glücklichere Zeiten zurückglitt, in denen ich für niemanden die Verantwortung trug, ging es mir darum, meine Trennungsängste zu bekämpfen. Anfangs konnten meine Freundinnen nicht verstehen, weshalb ich jedes Mal abzuschalten schien, wenn sie India, Harvey oder Woody erwähnten. Sie begriffen nicht, weshalb ich offenbar kein Interesse zeigte und mich ihren sorgfältig vorbereiteten Erzählungen verschloss.

Tagelang lieferte mein Verhalten den Stoff für heftige Debatten unter meinen Freundinnen, bis sie schließlich kapierten, dass ihr Gerede über meine Kinder der Auslöser war. Sie konnten sich nicht vorstellen, warum ich nicht wissen wollte, wie es ihnen ging. Sie lebten in voll funktionierenden Familien, und für sie gab es keine größere gesellschaftliche Schande als eine Mutter, die ihre Kinder in all ihren Gedanken und Handlungen nicht an die erste Stelle setzte.

Jaqui, die am ehesten über den eigenen Tellerrand hinausschauen konnte, meinte schließlich, vielleicht wolle ich nicht so viele Einzelheiten über das Leben meiner Kinder hören.

»Vermutlich hält sie es nicht aus, wo sie doch weiß, dass sie nicht in der Lage ist, ihre Mutterrolle für die Kinder zu übernehmen. Wir wissen doch gar nicht, was sie fühlt, und deshalb dürfen wir auch nicht unsere gesellschaftlichen Maßstäbe und Urteile auf Kates Situation übertragen«, sagte sie eines Abends zu Alison und Anita, nachdem sie die Station verlassen hatten.

Die Erkenntnis, dass unsere Fähigkeit, uns Sorgen um andere zu machen, begrenzt ist und dadurch bestimmt wird, inwieweit wir funktionstüchtig sind, begann langsam zu ihnen durchzudringen. Mir gelang es gerade, meinen täglichen Kampf ums Überleben auszuhalten. Für die Sorge um irgendjemand anderen fehlte mir die Kraft, auch für die um meine eigenen Kinder. Sie waren mir nicht gleichgültig, nur war ich schlichtweg nicht in der Lage, mich um sie zu kümmern, und nachdem meine Freundinnen dies schließlich herausgefunden hatten, verlief unsere einseitige Konversation weniger belastend.

KAPITEL 11

Mama weint nur, weil sie glücklich ist, dich zu sehen

Meine Stimmung hob sich durch einen Besuch meiner Tochter India. Eingebunden in die tägliche Routine von Arbeit, Krankenhaus und Zuhause war das größte Problem, das an Mark nagte, die Frage, ob er unsere Kinder zu mir mitbringen sollte.

In den Wochen nach meinem Schlaganfall mussten sie sich in häuslichen Abläufen zurechtfinden, während sie von einem emotional ausgepowerten Vater umsorgt wurden. Langsam zeigten sich bei sämtlichen Familienmitgliedern Stresssymptome. India wurde krank und litt unter Hautproblemen, die aus innerer Unruhe resultierten, Woody und Harvey revoltierten gegen ihre Großmütter, die sich die Aufgabe einer Ersatzmutter teilten. Woody bekam regelmäßig Wutanfälle, und Marks Mutter hatte größte Schwierigkeiten, ihn unter Kontrolle zu halten. Harvey warf seinen Großeltern verletzende Dinge an den Kopf. So sagte er beispielsweise zu meiner Mutter, die ihre Pantoffeln an der Treppe abstellte: »Nimm die da weg, sie gehören da nicht hin.« Ihm war klar geworden, dass fremde Hausschuhe an der Treppe eine weitere Nacht ohne seine Mutter bedeuteten.

Ich war aus dem Koma erwacht und wirkte nicht mehr ganz so tot wie vorher, dennoch befand ich mich in einem schockierenden Zustand. Mark glaubte, ich wolle die Kinder sehen, befürchtete aber, der Anblick ihrer Mutter, die

– 92 –

nicht viel besser aussah als Frankensteins Monster, könne eine traumatisierende Wirkung auf sie haben.

Mark arbeitete in einer Firma, die Verbandsmaterial zur Wundbehandlung herstellte, daher war er daran gewöhnt, auf Augenhöhe mit Ärzten und medizinischem Fachpersonal zu kommunizieren. Innerhalb von zwei Wochen bat er alle sechzehn Ärzte der Intensivstation um einen Rat, ob es klug sei, die drei Kinder zu einem Besuch bei ihrer Mutter mitzubringen. Die Antworten liefen jedes Mal aufs selbe raus: Sie waren unbrauchbar.

Sobald eine Frage das Persönliche betraf, gab es keinen medizinischen Ratgeber, dem man hätte folgen können. Aus Angst, sich einer Situation auszusetzen, in der sie eventuell haftbar gemacht werden konnten, gaben die Ärzte alle die bewährte und erprobte Antwort, es gebe keine Richtlinien und einzig Mark könne wissen, wie seine Kinder reagierten. Dies reichte dem Vater nicht, der das Richtige für seine zerbrechliche Familie tun wollte, und so setzte er jeden einzelnen Arzt mit den Worten unter Druck: »Versetzen Sie sich mal in meine Lage, mein Freund, was würden Sie an meiner Stelle tun?«

Seine Hartnäckigkeit muss eine Seite bei den Ärzten berührt haben, die selbst größtenteils in den Vierzigern waren, und ich kann mir nur vorstellen, dass sie endlich ins Grübeln kamen, statt sich wie Halbgötter in Weiß zu gerieren. Einer nach dem anderen gaben sie zu, sie würden ihren Kindern den Besuch erlauben, wenn sie an Marks Stelle wären.

Das war alles, was Mark hören wollte. Am nächsten Tag erschien mein Töchterchen India, die »Mutter meiner Sippschaft«, auf der Intensivstation. Sie war schon immer über ihr Alter hinaus erwachsen und reif gewesen und für ihren Vater eine größere Unterstützung, als sie selbst bemerkte.

Als sie die Intensivstation das erste Mal betrat, begann ich zu weinen. Meine kleine Indi jedoch war bullenstark; innerlich litt sie sicher wie ein Hund, doch sie setzte sich eine Dreiviertelstunde neben mein Bett, streichelte sanft meinen Arm und erzählte mir ohne Unterlass, was sie an jenem Tag in der Schule gemacht hatte, genau so, als sei ich die »normale Mutter«, die in der Küche stand und Tee kochte.

Nach einiger Zeit forderten Hitze und stickige, verbrauchte Luft ihren Zoll, und India begann sich unwohl zu fühlen. Marks Mutter führte sie nach draußen, und der Stress ließ sie erbrechen.

Eine Woche später kam Harvey mit Mark und dessen Mutter zu Besuch. Das war schon erheblich schwieriger, denn Harvey ist ein typischer nur von Fußball und Rugby besessener zehnjähriger Knabe. Nach außen hin wirkt und handelt er knallhart, ein Bündel jungenhafter Energie, ständig im Clinch mit seinem jüngeren Bruder. Doch innerlich ist er überraschend sensibel. Nach Indias erfolgreichem Besuch hatte ihn Mark gefragt, ob auch er mich sehen wolle, und die Antwort war geradeheraus gekommen: »Nein, ich bin noch nicht bereit.«

Das verletzte Mark, doch wollte er keinen Druck ausüben, schließlich war es Harveys Sache, die Entscheidung zu treffen. Als er schließlich so weit war, fragte er Mark eines Tages auf der Fahrt von der Schule: »Kann ich Mama morgen besuchen?«

Unterwegs zum Krankenhaus erkundigte sich Harvey, wie Indias Besuch gelaufen war.

»Papa, wenn es mir schlecht geht, darf ich dann mal raus? Ich will nicht, dass Mama sich aufregt.« Hier war ein zehnjähriger Junge, der seinen natürlichen Beschützer vor seiner eigenen Verwundbarkeit schützen wollte.

Harvey brauchte keine Auszeit. Er saß neben dem Bett, erzählte mir etwas und streichelte meine Hand, während ich weinte. Als die Besuchszeit beendet war, verließ er mich. Auf der Heimfahrt weinte er still vor sich hin. Zu Hause legte er sich ins Bett und weinte weiter. Doch seine Tränen waren anders als jene, die Mark kannte. Sie kamen geräuschlos und flossen in einem fort.

Als Harvey am nächsten Morgen aufstand, um zur Schule zu gehen, war er immer noch den Tränen nahe und aufgewühlt. Mark machte sich Sorgen, durch die Konfrontation mit dem Tod und den Krankheiten auf der Intensivstation habe er vielleicht einen irreparablen emotionalen Schaden bei ihm angerichtet. Als er aus der Schule kam, hatte Harvey zu weinen aufgehört und verhielt sich wieder normal, sehr zu Marks Erleichterung. Harvey konnte nicht mehr über die Situation sprechen, aber von da an hatte er sich mit ihr abgefunden und akzeptierte meine Krankheit als eine Tatsache.

Der Umgang mit Woody bereitete die größten Schwierigkeiten. Er war das Nesthäkchen, gerade mal sechs Jahre alt, und er vermisste die Liebkosungen und Küsse seiner Mutter. Seine älteren Geschwister hatten ihm von ihren Besuchen bei mir erzählt, daher war schwer einzuschätzen, was sich in seinem jungen Kopf abspielte.

»Wird mich Mama erkennen?«, fragte er Mark auf der Fahrt zum Krankenhaus.

»Ja, aber vielleicht wird sie weinen. Sie weint allerdings nur, weil sie glücklich ist, dich zu sehen«, antwortete Mark.

Als ich Woodys Gesicht neben meinem Bett auftauchen sah, rannen mir die Tränen über die Wangen. Ich wünschte so sehr, ihn in die Arme schließen zu können, doch alles, was mir blieb, um ihm zu zeigen, wie sehr ich ihn liebte, war weinen.

Diese verfluchten Vorschriften für Gesundheits- und Sicherheitsschutz erlaubten es den Kindern nicht einmal, sich auf die Bettkante zu setzen, sodass ich ihre Berührung hätte spüren können. Nichts stimmte. Mein kleiner Woody stand neben mir und streichelte meinen Arm. Auf der Rückfahrt weinte auch er.

Die Besuche wurden für die ganze Familie zu einer tränenreichen Zeit. Doch leisteten sie auf meinem Weg der Besserung meiner Psyche positive Schubkraft. In den folgenden Wochen wechselten sich Mark und die Kinder ab, neben mir zu sitzen und mir die Stirn mit einem Tuch und Gesichtswasser abzuwischen. Ich genoss die Berührungen, und mit der Zeit wurden die Besuche entspannter.

KAPITEL 12

Teezeit

Nachdem man mich mit der PEG für die künstliche Ernährung ausgestattet hatte, blieb der Hinweis »Nichts durch den Mund« über meinem Bett. Die Nahrungszufuhr erfolgte in vierstündigem Intervall über den Anschluss an einen Ernährungsbeutel. Das war schon besser als dieser Schlauch in der Nase, doch es war nichts im Vergleich zum Gedanken an eine Tasse Earl Grey.

»Ich schätze, Sie sind scharf auf einen Tee«, sagte die Schwester eines Tages zu mir, während sie sich um meine lebenserhaltenden Gerätschaften kümmerte. Damit lag sie goldrichtig, und ich blinzelte zwei Mal für »ja«.

Tagelang hatte ich auf die verlockende Schachtel mit Earl Grey Teebeuteln gestarrt, die Mark mitgebracht hatte, da er wusste, dass sie zu den wenigen Dingen gehörten, die vielleicht einen Teil Normalität in mein Leben bringen würden.

Leider ging es aber nicht einfach darum, den Wasserkessel anzuschalten und einen Teebeutel in eine Tasse zu hängen. Vielmehr folgte die gewaltige Aufgabe, zu ermitteln, ob ich überhaupt Tee trinken konnte, ohne daran zu sterben.

Eine der wesentlichen Gefahren für Schlaganfall-Patienten ist ein Zustand, den man »stille Aspiration« nennt, und der tödlich sein kann. Simpel ausgedrückt geht es darum, dass Nahrungsmittel oder Getränke den falschen Weg nehmen können. Ein gesunder Mensch hustet das Verschluckte einfach wieder aus, doch da ich über keinen Husten- oder

– 97 –

Würgereflex verfügte, war völlig unklar, ob der Tee nicht über die falsche Röhre hinabgehen würde. Und falls dies der Fall sein sollte, könnte es zu einer Brustkorbinfektion oder Lungenentzündung kommen, was für mich leicht das Ende bedeuten konnte.

War es das wert, für einen Tee mein Leben zu riskieren? Meiner Meinung nach war es das, doch das medizinische Personal musste vorsichtig sein. Die Schwester sprach mit der Oberschwester, die wiederum sprach mit einem Arzt, und sie kamen überein, man solle mir zunächst etwas Lebensmittelfarbe geben, um sicherzugehen, dass die Flüssigkeit in den Magen floss und nicht in die Lunge.

Eine Schwester tröpfelte mir fünf Tropfen Lebensmittelfarbe auf die Zunge und ließ sie meine Kehle hinabgleiten. Danach saugte man meine Lunge ab, weil man sicher sein wollte, dass die Farbe nicht den falschen Weg genommen hatte.

Das Ganze war eine widerliche Prozedur. Eine Schwester nahm den Aufsatz der Trachealkanüle, über die ich beatmet wurde, ab und führte einen Saugmechanismus ein. Ich konnte spüren, wie das Gerät mit voller Leistung alles aus dem Inneren meiner Lungenflügel aufsaugte. Dabei gab es abscheulich gurgelnde Geräusche von sich wie eine riesige Kaffeemaschine. Als man festgestellt hatte, dass der aus der Lunge gesaugte Schleim keine Farbspuren enthielt, wusste man, dass die Flüssigkeit durch die Speiseröhre und nicht durch die Luftröhre geflossen war. Daraufhin brachte mir die Schwester einen Becher Tee.

Ich hatte mich auf einen Earl Grey mit Zucker und Milch gefreut, doch was ich bekam, war Yorkshire Tee mit Milch und ohne Zucker, aber ich konnte mich nicht beklagen. Immerhin war Tee an sich ein gewaltiger Fortschritt.

Anfangs konnte ich den Tee nicht schmecken, sondern spürte lediglich die Hitze, als die Flüssigkeit über meine

Zunge rann, immer nur ein paar Tropfen auf einmal. Die Schwester hielt den Becher vorsichtig an meinen Mund und ließ den Tee durch die Schwerkraft in die Kehle fließen, da meine Mund- und Speiseröhrenmuskeln nicht arbeiteten. Nach jeweils vier oder fünf Schlucken legte die Schwester eine Pause ein, nahm das Sauggerät und prüfte, ob meine Lunge leer war. Und nach fünf Durchgängen mit Träufeln und Absaugen beendete sie meine Teezeit und machte sich an ihre anderen Aufgaben.

Ich war jedes Mal enttäuscht, wenn es nicht weiterging. Vielleicht wirkte die Prozedur langwierig und schleppend für meine beiden Tassen Tee pro Tag, doch für mich lohnte sich das ganze Ungemach, denn es vermittelte mir ein Gefühl von Normalität. Es verschaffte mir die Hoffnung, eines Tages wieder in der Lage zu sein, ohne dieses Sauggerät trinken zu können.

KAPITEL 13

Wer einmal lügt, der wird entlassen

Die Zeit auf der Intensivstation schleppte sich dahin. Ich hatte der miesen Prognose getrotzt und überlebt und signifikante, wenn auch kleine Fortschritte in der Kommunikation gemacht. Nachdem das kritische Stadium hinter mir lag, wartete nun eine langwierige Rehabilitation auf mich, um mit meinen schweren Behinderungen leben zu lernen.

Osborn 4, die Rehabilitations-Station, befand sich in einem separaten Gebäude des Krankenhauskomplexes. Da keiner der Ärzte auf der Intensivstation daran glaubte, dass ich jemals wieder laufen oder sprechen können würde, ging es ihnen wohl mehr darum, ein freies Bett zu bekommen. Dennoch war die Möglichkeit, in eine andere Abteilung umzuziehen, für meine Psyche ein gewaltiger Schritt in die richtige Richtung. Endlich konnte ich dem bedrückenden Umfeld des Todestrakts entfliehen.

Mit der neuen Abteilung erwartete mich auch neues Pflegepersonal. Ich war fest davon überzeugt, dass es unter den Mitgliedern des Personals auf der Intensivstation einige gab, die nur vortäuschten, mich zu pflegen, wenn meine Besucher vor Ort waren; in Wirklichkeit wünschten sie meinen Tod.

Die Erlaubnis für den Umzug nach Osborn 4 war ein Kampf für sich gewesen. Da es sich um eine Rehabilitationsabteilung handelte, wurden nur Patienten aufgenommen, die Anzeichen von Reaktionen auf Reize zeigten und per definitionem auf Rehabilitationstherapien ansprachen. Weil bei mir aber fast keinerlei Bewegungen zu konstatieren waren, wollten mich die Ärzte auf die spezielle Schlaganfallabteilung verlegen, bis meine Angehörigen ihren Dickkopf durchsetzten. Sie waren davon überzeugt, dass man in einer spezialisierten Rehabilitationsabteilung meine Sprach- und Bewegungsmöglichkeiten richtig einschätzen könne, und dass man mir dort die erforderlichen intensiven Therapien zuteilwerden ließe, die ich brauchte, um alle verlorengegangenen Funktionen neu zu lernen. Sie befürchteten, in der Schlaganfallabteilung müsste ich auf einen Großteil dieser Therapien verzichten.

Um zu entscheiden, ob ich für die Verlegung geeignet war, benutzten die Ärzte einen Test, bei dem sie feststellen wollten, inwieweit mein Gehirn arbeitete und ich Gerüche wahrnehmen konnte. Auf diese Weise konnten sie eruieren, ob sich innerhalb des Gehirns neue Bahnen entwickelten. Tatsächlich konnte ich zu diesem Zeitpunkt nicht das Geringste riechen, doch ich kannte die Vorgehensweise, da ich im Laufe der Wochen mitbekommen hatte, wie andere Patienten getestet worden waren.

Der Arzt wedelte mit einem Alkoholtuch vor meiner Nase herum, und ich zuckte wie auf Kommando leicht zusammen, um zu zeigen, dass ich auf den scharfen Geruch reagierte. Danach wedelte er vor meinen Nasenlöchern mit einem Tuch, das er zuvor in Essig getaucht hatte, und ich wiederholte die Bewegung, indem ich meine Augen zukniff und damit andeutete, dass mich der säuerliche Gestank empfindlich traf. In Wirklichkeit roch ich absolut nichts, doch aus den Augenwinkeln hatte ich beobachten können, wie er ein Tuch aus einer Schachtel mit der Aufschrift »Alkoholtücher« gezogen und das andere Tuch in eine Essigflasche getaucht hatte. Wenn sich einer der Ärzte die Zeit genommen hätte, mich während meines Aufenthalts auf der Intensivstation kennenzulernen, dann hätte er festgestellt, dass ich zwar in meinem Körper gefangen, aber keineswegs blöde war, und dass mein Gehirn auf Hochtouren arbeitete.

Allerdings gab es noch ein Problem, nachdem ich den erforderlichen Test bestanden hatte – ich musste warten. In Osborn 4 gab es zu wenig Betten, denn viele Kranke dort waren Langzeitpatienten mit Rückgrat- und Hirnverletzungen, und Betten waren chronisch Mangelware.

Vier Mal hatte ich mir Hoffnungen gemacht, nur um zu erfahren, dass gerade kein Bett verfügbar war und ich auf der Intensivstation bleiben musste. Dann aber erhielt ich endlich an einem Freitag spätabends, als Mark bereits gegangen und nur Anita noch zu Besuch war, die Nachricht, auf die ich so lange gewartet hatte. Ich durfte umziehen.

Der Umzug selbst erwies sich als schwieriges Unterfangen, denn die Geräte, über die ich beatmet und ernährt wurde, mussten ebenfalls transportiert werden. Der Krankenwagen war bestellt, und in vier Stunden sollte ich verlegt werden. Der Zeitpunkt für einen Umzug erschien etwas seltsam, doch mir war das egal, ich war froh, endlich verschwinden zu können.

Zu einem Lächeln fehlte mir die Gewalt über meine Gesichtsmuskeln, aber innerlich jubelte ich. Anita sah die Freude in meinen Augen und grinste für uns beide wie ein Honigkuchenpferd. Sie nahm ihr Handy und rief Mark an, um ihm die freudige Nachricht mitzuteilen. Für ihn musste es genauso überraschend gekommen sein wie für mich, denn als er mich eine Stunde zuvor verlassen hatte, war noch nicht die Rede davon gewesen, dass ich in dieser Nacht verlegt werden würde.

Mir war es gleich, wie spät es wurde; schließlich warteten keine dringenden Verabredungen auf mich. Ich verließ den Todestrakt. Als das Personal der Intensivstation und die

Hilfskräfte meine Sachen zusammensammelten, kam eine der Schwestern, um sich von mir zu verabschieden.

»Alles Gute! Wir werden uns nicht wiedersehen«, sagte sie. Und danach fügte sie etwas hinzu, das einen bleibenden Eindruck bei mir hinterließ: »Ich habe in Osborn 4 gearbeitet, und ich warne Sie. Man wird Sie in der Reha hart rannehmen. Stellen Sie sich also darauf ein, dass schwere Arbeit auf Sie zukommt.«

Auf geht's! Ich war bereit für eine Herausforderung.

KAPITEL 14

Willkommen in Osborn 4

Mit einer Entourage aus Hilfskräften und Schwestern tauchte ich in der neuen Abteilung wie ein Fremder mitten in der Nacht auf. Osborn 4 war im rückwärtigen Flügel des Krankenhauses untergebracht und eines der führenden Rehabilitationszentren für Patienten mit schweren Kopfverletzungen. Benannt nach Sir John Holbrook Osborn, der früher als Abgeordneter von Sheffield Hallam im Unterhaus saß, war die Abteilung in mehrere Bereiche unterteilt, mit einem Schwesternzimmer in der Mitte. Es gab drei Zimmer mit jeweils vier Betten und zwei Einzelzimmer, auf die sich jeder Hoffnungen machte. Im Laufe der Zeit kam ich dahinter, dass die Chance, bald nach Hause zu kommen, umso größer war, je entfernter das Bett vom Schwesternzimmer stand.

Ich wurde in die Überwachungsstation gerollt, ein Zweibettzimmer genau unter der Nase des Pflegepersonals. Ich verstand das als Zeichen dafür, wie schlecht es noch um mich stand. Auch die Frau im Bett mir gegenüber war ernsthaft krank. Ich kam nie dahinter, was ihr fehlte, doch es sah aus, als habe sie einen Verkehrsunfall oder eine andere schwere Verletzung erlitten. Sie war ungefähr fünfundvierzig, konnte nicht sprechen und trug einen Helm, der darauf hindeutete, dass sie schwere Kopfverletzungen davongetragen hatte. Wenn Essenszeit war, musste sie wie ein Baby mit dem Löffel gefüttert werden, doch immerhin konnte sie trotz all ihrer Einschränkungen essen und trinken, was mir versagt blieb.

Kaum war ich in Osborn 4, erlebte ich auch schon die erste Katastrophe, denn mir wurde der Tee entzogen, da er in meine Lunge tröpfelte und mich langsam tötete.

Damit ich nicht missverstanden werde: Osborn 4 war kein Fünf-Sterne-Hotel, aber ich hatte die Hoffnung gehegt, es würde zu meinem eigenen klinischen Äquivalent eines Kurbads werden. In der Realität entpuppte es sich eher als Gefängniszelle mit gelegentlichem Freigang bei gutem Verhalten. Vorläufig aber war ich heilfroh, der beklemmenden Atmosphäre und alles überlagernden Düsternis der Intensivstation entronnen zu sein.

Wenn meine Rehabilitation erfolgreich verlaufen sollte, musste ich mir unbedingt Ziele setzen. Der Weg war lang, und meine Freundin Jaqui pflegte immer zu sagen: »Einen Elefanten kannst du nicht auf einmal verspeisen, du musst mundgerechte Stücke nehmen.«

Mir erschienen diese ersten Ziele winzig, tatsächlich aber waren sie riesig: sitzen; die Hand bewegen, um mich zu kratzen; um Hilfe bitten und einen Schreibstift halten; aufrecht stehen; ohne Schlauch atmen und wieder Flüssigkeiten trinken. Auf lange Sicht wollte ich gehen und sprechen; normales Essen zu mir nehmen; zu Hause leben; wieder Mama sein und laufen gehen.

Die Verlegung nach Osborn 4 war eines meiner Hauptziele auf der Liste gewesen. Man hatte mir erzählt, ich käme in eine offene Abteilung, in der sich Patienten, die gerade aus der Intensivpflege entlassen worden waren, akklimatisieren sollten, bevor es zur Reha ging. Da es aber keine freien Betten gab, fiel diese Zwischenstufe weg.

Mit dem Schichtwechsel in dieser ersten Nacht in Osborn 4 machte ich gleich Bekanntschaft mit einem Albtraum – Lorna. Sie war eine der älteren Schwestern, ein Monstrum von Frau, die mich in Angst und Schrecken versetzte.

Um Gottes willen, wo bin ich denn hier gelandet?, dachte ich, als Lorna in ihrer bedrohlichen Art durch die Abteilung watschelte. Es dauerte zwei Monate, bis sie mir zum ersten Mal in die Augen schaute. In ihrer Gegenwart hatte ich immer das Gefühl, ich sei an meinem Zustand selbst schuld.

Die ersten paar Wochen in dieser neuen Umgebung dienten als Entwöhnung von der persönlichen Pflege auf der Intensivstation und einem langsamen Hineinwachsen in das Physiotherapieprogramm. An meinem physischen Zustand hatte sich nicht viel geändert. Ich wurde immer noch künstlich beatmet, über eine PEG-Sonde ernährt und über einen Katheter trockengelegt. Es gab nichts, was ich selbstständig tun konnte. Doch noch während meines Aufenthalts auf der Intensivstation hatte es in meinem rechten Daumen ein leichtes Zucken gegeben. Mein Physiotherapeut hatte es bemerkt, während er hin und her überlegte, was er in unseren Übungsstunden mit mir trainieren konnte.

»Das ist ein gutes Zeichen!«, jubelte er in seinem schweren neuseeländischen Dialekt.

Es war nur ein einziges Mal geschehen und daher zu unbedeutend, um als signifikant durchzugehen, doch es war immerhin ein Zeichen, dass sich möglicherweise neue Nervenbahnen bildeten, über die mein Gehirn Impulse zu den Muskeln senden konnte. Allerdings war mein Rehabilitationsteam der festen Überzeugung, jede Form von Bewegung, die sich bei mir einstellen sollte, würde zufällig und nicht zwangsläufig praktisch für mich sein. So sei es denkbar, dass ich zwar irgendwann einen Daumen bewegen könne, nicht aber unbedingt auch einen Kugelschreiber halten oder mir den Arsch abwischen.

In diesem Stadium kamen die Mediziner auch zu der Meinung, mein Weinen sei auf den Verlust meines früheren Lebens zurückzuführen. Tatsächlich hatte ich wie ein Baby gelernt, dass Weinen einem Aufmerksamkeit verschaffte, und außerdem war es die einzige Kommunikationsform, die ich kontrollieren konnte. Folglich weinte ich wie ein Säugling, sobald ich das warme, unangenehme Gefühl einer nassen Windel spürte, und ich hoffte, die Schwestern würden den Geruch wahrnehmen und meine Windel wechseln.

Auch wenn mir zu warm war und ich einen Ventilator zur Kühlung wünschte, weinte ich. Und wenn ich mich unwohl fühlte, weil ich stundenlang in derselben Lage hatte verharren müssen und auf die andere Seite gelegt werden wollte, damit der Druck von meinen schmerzenden Gelenken genommen wurde, weinte ich wieder.

Eigentlich sollte meine Position alle vier Stunden gewechselt werden, doch manchmal vergaßen es die Schwestern, und dann glaubte ich, eine Ewigkeit so zu liegen, unfähig, mich selbst zu bewegen und den Druck zu mindern. Dies war mit das Grausamste am Eingeschlossensein: Ich spürte den Schmerz, obwohl mein Körper völlig gelähmt war und ich nichts dagegen unternehmen konnte.

Mein Weinen erinnerte mich an eine Begebenheit, als Woody erst ein paar Monate alt war, und Alison für mich und die anderen Freundinnen einen Wir-verwöhnen-uns-Weiberabend schmiss. Meine Mutter passte auf India und Harvey auf, während ich Woody mitnahm. Es war das erste Mal nach seiner Geburt, dass ich von zu Hause wegblieb, und nach ein paar Gläsern Wein fühlte ich mich ein wenig derangiert. Ich ging nach oben ins Badezimmer, um mir die Schlammpackung aus dem Gesicht zu waschen, nachdem ich den schlafenden Woody unterwegs auf Alisons Gästebett gelegt hatte. Als ich fertig war, ging ich wieder nach unten zu den Freundinnen, und es wurde weiter getrunken und gelacht. Niemandem fiel auf, dass Woody nicht da war, bis wir ihn im Schlafzimmer weinen hörten. Ich rannte nach oben und sah, dass er gefährlich nahe an die Bettkante gekommen war.

Während meiner Zeit in Osborn 4 gewann ich mehrere tolle Freundinnen und Freunde unter dem Pflegepersonal, die sich todunglücklich darüber zeigten, dass einem jungen und fitten Menschen wie mir etwas derart Schlimmes hatte zustoßen können. Bei einigen, die wie ich Kinder besaßen, hatte ich das Gefühl, als würde ihnen erst durch meine missliche Lage bewusst, wie grausam das Leben spielen kann.

Anscheinend gehörte es zu den Voraussetzungen, um in Osborn 4 arbeiten zu dürfen, dass man Sara hieß, denn es gab gleich vier von ihnen. »Sara Schwarzhaar« war jene Schwester, die bereits sehr früh erkannte, dass ich mich von den üblichen Fällen unterschied, und die mich deshalb mehr wie eine Gleichgestellte behandelte und weniger als Patientin. Dann gab es »Sara Bob«, eine ziemlich strenge Frau, die seit zwei Jahrzehnten als Schwester arbeitete und sehr gründlich war, allerdings auch kalt und distanziert. Als ich in die neue Abteilung kam, sehnte ich mich nach Mitgefühl und Wärme, aber das Einzige, womit mir »Sara Bob« begegnete, waren Vorschriften und Regeln. Als sich mein Zustand besserte und ich weniger hilfsbedürftig wurde, erwiderte ich ihre nüchterne Art.

»Sara Bobs« beste Freundin war eine untersetzte Frau, die ebenfalls Sara hieß. Ich nannte sie »Sara klein«. Sie war das Gegenteil von »Sara Bob« und reagierte sofort, wenn ich weinte. Egal, ob es mir wirklich schlecht ging oder ich einfach Aufmerksamkeit brauchte, sie war immer zur Stelle. Bei ihr machte es mir am wenigsten aus, wenn sie meine Windeln wechselte oder die Monatsbinde beseitigte.

Im Nachtdienst gab es noch »Sara nachts«, eine blonde ältere Hilfsschwester, die die meiste Zeit damit verbrachte, mich unter Mithilfe ihrer Kollegin von einer Seite auf die andere zu legen. Die gute Frau war stets freundlich, zählte die Monate bis zu ihrem Ruhestand und trug ihr graues Haar als Knoten auf dem Kopf.

Neben der Schwesternschaft der Saras gab es noch eine ganze Schar von verschiedenen Schwestern und Hilfskräften, die mein Leben alle auf die unterschiedlichste Weise beeinflussten. »Läufer«, so von mir genannt, weil er genauso gern an Läufen teilnahm wie ich, war der weise Mann der Abteilung, ein Krankenpfleger mit enzyklopädischem Wissen, das ich später anzapfte, als ich wissen wollte, wie ich die Windeln und Katheterschläuche loswerden konnte.

Dann war da »Pingel-Pfleger«, der für die Gesundheit und Sicherheit auf der Station verantwortlich war und der mir den letzten Nerv raubte, weil er Ewigkeiten brauchte, um während seiner Nachtrunde die Medikamente zu verteilen, derweil ich zu schlafen versuchte.

Und dann gab es Becky, eine schwindelerregende Blondine, die auf der gleichen Wellenlänge lag wie ich. Sie war jung und ledig, und in ihrer Obhut fühlte ich mich wohl. Selbst wenn sie mir die Windel wechseln musste, war mir das nicht peinlich.

Der Chef der Abteilung, Steven, war ein lustiger, beeindruckender Typ, der Spaß daran hatte, Mitarbeiter und Patienten zum Lachen zu bringen. Manchmal rief er in der Abteilung an und verstellte seine Stimme, in der Hoffnung, die Leute würden darauf hereinfallen, doch es gelang ihm nie.

Zu meinem Reha-Team gehörte Sophie, eine Logopädin, die später eine wichtige Rolle in meiner Vorbereitung auf das Trinken spielen sollte. Dann war da Lucy, die Ergotherapeutin, deren Aufgabe es war, meine Muskeln so weit zu stimulieren, dass sie ihre Arbeit wieder aufnehmen konnten. Zwischen Lucy und mir gab es den Running Gag, dass sie untätig sei, weil ich ihr gegenüber spaßeshalber behauptet hatte, meine Fortschritte seien einzig und allein mein Werk, und sie daraufhin geglaubt hatte, ich sei tatsächlich der Meinung, sie habe nichts dazu beigetragen!

Auch Gemma, meine Physiotherapeutin, war eine Läuferin und davon überzeugt, dass mich allein schon mein Kampfgeist zurück in die Laufschuhe bringen würde. Darin bestärkte sie mich beständig. Außerdem gab es noch eine junge Ernährungsberaterin, deren Zusammenarbeit ich später allerdings aufkündigte, weil sie vehement darauf bestand, ich solle die Nahrung über die PEG in den Magen gelangen lassen, während ich normales Essen zu mir nehmen wollte.

Um mein emotionales Wohlbefinden sorgte sich Lynne, die Psychologin. Sie war eine freundliche Frau mittleren Alters, die überzeugt war, Meditation sei der richtige Weg. Lynne selbst saß im Rollstuhl, seit sie vor vielen Jahren bei einem Verkehrsunfall eine Querschnittslähmung davongetragen hatte. Zu Beginn meines Aufenthalts in der Reha-Abteilung bedeutete sie eine große Hilfe für mich, da sie als Vermittlerin für meine Mutter und Alison fungierte und deren Bedenken bezüglich meiner medizinischen Betreuung weitergab. Später jedoch wurde ihr Rollstuhl zur Barriere in unserer Beziehung. Ich wollte mir einfach nicht vorstellen, jemals lebenslang an einen Rollstuhl gefesselt zu sein, daher konnte ich meine Gefühle nicht offen mit ihr teilen.

Chef meines Therapeutenteams war mein Neurologe, der den Spitznamen »Ming, der Gnadenlose« trug, weil er an den Bösewicht aus *Flash Gordon* erinnerte. Was er sagte, war Gesetz, und da er immer das Gegenteil von dem sagte, was ich hören wollte, frustrierte er mich manchmal sehr. Er war es auch, der verkündete, ich würde niemals wieder gehen können, geschweige denn schlucken.

Der Liebste unter allen Mitarbeitern von Osborn 4 war mir Oliver, ein zweiundvierzigjähriger Vater von zwei Kindern, der eine Umschulung zum Krankenpfleger absolviert hatte, nachdem er vorher im Kundendienst tätig gewesen war. Für ihn sprach seine enorme Lebenserfahrung. Er war geistreich und musikbegeistert, und über die Monate hinweg tauschten wir viele zu unserem Leben und den Wendepunkten passende Musikstücke aus.

_____ KAPITEL 15 _____

Es fühlt sich an, als würd ich eine Wassermelone machen

Das Leben in der Rehabilitations-Abteilung war so, wie ich es mir in einem Internat vorstellte – mit lauter Vorschriften und Stundenplänen und keinerlei Spielraum für Individualität. Viele Patienten saßen in Rollstühlen, und jeden Tag wurden sie wie in einer Schulkantine zum Essen in den Speiseraum in der Mitte des Komplexes geschoben. Dort saßen sie dann so lange herum, bis ihre Therapeuten kamen und sie zu ihren Gymnastik- oder Sprechübungen abholten. Da ich meine Nahrung über die PEG erhielt, entging ich der täglichen Essensroutine, war aber wie alle anderen in mein eigenes Therapieprogramm eingespannt.

Zunächst zielte meine Physiotherapie darauf ab, die unerträglichen Schmerzen im Schulterbereich zu lindern, die bei Patienten mit Locked-in-Syndrom üblich sind, wie ich erfuhr. Meine Physiotherapeutin machte täglich Übungen mit mir, bei denen sie meinen Kopf von einer Seite zur anderen schaukelte, um die Nackenmuskulatur zu stärken.

Außerdem wurde ich Tag für Tag aus dem Bett gehoben und auf einen Stuhl gesetzt. Für Außenstehende muss das ein groteskes Schauspiel gewesen sein. Zwei Schwestern hievten mich so weit hoch, dass unter meinen Körper eine Schlinge geschoben werden konnte, die zu einer mechanischen Winde führte. Sobald der Apparat mich anhob, baumelte mein Körper in alle Richtungen: Der Kopf pendelte auf einer Seite herunter, die Gliedmaßen hingen, durch die

Schwerkraft nach unten gezogen, leblos herab. Ich sah aus und fühlte mich wie eine verknäulte Marionette.

Wenn ich schließlich auf dem Stuhl saß, verkabelte man mich mit dem FES-Gerät (Funktionelle Elektrostimulation), das meine Extremitäten durch Schocks zum Zucken brachte. Anfangs konzentrierte sich meine Ergotherapie auf die rechte Seite, auf der sich die ersten Anzeichen einer Bewegung gezeigt hatten. An meiner Hand wurden Elektroden befestigt, und eine halbe Stunde lang pochte Strom durch meinen Körper, um eine Kontraktion der Muskeln zu stimulieren. Währenddessen starrte ich auf meinen Körper herab und wartete auf eine Bewegung, ein Zeichen, dass sich die Nervenbahnen erneuerten, über die mein Gehirn seine Befehle an die Muskeln schickte.

Die Elektroschocks, die meinen Körper durchzuckten, führten mich zu den Ereignissen des 6. April 1999 zurück, als ich zum ersten Mal am eigenen Leibe erfuhr, was wirkliche Schmerzen sind. Ich war mit India schwanger, und nachdem ich die ganzen Ratgeber der Nationalen Geburtshilfe-Stiftung für Erstgebärende gelesen hatte, entschied ich mich für eine natürliche Geburt. Man gab mir ein TENS-Gerät (Transkutane Elektrische Nervenstimulation) mit Elektroden, die an mein Rückgrat geklebt wurden. Sobald ich erste Anzeichen einer Wehe spürte, musste ich einen Schalter bedienen, und ein elektrischer Impuls sollte dann die Schmerzsignale zum Gehirn unterbrechen und das Leiden minimieren. Nach vierundzwanzig Stunden mit qualvollen Geburtswehen kam India *au naturel* zur Welt. Ein Jahr später, als sich die Geburt von Harvey ankündigte, verlangte ich sofort nach Medikamenten!

Vor diesem Hintergrund hatte mich Alison auf der Intensivstation oft gefragt, wenn sie sich des Schmerzschaubilds bediente, ob der augenblickliche Schmerz mit dem bei

– 113 –

der Entbindung vergleichbar sei, und wenn ich »ja« blinzelte, wusste sie, dass sie auf der Stelle Hilfe herbeirufen musste.

Drei Wochen nach meiner Einlieferung in die neue Abteilung gab es einen Durchbruch, als man mir einen Summer zuteilte. Meinen Kopf oder die Arme konnte ich immer noch nicht rühren, doch mein rechter Fuß ließ sich ein klitzekleines bisschen bewegen. Jedenfalls genug, wie man annahm, um den Fuß-Summer zu bedienen. Eine tolle Erfindung! Das Gerät wurde auf das Kissen unter meinem Fuß platziert. Zwar konnte ich meine Ferse nicht rühren, aber durch ein kurzes Ruckeln gelang es mir, den Fußballen lange genug zu heben, um den Knopf zu drücken und Hilfe zu rufen.

Es lässt sich leicht denken, dass dies als mittlere Katastrophe endete; aufgrund meiner begrenzten Möglichkeiten bat ich alle fünf Minuten um Hilfe, und es dauerte nicht lange, bis das Pflegepersonal die Nase voll hatte und den Summer wieder entfernte.

Ich erinnerte mich an einen Film über den Künstler Christy Brown, den ich vor Jahren zusammen mit Mark gesehen hatte. Christy Brown litt an Infantiler Zerebralparese, und er hatte gelernt, mit dem einzigen Körperteil, den er kontrollieren konnte, zu malen und zu schreiben: mit dem linken Fuß. Wie konnte ein Mensch nur derart Schönes einzig mit seinem Fuß schaffen, wenn ich noch nicht einmal imstande war, einen Knopf zu drücken?

Eins der frühen Ziele für mich und meine Therapeuten war »statisches Sitzen« über drei Minuten hinweg, womit die Therapeuten aufrechtes Sitzen meinten. Das klingt nach einer einfachen Übung, doch ich hatte sechs Wochen auf dem Rücken gelegen und keine Kontrolle über die Muskulatur, daher erwies sich die Aufgabe als gewaltige Herausforderung. Bei dieser Gelegenheit machte ich Bekanntschaft mit dem Kipptisch, einer Art Planke auf Rädern, die sich elektronisch senkrecht stellen ließ.

Während man mich auf der Intensivstation in einen gepolsterten Sessel gehievt hatte, der meinen leblosen Körper mithilfe jeder Menge Kissen stützte, wenn ich in den kleinen Garten gerollt wurde, sollte der Körper jetzt lernen, eine aufrechte Haltung zu ertragen. Ich wurde aus dem Bett gehoben und auf dem Kipptisch festgeschnallt. Als die Physiotherapeuten die Lederriemen um meine Arme und Beine zurrten, musste ich an amerikanische Kriminelle denken, die auf den elektrischen Stuhl kamen. Es fühlte sich an, als sei mein Leben selbst zum Todesurteil geworden. Zunächst wurde ich in eine diagonale Position gebracht, die ausreichte, um mir das Blut in den Kopf schießen und mich schwindlig werden zu lassen, sodass sich der Raum um mich drehte.

Zwei Mal pro Woche wurde ich auf diesen »Frankenstein-Tisch« gehievt, bis ich es schaffte, mehrere Minuten lang aufrecht zu bleiben. In dieser »stehenden« Position spürte ich, wie in meinen Beinen und Knöcheln Muskeln ihre Arbeit neu aufnahmen, als sie mich plötzlich wieder tragen mussten. Anfangs schmerzten sie, doch mit der Zeit gewöhnte ich mich an diese Haltung, und die Muskeln wurden kräftiger. Nebenbei gefiel es mir, den Leuten in aufrechter Haltung in die Augen zu schauen, statt sie immer auf mich hinabblicken zu sehen. Das stärkte mein Selbstvertrauen. Allerdings berührte die Kipptisch-Therapie meine Freundinnen eigenartig, wenn sie gelegentlich das Pech hatten, mich währenddessen zu besuchen, weil es aussah, als platzten sie mitten in eine Kreuzigung.

Als Nächstes kam das Sitzen auf der Bettkante dran. Diese Übung brachte erneut ungeheure Mühen sowohl für mich als auch für die Therapeuten mit sich. Ich wurde in eine Position hochgehoben, bei der eine Hand auf dem Bett ruhte und meine Füße die Balance halten mussten, während auf jeder Seite ein Therapeut saß und vor und hinter mir jeweils eine Pflegekraft stand. Sie bewegten sich langsam von mir weg, sodass ich gezwungen war, mich aus eigener Kraft aufrecht zu halten. Man kann sich vorstellen, dass dies nicht immer klappte. Anfangs kippte ich einfach um. »Baum fällt!«, hörte ich mich innerlich rufen, als ich erst nach links kippte und dann auf den Rücken fiel.

Einmal nahm sich Mark für einen Behandlungstermin einen ganzen Tag frei, um meinen Fortschritt begutachten zu können.

»Das ist toll, Kate!«, sagte er ermunternd, als er sah, wie die Therapeuten erst neben mir saßen, dann abrückten, und ich eine volle Minute aufrecht dasaß.

Ein anderer Teil meines Körpers, der unter meiner Bewegungslosigkeit litt, waren meine Gedärme. Ich hatte oft über diese Fernsehspots gelacht, in denen Frauen mit verdrehten Augen die Geheimnisse eines weichen Stuhlgangs preisgaben. Jetzt erlebte ich selbst, wie schmerzhaft Verstopfung sein konnte. Man darf es getrost mit Geburtswehen vergleichen. Zwei Wochen lang litt ich unter grausamen Bauchkrämpfen. Ich hatte ungefähr fünfzehn Kilo abgenommen, und um mich aufzupäppeln, wurde über die PEG sehr kalorienhaltige Nahrung zugeführt. Ob das der Grund für meine Verstopfung war, weiß ich nicht, jedenfalls machten mich die Qualen fertig.

Eines Tages kam meine Mutter und fand mich einsam in meinem Bett in einer Ecke der Station, vor Schmerz tränenüberströmt. Zu meinem Unglück versuchte das Pflegepersonal von Osborn 4 gerade, mich von der Rund-um-die-Uhr-Versorgung zu entwöhnen, die ich auf der Intensivstation genossen hatte, weshalb man meine Tränen fälschlicherweise als Kummer über mein früheres Leben deutete und der wahre Grund unbemerkt blieb. Doch ich war nicht einfach nur bedürftig, mir ging es dreckig.

Der Stress und die Beschwerden waren so heftig, dass ich nicht einmal Besucher ertrug. Ich hatte ständig Angst vor Stuhlgang in der Gegenwart von Gästen, und keine Kontrolle über meinen After zu haben, machte es nur noch schlimmer. In meiner Vorstellung gab es nichts Beschämenderes, als in Anwesenheit anderer in einer schmutzigen Windel zu liegen, selbst wenn es sich um Alison, Anita und Jaqui handelte, die sich im Laufe der Jahre alle weiß Gott oft genug von Scheiße verschmierten Hinterteilen hatten widmen müssen.

Sie kamen eines Nachmittags, nachdem sie die halbstündige Fahrt durch die Stadt zu mir auf sich genommen hatten, vergnügt und fröhlich auf die Station geschlendert und wollten mich aufmuntern. Doch ich war in solch einer schlechten Stimmung, dass alle Liebesmüh umsonst war. Ich buchstabierte die Worte: »SORRY, GEHT BITTE.«

Rückblickend schäme ich mich für mein Verhalten, es war ungehobelt. Und auch wenn man mir vorwerfen konnte, gegenüber dem Pflegepersonal häufig unbeherrscht und ungeduldig zu sein, so hätte ich mich doch gegenüber meinen Freundinnen niemals absichtlich derart rüde benehmen dürfen. Nachdem sie gegangen waren, teilte ich den Schwestern mit: »ICH WILL KEINEN BESUCH.«

Ich war völlig fertig. Wenn es am schlimmsten kam, litt ich zwanzig Minuten lang unter Geburtswehen ähnelnden Schmerzen, und im Anschluss musste auch noch meine Windel gewechselt werden. Das spielte sich bis zu zwölf Mal am Tag ab. Später erfuhr ich, dass die Schwestern und Pfleger, sobald ich Hilfe anforderte, »Schere, Stein, Papier« spielten, um auszuknobeln, wen das Unglück traf, sich meiner annehmen zu müssen. Ich hoffte jedes Mal, es wäre »Sara klein«, da ich mich bei ihr gut aufgehoben fühlte. Sie zierte sich nie; sie erledigte die Sache einfach, als sei es das Normalste auf der Welt, einem neununddreißigjährigen Baby die Windel zu wechseln.

Als ich buchstabierte »Es fühlt sich an, als würd ich eine Wassermelone machen« lachte sie und sagte: »Besser raus als rein.« Bislang hatte sie geglaubt, ich sei eine piekfeine Dame, da ich aus Dore kam, doch jetzt bekam sie zum ersten Mal einen kurzen Eindruck von der echten Kate.

Wenn ich richtig deprimiert war, und das war während der Reha-Zeit häufig der Fall, brachte Alison ihre alten Fotos mit, um mich aufzumuntern. Eins meiner Lieblingsbilder war ein Schnappschuss von Anita, Jaqui, Alison und mir, wie wir uns im Bikini an Deck einer Millionärs-Jacht in der Sonne aalen. Es riss mich sofort aus meiner miesen Situation und katapultierte mich in einen Wodka getränkten Nachmittag unter mediterranem Himmel im September 2009, als wir vier in einer Gruppe von zehn Müttern aus unserer Schule ein langes Wochenende in Spanien verbrachten. Jaqui und Anita hatten schon oft an diesen Kurzurlauben nur für Frauen teilgenommen, und sie waren jedes Mal erfrischt und braun gebrannt zurückgekommen, voller Geschichten über Spaß ohne Kinder und Ehemann.

Das klang zu gut, als dass man die nächste Gelegenheit versäumen durfte, und so schlossen Alison und ich uns den anderen an. An jenem Tag, als das Foto geschossen wurde, waren wir durch den Hafen geschlendert, leicht angesäuselt von unserem Cocktailnachmittag, als wir etwas entdeckten, das man nur als schwimmenden Gin-Palast bezeichnen kann. Es war eine dieser Jachten, für die man mindestens eine halbe Million Pfund hinblättern muss. Makelloses, glänzendes Weiß und das polierte kirschrote Deck, in dem sich die Sonne widerspiegelte, weckten unsere Neugier.

Champagne O'Clock nannte sich das Monstrum, das seinem Namen alle Ehre machte. Von unserem bisherigen

Konsum aufgeputscht, spazierten wir auf die Jacht zu und wurden von zwei deutschen Männern an Bord gebeten, deren Englisch gerade genug ausreichte. Es erschien uns unhöflich, die Einladung auszuschlagen, und so sprangen Alison, Anita, Jaqui und ich sowie zwei andere Mütter auf ein paar Drinks an Deck. Wie sich herausstellte, gehörte das Boot den beiden Deutschen gar nicht – sie waren lediglich von der Besitzerin eingeladen worden, einer blonden Frau mittleren Alters aus Mittelengland, die auf der Jacht alleine war, während sich ihr Mann auf Geschäftsreise befand.

Während wir uns lachend und trinkend an Bord der *Champagne O'Clock* amüsierten, kehrte der Ehemann zurück, setzte sich in eine Bar und beobachtete von dort aus, wie wir auf seinem Schiff eine lustige Party feierten. Unnötig zu erwähnen, dass der Gute nicht gerade bester Laune war, als er an Deck erschien, doch Alison umgarnte ihn, und im Nu lud er uns für den nächsten Tag wieder ein. Beim Abschied vereinbarten wir, dass wir um zwölf Uhr mittags kommen würden, was den Besitzern genügend Zeit gab, sich auf die Reise zu machen, falls sie es sich anders überlegen sollten.

Als es Mittag wurde, bekamen die beiden anderen Mütter kalte Füße, sodass nur Anita, Jaqui, Alison und ich uns aufmachten, als ursprünglich ungebetene Gäste die Party an Bord fortzusetzen. Die *Champagne O'Clock* lag noch im Hafen und unsere Gastgeber saßen am gedeckten Frühstückstisch mit Croissants und Orangensaft; später gab es noch mehr Orangensaft und Wodka, dann noch mehr Wodka, im Anschluss Cocktails und schließlich noch mehr Wodka. Das Ehepaar erwies sich als noble Gastgeber, die uns mit zum Wasserskilaufen und Jetskifahren nahmen und deren Crew uns von vorne bis hinten bediente.

Einen Nachmittag lang durften wir uns fühlen, als gehörten wir zum Jetset. Dieser kurze Urlaub war herrlich und ich war bei meiner Rückkehr immer noch so beschwingt, dass meine Mutter glaubte, ich hätte eine Affäre, weil ich einen derart glücklichen Eindruck machte. Entzückend, dachte ich.

KAPITEL 16

Es gehört sich nicht, jemanden als Krüppel zu bezeichnen

Nachdem man mich auf der Intensivstation zum ersten Mal in den gepolsterten Rollstuhl gehievt hatte, gelüstete es mich fortan immer danach, an der frischen Luft zu sein. Ich starrte ständig auf die Tür, die in den Garten führte, bis derjenige, der sich gerade neben meinem Bett befand, den Wink verstand und eine Schwester oder einen Pfleger rief, damit ich angeschnallt, verpackt und fertig gemacht werden konnte.

Wie bereits erwähnt, konnte mein Starren sehr wirksam sein. Ich erinnere mich an eine Begebenheit, als Alison und Anita während eines Besuchs meine Füße massierten. Besonders in den ersten Tagen genoss ich diese Wohltat, und Alison als Friseurin war sehr gut darin. Anita hingegen zeigte sich weniger entgegenkommend. Sie kümmerte sich um mich und tat alles für mich, aber sie hasste Füße, und meine waren besonders abstoßend mit den verdrehten Zehen, den gelben eingerollten Zehennägeln und der schwieligen Haut.

Während Alison meinen linken Fuß mit Creme bearbeitete, stand Anita auf, wanderte herum und setzte sich schließlich neben meinen Kopf. Ich hörte, wie Alison sie bat, zurückzukommen und bei den Füßen zu helfen, doch Anita weigerte sich.

»Kate möchte lieber, dass ich ihr etwas erzähle. Stimmt's, Kate?«, fragte sie.

Ich starrte erst Anita an, dann schaute ich auf meine Füße. Anita verstand, was ich sagen wollte, und massierte auch meinen rechten Fuß.

Eines Nachmittags saß ich mit meiner Mutter im Garten und starrte auf die Kommunikationstafel als Zeichen, dass ich etwas mitteilen wollte. Auf dem Weg in den Garten war ich an einer verglasten Brandschutztür vorbeigekommen, in der ich zum ersten Mal mein Spiegelbild erblickt hatte. Ich erkannte die alte Frau, die mir entgegenblickte, nicht. Sie war dürr, das Haar hing welk und grau um das bleiche Gesicht. Die Augen waren eingesunken, der Blick leer, der Mund stand offen, deformiert, missmutig. Ich war um dreißig Jahre gealtert. Mehr als drei Monate hatte ich es vermieden, in einen Spiegel zu schauen, und bei dem Anblick, der sich mir jetzt bot, drehte sich mir der Magen um. Nun begriff ich, weshalb meine Kinder jedes Mal zögerten, bevor sie mir zum Abschied einen Kuss gaben.

Meine Mutter nahm die Kommunikationstafel und begann die Farbreihen durchzugehen. »Rot?« Ich blinzelte ein Mal für »nein«. »Gelb?« Ein Blinzeln. »Blau?« Zwei Mal blinzeln für »ja«. Sie ging die Reihe mit den blauen Buchstaben durch … »I?« Ein Blinzeln. »J?« Wieder ein Blinzeln. »K?« Zwei Mal blinzeln bei K. Es ging wieder zum Anfang zurück. »Rot?« »Gelb?« »Blau?« »Grün?« Bei Grün blinzelte ich zwei Mal. »O?« Ein Blinzeln. »P?« Ein Blinzeln. »Q?« Ein Blinzeln. »R?« Zwei Mal blinzeln, es war R. Als sie erneut zur grünen Reihe kam, blinzelte ich zwei Mal bei U. In der gelben Reihe zwei Mal blinzeln bei E. Grüne Reihe O, ein Blinzeln, P zwei Mal blinzeln. Und noch einmal dasselbe für das zweite P. Gelbe Reihe bis zum E. Blaue Reihe, I, J, K, L. Zwei Mal blinzeln für L. Schließlich ein zweimaliges Blinzeln, um zu zeigen, dass das Wort fertig war. KRUEPPEL.

Da war es, ich hatte es gesagt. Ich wusste natürlich, dass es politisch nicht korrekt war. Doch es hatte keinen Zweck, den Tatsachen aus dem Weg zu gehen. Das war ich jetzt nun mal: ein Krüppel.

Wütend warf meine Mutter die Tafel zur Seite und sagte: »Kate, ich höre sofort auf, wenn du weiter so daherredest.« Dabei hatte ich nur ausgedrückt, was ich gesehen hatte. Es ärgerte meine Mutter, dass ich mich derart äußerte, aber so fühlte ich mich eben.

Als ich wieder alleine war, kehrte die Unsicherheit zurück und verfolgte mich. Sah Mark dasselbe wie ich? Fragte er sich, was aus seiner Kate geworden war, dem Mädchen mit dem schönen Haar und dem »Knackarsch«, in das er sich vor all den Jahren verliebt hatte? Falls es so war, dann gelang es ihm, es hinter einem Lächeln und einem Scherz zu verbergen. Doch ich konnte nicht anders, als zu denken, dass ich an seiner Stelle nicht den Rest meines Lebens mit einem Invaliden verbringen wollte.

»Warum GERADE ICH?«, buchstabierte ich eines Tages, als Alison und meine Mutter mit der Kommunikationstafel an meinem Bett saßen. Ich sah, wie Alison meiner Mutter einen Blick zuwarf, als wolle sie fragen: »Scheiße, was sollen wir ihr darauf bloß antworten?«

Meine Mutter versuchte es mit der Erklärung, die der irische Arzt ihr zu Beginn gegeben hatte. Sie sagte, manchmal erwische es gerade Leute, die zu fit sind. Superfitte Menschen könnten ihre Blutgefäße zu sehr belasten, und dann könnten sich Gerinnsel bilden. Anscheinend habe sich das bei mir so abgespielt.

Ich überdachte meinen Lebensstil, und obwohl er mir seinerzeit nicht sonderlich exzessiv erschienen war, hatte ich mir vielleicht doch zu viel abverlangt. Die Neugründung meines Unternehmens hatte mich ungeheuer unter Druck gesetzt, weil ich unbedingt erfolgreich sein wollte; meinen Körper hatte ich noch stärker gefordert, um die nötige Fitness für eine Besteigung des Kilimandscharo zu erlangen.

Mit den privaten Trainingseinheiten und dem militärischen Ausbildungslager zusätzlich zu dem Wochenprogramm von über 100 Kilometer Laufstrecke hatte ich es wirklich auf die Spitze getrieben. Aber ich liebte die Herausforderung und die Strapazen.

Ich setzte mir ein Ziel. Unter keinen Umständen würde ich den Rest meines Lebens im Rollstuhl verbringen, und ich wollte meine Hand wieder so weit bewegen können, dass ich auf die Buchstaben meiner Kommunikationstafel zeigen oder meine Gedanken niederschreiben konnte, damit ich nicht mehr auf diese Tafel angewiesen war.

KAPITEL 17

Die wollen mich umbringen

Noch Wochen nach meiner Verlegung nach Osborn 4 verfolgte mich ein Vorfall, der mich zu der Überzeugung kommen ließ, eine der Schwestern auf der Intensivstation habe versucht, mich zu töten. Ich war nicht sicher, ob es wirklich geschehen war oder der Medikamenten-Cocktail zu Halluzinationen geführt hatte, aber in meiner Vorstellung stand fest, dass die in der fraglichen Nacht diensthabende Schwester versucht hatte, meinem Leben mit einer Grafitinfusion ein Ende zu bereiten.

Bei klarem Verstand hätte ich dahinterkommen müssen, dass es gar keine Grafitinfusionen gab und die Schwester, von der ich glaubte, sie wolle meinen Tod, schon lange nicht mehr für mich zuständig war, und hätte ich mich sicher fühlen können. Doch eine Kombination aus mangelnder Information über meine Heilungsaussichten in dieser Frühphase, meiner eigenen Paranoia, für einen nicht lebenswerten Fall gehalten zu werden, und dem generellen Überdruss, ständig untätig sein zu müssen, führte dazu, dass ich diesen Vorfall nicht aus meinem Gedächtnis streichen konnte. Er schwebte so lebendig vor mir, dass er einfach stattgefunden haben musste. Immer und immer wieder spielte er sich vor mir ab.

Ich hatte versucht, Mark meine überwältigenden Ängste zu beschreiben, doch in seiner typisch männlichen Manier meinte er bloß, ich solle mich nicht so furchtbar aufregen.

– 125 –

Meine Mutter war verständnisvoller, als ich ihr davon zu berichten versuchte, doch sie wusste nicht, wie sie damit umgehen sollte, ohne für genauso paranoid wie ihre Tochter gehalten zu werden.

Die ganze Geschichte setzte mir ungeheuer zu, deprimierte und regte mich zugleich so sehr auf, dass mich Alison eines Tages bei einem Besuch, als sie mich in den Garten schob, in ihrer üblichen nüchternen Art fragte: »Was ist los mit dir?«

Sie kam verlässlich immer direkt auf den Punkt – weshalb also bei meiner besten Freundin lange um den heißen Brei herumreden?

»SCHWESTER WOLLTE MICH UMBRINGEN«, buchstabierte ich. Ich kann mir nicht vorstellen, dass sie mir ganz geglaubt hat, aber sie fragte dennoch weiter: »Beunruhigt dich das?«

Ich blinzelte ein Mal für »nein«.

»Hast du denn Angst, dass es hier wieder passieren könnte?«

Erneut blinzelte ich ein Mal für »nein«.

»Weshalb erzählst du es mir dann? Was soll ich unternehmen?«, fragte sie in einem Ton, den sie normalerweise anschlug, wenn ihr die Kinder das Leben schwer machten.

›FEUER SIE‹, antwortete ich, und Alison prustete los, in ihrem warmen Gekicher, das mich immer ansteckte, sodass ich wie ein albernes Schulmädchen nicht mehr aus dem Lachen herauskam. Und obwohl ich keinen Ton von mir geben konnte, begannen meine Augen zum ersten Mal seit Tagen wieder zu glänzen.

Danach tauschten sich Alison und meine Mutter aus und beschlossen, die Angelegenheit nicht länger zu ignorieren, wie lächerlich sie auch klingen mochte. Meine Mutter kontaktierte Lynne, meine Psychologin, und reichte eine offizielle Beschwerde ein. Eine Oberschwester erhielt den Auftrag, den Fall zu untersuchen. Es wurde ein Treffen mit dem Beschwerdekoordinator, einer Krankenschwester, meiner Psychologin, meiner Mutter und mir arrangiert. Dort hatten wir Gelegenheit, die ganze Geschichte mit der »Grafitinfusion« darzulegen und zu berichten, wie das Gelächter und die aufgeschnappten Wortfetzen der schwatzenden Schwestern in der Nische neben meinem Bett meine Paranoia genährt hatten.

Die Schwester, um die sich der ganze Fall drehte, geriet durch meinen Vorwurf völlig aus der Fassung, denn sie war der Ansicht gewesen, eine gute Beziehung zu mir entwickelt zu haben. Gerechterweise muss gesagt werden, dass sie es war, die meinen Kommunikationsprozess eingeleitet hatte, indem sie die laminierte Tafel mit dem »Ein Mal blinzeln für ›nein‹, zwei Mal für ›ja‹« anfertigte. Dennoch hatte ich immer das Gefühl, ihre fürsorgliche Seite sei nur eine Fassade, die aufgesetzt wurde, wenn Besucher in der Nähe waren, und die sie fallen ließ, sobald wir alleine waren.

Schließlich stellte sich als wahre Geschichte hinter meinem Albtraum heraus, dass sich in der fraglichen Nacht der Zustand meiner Lunge verschlechtert und ich unter Flüssigkeitsretention gelitten hatte. Die Schwester befestigte einen Tropf mit Kochsalzlösung an dem Schlauch in meinem Mund, um den Schleim in den Lungenflügeln zu lösen, damit er leichter abgesaugt werden konnte. Außerdem litt ich unter Verstopfung, und so wurde mir über den Nasenschlauch ein dunkelbraunes flüssiges Abführmittel verabreicht.

Das Ergebnis der Untersuchung lautete: »Es gibt keinen Hinweis auf irgendein Medikament oder eine Substanz, die als ›Grafit‹ klassifiziert werden könnte. Wir können Kate versichern, dass während ihres Aufenthalts auf der Intensivstation zu keinem Zeitpunkt die Absicht bestand, sie mit einer ›Grafitinfusion‹ zu töten.

Bei Patienten der Intensivstation kommt es häufig vor, dass sie Halluzinationen, Albträume oder falsche Erinnerungen an ihren dortigen Verbleib haben. Diese Ängste können sich über mehrere Wochen nach ihrer Entlassung aus der Intensivstation fortsetzen. Patienten berichten auch über das Gefühl einer Paranoia, und einige zeigen extreme Stresssymptome, nachdem sie auf der Intensivstation behandelt wurden. Diese Gefühle können durch Gespräche mit einem psychologischen Berater verarbeitet werden.

Die privaten Unterhaltungen des Pflegepersonals in der Nähe eines Patientenbettes werden beim nächsten Treffen von Ärzten und Pflegepersonal Gegenstand der Diskussion über das Verhalten auf der Intensivstation sein. Das gesamte Personal wird auf die Dringlichkeit hingewiesen werden, sich im Bereich der Patienten an keinerlei unnützem Geschwätz zu beteiligen.«

Drei Wochen später bekam ich einen Anschlussbesuch der mit der Untersuchung befassten Schwestern. Mittlerweile hatte ich meine Kommunikationstafel über mehrere Wochen hinweg benutzt und konnte meine Anliegen eloquenter vorbringen. Meine Psychologin agierte dabei als meine Stimme.

Die Schwestern betonten erneut, mein damaliger schlechter Zustand sei vermutlich der Grund für meine wahnhaften Erinnerungen gewesen. Mir war das Ganze so peinlich, dass ich nicht eingestehen konnte, dass es sich vermutlich nur um einen Traum gehandelt hatte, wenn auch um keinen schönen mit Patrick Duffy in der Dusche. Mich plagten immer noch Bedenken, und ich sehnte mich nach Zuspruch und Aufmunterung. Ich erklärte, wie bewusst mir gewesen sei, dass ich beinahe gestorben wäre, und wie sehr mich das erschreckt hatte. Diese Todesangst habe mich oft weinen lassen, dennoch habe niemand begriffen, weshalb ich weinte, sodass ich mich unsichtbar und einsam fühlte.

Ich fügte hinzu, zuweilen habe ich das Gefühl gehabt, in schlechten Händen zu sein, denn niemand habe mir erklärt, was eigentlich geschah, und das Personal habe immer nur über mich geredet, nie aber zu mir.

Nach langer und offener Diskussion entschuldigten sich die Schwestern für die Fehler in meiner Pflege, und ich gab mich mit ihren Erklärungen zufrieden. Ich wollte einen Schlussstrich unter den ganzen nervenaufreibenden Vorfall ziehen, damit ich weitermachen konnte, und so entschied ich mich gegen eine formelle Beschwerde. Ich war glücklich, dass die Dinge, die mir so lange auf der Seele gebrannt hatten, endlich öffentlich geworden waren, und dass ich Antworten bekommen hatte.

Als Resultat dieser Untersuchung kamen etliche Mängel im Pflegebereich der Intensivstation ans Tageslicht, und es wurden Empfehlungen entwickelt, die für das gesamte ärztliche und Pflegepersonal gelten sollten, um künftig sicherzustellen, dass:

1. sich das gesamte Personal der Bedeutung einer Kommunikation mit dem Patienten bewusst ist;
2. ständig beruhigend auf den Patienten eingewirkt wird;
3. dafür gesorgt wird, dass sich der Patient immer sicher fühlt.

Ich hatte mein Anliegen vorgebracht und etwas Positives in Gang gesetzt.

KAPITEL 18

Wag es nicht, mich abzuschreiben

Das erste Gutachten über mich in Osborn 4 hätte eigentlich positiv ausfallen müssen. Innerhalb eines Monats hatte ich einige meiner Ziele erreicht. Es war mir gelungen, mit etwas Hilfe aufrecht zu sitzen, man hatte mich in einen Rollstuhl gehievt, ich hatte bewiesen, dass mein Verstand arbeitete und dass ich in der Lage war, mich mittels Kommunikationstafel verständlich zu machen. Ich war der Meinung, gute Fortschritte zu machen, schließlich hatte man mir nur geringe Überlebenschancen eingeräumt. Mir war klar, dass mir immer noch ein langer Weg bevorstand, doch ich erwartete ermunternde Worte, als es zu einem Treffen von Mark, meiner Mutter, Alison und mir mit dem Team von Ärzten und Therapeuten kam.

Wir versammelten uns in einem Nebenraum, und Lynne, meine Psychologin, machte den Anfang, indem sie über unsere »Gespräche« mithilfe der Kommunikationstafel berichtete. Ich hatte ihr mitgeteilt, ich wolle mehr Physiotherapie haben und sei frustriert, weil es mir nachts nicht gelang, die Schwestern oder Pfleger herbeizurufen und um Hilfe zu bitten.

Mein spezielles Schreckgespenst war Lorna, die Nachtschwester. Bei ihr hatte ich das Gefühl, sie drehe sich immer absichtlich um und ignoriere mich, sobald ich durch ein Blinzeln versuchte, ihre Aufmerksamkeit zu erregen. Selbst als ich in der Lage war, um das Wechseln der Windel zu bit-

– 130 –

ten, indem ich den Summer betätigte, war sie noch diejenige, die am wenigsten Hilfsbereitschaft zeigte, mit den Augen rollte und sagte: »In einer Minute.«

Oft fragte ich mich, ob sie in einer anderen Zeitzone arbeitete, denn ihre »Minute« dauerte nie kürzer als eine halbe Stunde. Obwohl sie die Schlimmste war, war sie nicht die Einzige. Es gab noch mehr Schwestern, die kurz um die Ecke schauten, wenn ich mit dem Summer um Hilfe bat, und kaum hatten sie gesehen, dass ich noch atmete, gingen sie wieder, ohne zu prüfen, was mir fehlte. Das brachte mich zur Weißglut.

Danach berichtete meine Physiotherapeutin, wie zufrieden sie mit den Ergebnissen meiner Kipptisch-Übungen sei und dass meine rechte Hand kräftiger zu werden schien, während auf der linken Seite immer noch keine Bewegung zu konstatieren sei.

Alles lief hervorragend, bis »Ming, der Gnadenlose« vorschlug, die Therapeuten sollten sich mal in unserem Haus umschauen.

»Warum?«, fragte Mark überrascht.

Ming erklärte, sie müssten sich Gedanken über meine Entlassung aus dem Krankenhaus machen, und dafür sei es erforderlich, an Ort und Stelle zu untersuchen, welche Umbauten für meine Rundumversorgung nötig würden. Es war das erste Mal, dass von der Möglichkeit einer Entlassung aus dem Krankenhaus die Rede war, und sofort ging es mir besser.

»Aber sie kann nicht nach Hause kommen. Schauen Sie sie sich doch an!«, erwiderte Mark abwehrend. Seine Antwort traf mich wie ein Schlag ins Gesicht. Plötzlich war aus einem Gespräch über meine Fortschritte eine Auseinandersetzung über mich als Last geworden. Hören zu müssen, wie Mark mich zurückwies, schmerzte gewaltig. Ich wollte schreien: »Ich bin hier und habe immer noch Gefühle, kapierst du das nicht?« Doch es war zu spät, der emotionale Schaden war bereits angerichtet.

Ich wollte sterben. Wenn sich ausgerechnet jener Mensch, der versprochen hatte, mir in Krankheit und Gesundheit beizustehen, von mir abwandte, an wen sollte ich mich dann noch halten? Vielleicht existierten meine Befürchtungen doch nicht nur in meinem Kopf. In meinem zerbrochenen Körper stürzte alles ein. Tränen flossen mir übers Gesicht. Innerlich schrie ich: »Hol dich der Teufel! Wag es nicht, mich abzuschreiben.«

Ich muss zugeben, dass ich zu jenem Zeitpunkt für niemanden eine Augenweide war. Meine Füße waren krumm, mein Kopf musste wie bei einer Stoffpuppe gestützt werden und aus der linken Mundhälfte rann ein steter Sabberstrom. Ich trug einen Katheter und einen Urinbeutel, und ich wurde immer noch über die PEG-Sonde ernährt. Niemand von den Ärzten oder vom Pflegepersonal, nicht einmal eine meiner Freundinnen hatte jemals die leiseste Andeutung gemacht, ich könne nach Hause entlassen werden. Und selbst bei größtem Optimismus, wieder ganz gesund zu werden, war ich doch nicht dumm genug, mir einzubilden, dass ich das Krankenhaus bereits in nächster Zeit verlassen konnte.

Ich war am Boden zerstört. Ich saß in meinem Rollstuhl und zitterte vor Panik, die Gedanken rasten durch meinen Kopf. Was würde mit mir geschehen? Wie sah meine Zukunft aus? Meine Mutter und Alison, beide erschrocken über das, was sich eben abgespielt hatte, schoben mich schnell wieder zu meinem Bett. Ich starrte Alison an, und als sie merkte, dass ich etwas äußern wollte, griff sie zur Kommunikationstafel.

»UNTERSTÜTZ MICH«, blinzelte ich mit wässrigen Augen.

»Wen meinst du, mich oder deine Mutter?«, Alison versuchte, flapsig zu sein, doch ich hörte das Zittern in ihrer Stimme.

»BEIDE«, blinzelte ich zurück, während meine Mutter meine zuckende rechte Hand in ihre nahm und Alison meine leblose Linke beschwichtigend drückte. Beide kämpften mit den Tränen. Meine Mutter kniete sich neben den Rollstuhl und sagte: »Lass das Zittern deiner Wut zu, lass es für dich arbeiten, das ist alles, was du tun musst. Ist die Verbindung erst mal hergestellt, wirst du die Bahnen in deinem Gehirn nicht mehr verlieren.«

Ihre Worte waren genau das, was ich brauchte, um Hoffnung zu schöpfen. Ich würde alles geben, um solche Verbindungen zu aktivieren. Und ich würde auch wieder nach Hause und zu meiner Familie zurückkehren.

Dieser Zwischenfall berührte Alison zutiefst, deren Vater im besten Pflegeheim der ganzen Gegend lebte. Sie wusste, dass ich unter keinen Umständen den Rest meines Lebens in solch einem Mumienbunker verbringen wollte, und sie würde es nie zulassen. Sie erzählte Anita und Jaqui von dem Vorfall, und gemeinsam entwickelten die drei einen Plan.

Im Randgebiet von Dore gab es ein Projekt zum Bau neuer Wohnungen. Sie würden teuer werden, doch sie waren modern und mit etwas Arbeit sollten sie rollstuhlfreundlich umzugestalten sein. Meine Freundinnen nahmen sich vor, einen Teil ihrer Kapitalanlagen flüssig zu machen und mit Unterstützung der Mütter von Dore Spenden zu sammeln, um mir ein eigenes Zuhause und die Kosten für Pflegepersonal zu sichern, das sich künftig um mich kümmern sollte. Das war ein sehr ehrgeiziger Plan, doch er zeigte mir, was echte Freunde wert sind.

Das Gutachten hatte sich als herber Realitätstest für die gesamte Familie erwiesen. Meine Mutter und Dave machten sich zum ersten Mal seit meinem siebzehnten Lebensjahr

Gedanken darüber, ob ich wieder mit ihnen zusammenziehen sollte. Für sie hätte es einen großen Aufwand bedeutet, denn sie hätten ihr Haus im achtzig Kilometer entfernten Macclesfield verkaufen und irgendwo in die Nähe meiner Freundinnen ziehen müssen, doch es war etwas, das sie für überlegenswert hielten.

Nach dem Gutachten fand sich Dave in unserem Haus ein und führte ein ernsthaftes Männergespräch mit Mark.

»Das hier ist ihr Zuhause, ihre Kinder sind hier, und Kate muss hier leben«, betonte er.

Rückblickend kann ich Marks Reaktion verstehen. Er mühte sich ab, gleichzeitig ein guter Vater und der Brötchenverdiener zu sein, er arbeitete lange Stunden und bewerkstelligte zusammen mit seiner und meiner Mutter irgendwie die Betreuung der Kinder. Plötzlich zu hören, er solle sich damit auseinandersetzen, wie unser Haus rollstuhlfreundlich gemacht werden könne, war zu diesem Zeitpunkt wirklich das Letzte, was ihm in den Sinn kam. Er war noch nicht in der Lage, sich ein Leben als Ganztagsbetreuer vorzustellen. Er brauchte Zeit, um einen derartigen Umbruch unserer Lebensumstände zu verarbeiten. Weder Mark noch irgendein anderes Familienmitglied oder meine Freundinnen hatten das volle Ausmaß meiner dauerhaften Abhängigkeit erfasst.

Im Anschluss an das Gutachten sprach meine Mutter persönlich mit Ming, der sich für die durch ihn verursachte Aufregung heftig entschuldigte. Er sah ein, dass das Gutachten viel zu früh erstellt worden war, und dass man sich einzig auf die positiven, wenn auch winzigen Fortschritte in meiner Entwicklung hätte konzentrieren sollen.

Er sagte meiner Mutter: »Man soll nie nie sagen, aber man muss sich selbst gegenüber realistisch bleiben. Die Chance, dass Kate irgendwann wieder gehen kann, ist absolut gering. Vielleicht wird sich ihr Zustand etwas bessern, doch

Sie müssen sich auf die Tatsache einstellen, dass sie dauerhaft von Ihnen abhängig sein wird.«

An jenem Abend, als meine Freundinnen und meine Familie sich mit den Folgen auseinandersetzten, lag ich in meinem Bett und heulte mich in den Schlaf. Ich träumte, ich machte mich gerade für meinen üblichen Wochenend-Lauf fertig. Ich war angezogen, streckte Mark zum Abschied zwei Finger in die Luft und lief los. Ich rannte über die Berge, beide Beine taten ihren Dienst, die Arme bewegten sich auf und ab, und India, Harvey und Woody liefen neben mir.

Ich brauche niemanden, der mich betreut, dachte ich. Ich kann selbst für mich sorgen. Und ich werde wieder laufen!

Als Alison mich am nächsten Tag besuchte, war ich wie ausgewechselt. Der Lebensfunken war wieder da, wie sie es ausdrückte. Vor dem Gutachten sei die Person, die sie im Krankenbett gesehen hatte, nicht Kate gewesen, sondern die leere Hülle einer Frau. Sie konnte sich nur schwer vorstellen, dass ich mich von einem solchen Absturz erholen sollte.

Wenn Mütter an der Schule solch unsinnige Sprüche abließen wie »Sie wird es schon packen« oder »Sie wird in Nullkommanichts wieder auf den Beinen sein, du wirst es schon sehen«, dann dachte Alison oft nur: Wie kann man so etwas sagen, ohne sie gesehen zu haben? Doch von diesem Tag an sah sie Kate, die Kämpferin. Physisch hatte sich nichts geändert, ich war immer noch der Krüppel. Doch innerlich hatte mich Marks Reaktion wütend gemacht, und diese Wut war zu einer positiven Kraft geworden, die mich antrieb, gewaltige Sprünge zu machen, während die ganze Ärzteschaft nur winzige Fortschritte erwartete. Für mich lag die Besserung meines Zustands nicht mehr in den Händen der Ärzte. Ich selbst übernahm die Kontrolle.

KAPITEL 19

Hondas und Rasenmäher

*B*evor wir nicht mit einem schweren Trauma konfrontiert sind, kann niemand von uns wirklich wissen, in welchem Maße wir damit zurechtkommen. Nicht anders war es mit Mark. Als jemand, der ärztliche Ratschläge befolgte, glaubte er den Medizinern, als sie sagten, ich würde nie wieder gehen oder sprechen können. Er sah doch mit eigenen Augen, dass ich nur noch ein schwacher Abklatsch jener Frau war, die er geheiratet hatte, dennoch wollte er es sich selbst nicht eingestehen, obwohl er in seinem tiefsten Inneren wusste, dass es so war.

Es gelang ihm nicht, meine schlechte Prognose irgendeinem seiner Freunde oder Arbeitskollegen anzuvertrauen. Er trug die Last, meinen Zustand akzeptieren zu müssen, ganz alleine, und um zu verhindern, in eine tiefe Depression zu fallen, flüchtete er sich in die stumpfsinnigsten, typisch männlichen Formen des Zeitvertreibs: regelmäßig das Auto waschen und den Rasen mähen.

Vor dem Schlaganfall dachte Mark, wie vermutlich viele Männer, Haushalt und Versorgung der Familie erledigten sich von selbst. Er wusste nicht, welch Geschick es erforderte, eine Supermutter zu sein. Die tägliche Routine verlangte Diplomatie und Disziplin, um die potenzielle Unordnung und das Chaos zu verhindern, das bei drei Kindern unter elf Jahren unweigerlich entsteht. Während er auf Geschäftsreisen rund um die Welt zu entlegenen Orten wie

Chicago, Dubai und China jettete, Ärzte zum Essen einlud, um ihnen die Sanitätsartikel seiner Firma schmackhaft zu machen, hatte ich die Familie zusammengehalten.

Jetzt ging er immer noch regelmäßig zur Arbeit, obwohl er die Übersee-Reisen eingeschränkt hatte, damit er abends zu Hause für die Kinder da sein konnte. Am Ende eines langen Tages hatte er den zusätzlichen Stress, mich im Krankenhaus zu besuchen und zu versuchen, eine tapfere Miene aufzusetzen, was sicher härter war als die Arbeit. Wenn er später nach Hause kam, herrschte dort Chaos, weil Harvey oder Woody total ausgeflippt waren und sich weigerten, das zu tun, was ihnen die Großeltern sagten. Mit anderen Worten, Mark ging auf dem Zahnfleisch.

Also marschierte er oft zum Geräteschuppen, holte seinen Rasenmäher heraus und mähte den Rasen. Zwanzig Minuten pro Woche und die Befriedigung angesichts eines gepflegten Rasens, der Wimbledon alle Ehre gemacht hätte, waren seine Therapie.

Ich persönlich hätte eine Maniküre oder Nackenmassage vorgezogen, doch wir haben es hier mit Mark zu tun, und obgleich er sich gerne für einen modernen Mann des einundzwanzigsten Jahrhunderts hielt, verfiel er doch manchmal in das Verhaltensmuster des zwanzigsten Jahrhunderts. Mein Stiefvater und Marks Vater boten ihm oft genug an, für ihn den Rasen zu mähen. Aber nein, diese Tätigkeit, bei der er nur aufzupassen brauchte, dass er den Rasenmäher schnurgerade führte und nicht über das Elektrokabel fuhr, war seine Gelegenheit, abzuschalten.

Am Sonntagmorgen ging Mark einer ähnlichen Routine nach. Er holte Waschleder und Putzeimer hervor, rollte das Auto in die Auffahrt und wienerte den Wagen von vorne bis hinten. Darin unterschied sich Mark nicht von vielen seiner Freunde. Und während er das Auto wusch, blieben etliche Nachbarn auf dem Weg zum Kauf der Morgenzeitung stehen und schwatzten mit ihm – das wiederum vermittelte ihm ein Gefühl der Normalität.

Während ich noch auf der Intensivstation lag und Mark die Handlungsvollmacht besaß, beschloss er, mein Familienauto, einen schwarzen Kia Sportage 4x4, zu verkaufen, seinen Firmen-Volvo in Zahlung zu geben und sich seinen Traumwagen zu leisten, einen schwarzen Honda CRV 4x4. Das neue Auto ähnelte sehr meinem alten, außer dass es glänzte, neu war und Mark gehörte.

Er war der Meinung, er könne mein Auto nicht in Schuss halten, wenn ich so lange im Krankenhaus lag. Er brauchte ein Familienauto, das für seine Geschäftsfahrten taugte und groß genug war, um im Papas Taxi-Dienst den Kindern zu dienen. Mein Wagen stand nur herum und verursachte unnötige Kosten, daher machte es wirtschaftlich durchaus Sinn, beide Autos für den Honda in Zahlung zu geben.

Allerdings bedachte Mark nicht, welches Signal mit dem Verkauf meines Autos bei mir ankam, nämlich: »Kate, du wirst nie wieder am Steuer eines Autos sitzen.« Vielleicht war das der Grund, weshalb er es mir über Monate hinweg verheimlichte. Eines Tages dann, während ich in Osborn 4 lag und mir eine Kochsendung anschaute, klimperte er mit den Schlüsseln seines neuen Honda vor meinen Augen und gestand, was er getan hatte.

Ich hasste ihn deswegen und zeigte es ihm mit meinen Augen. Voller Zorn wendete ich den Blick von ihm ab. Wieder war es eine von Marks Handlungen, die den Kampfgeist in mir mobilisierte. Ich stellte mir vor, wie ich in einem roten MINI Cooper Cabrio über die Feldwege in Dore rauschte. Ich würde nicht nur wieder gehen, sondern ich würde auch wieder fahren, und wenn Mark wusste, was gut für ihn war, würde er mir auch ein neues Auto kaufen.

Eine weitere von Marks regelmäßigen Fluchten war das Mountainbiken. Wenn ich laufen gegangen war, hatte ich

– 138 –

die Zeit genutzt, mir über Dinge Gedanken zu machen, die mich stressten. Die frische Luft machte meinen Kopf frei und verschaffte meinem Geist den Raum, Atem zu holen. Einige der besten Marketing-Ideen waren mir während eines morgendlichen Laufs gekommen. Bei Mark war es das genaue Gegenteil. Wenn er über die Feldwege rund um Dore radelte, befreite er sich von sämtlichen Gedanken in seinem Kopf. Als ich im Krankenhaus lag, überraschte es Mark, wie problemlos er nachts schlafen konnte. Er war so erschöpft, dass er sofort in tiefen Schlaf fiel, sobald sein Kopf um zehn Uhr abends das Kopfkissen berührte. Keine Albträume, kein ruheloses Nachdenken, einzig unbeschwerter Schlummer bis zum nächsten Morgen.

Wachte er früh auf, setzte er sich manchmal um fünf Uhr morgens aufs Rad, während die Kinder und Großeltern noch im Bett lagen und die ganze Welt schlief. Diese Ausflüge hinderten ihn daran, das Bett zu hüten und sich mit seiner misslichen Lage zu beschäftigen. Das hatte er schon immer so gehalten, und es gab ihm das Gefühl, eigentlich sei alles normal.

Allerdings bescherte ihm diese Gewohnheit unbekümmerter Ausflüge auf dem Rad ziemlichen Ärger mit einer der Schwestern in Osborn 4. Eines Samstagnachmittags sagte Mark während seines Besuchs zu mir: »Der Morgen war ziemlich hektisch. India wollte, dass ich sie zu Charlotte kutschiere, weil Alison versprochen hatte, mit den beiden ins Kino zu gehen. Danach musste ich Woody zum Schwimmunterricht bringen und hatte eine Stunde Zeit, also habe ich mir das Rad geschnappt und bin gefahren.«

»WER PASSTE AUF HARVEY AUF?«, blinzelte ich.

»Niemand«, kam die Antwort.

Einmal mehr handelte sich Mark einen meiner »vernichtenden Blicke« ein. Er versuchte sein unverantwortliches Handeln zu entschuldigen, indem er sagte: »Es waren doch nur fünfzig Minuten, und Harvey meinte, er käme alleine zurecht.«

Ich begann vor Wut zu heulen, nicht nur, weil sich Mark so unverantwortlich verhalten hatte, sondern auch, weil ich mich schuldig fühlte. Ich hätte dort sein und mich um Harvey kümmern müssen, statt in einem Krankenhaus zu liegen und mir *Saturday Kitchen* anzusehen.

Eine Schwester hatte die Auseinandersetzung mitbekommen und sagte: »Das war alles andere als gut.«

Die Zurechtweisung saß. Mark ließ die Kinder danach nie mehr alleine zu Hause. Falls er es doch getan hat, erzählte er mir nicht davon.

KAPITEL 20

»Du bist nicht meine Mutter. Ich hasse dich!«

Im Leben eines normalen Familienverbands stehen die Großeltern für Vergnügen und Leckereien. Hausaufgaben, ins Bett schicken und die Kinder zur Schule bringen zählen nicht zu ihren Aufgaben. All diese bösen Regeln sind das Werk von Mama und Papa. Während es mir im Krankenhaus so schlecht ging und Mark Arbeit, Haushalt und die Besuche bei mir unter einen Hut bringen musste, blieb beiden Großelternpaaren nichts anderes übrig, als eine Art von Disziplin einzuführen, und meinen Kindern schmeckte das überhaupt nicht.

Ich hätte alles dafür gegeben, zu Hause zu sein, an der Schule auf das Ende des Unterrichts zu warten, Woody zu seinem Klavierunterricht zu fahren und Butterbrotpakete für das wöchentliche Schwimmtraining fertig zu machen. Ich freute mich auf den Besuch meiner Kinder an den Sonntagnachmittagen. Doch sie waren kein Ersatz für ein Beisammensein mit ihnen bei uns zu Hause.

Mental ermutigten mich ihre Besuche, noch härter dafür zu arbeiten, dass es mir besser ging. Ich hasste es, eine Außenstehende zu sein und zuschauen zu müssen, wie andere gezwungen waren, meine Kinder großzuziehen. Ganz zu Anfang hatte ich jede Unterhaltung über die Kinder abgeblockt, da es zu schmerzhaft war, jetzt wollte ich wieder im Mittelpunkt ihres Lebens stehen. Ich wollte nicht mehr die Behinderte vom Sonntagnachmittag sein.

India, Harvey und Woody erschienen jede Woche bepackt mit Zeichnungen und selbst gemalten Karten in der Abteilung, um in die Sterilität meines Zimmers ein paar Farbtupfer zu bringen, und ihr Geschnatter erhellte meinen Nachmittag. Sie redeten über die Schule, Pfadfinder, Musik, Fernsehen und Fußball, und ich buchstabierte die Dinge, die wir gemeinsam unternehmen würden, wenn es mir wieder besser ging. Außerdem beklagten sie sich über ihre Großeltern.

Zweifellos liebten die Kinder ihre Großeltern, aber sie waren kein Ersatz für ihre Mutter, und das führte zu viel Aufruhr im Haus. Marks Eltern waren die Oma und der Opa, die am Meer in Stockport wohnten. Die Kinder besuchten sie in den Schulferien und wurden nach Strich und Faden mit Ausflügen an den Strand und ins Erlebnisbad verwöhnt. Nana (meine Mutter) und Opa Dave wurden gleichermaßen mit Geschenken und Spaß assoziiert.

An der Wand über dem Waschbecken in der Küche hing der Zeitplan, den ich am Morgen meines Schlaganfalls geschrieben hatte, er entsprach dem gewohnten Muster. Man darf mich getrost einen Kontrollfreak nennen, denn es gab einen täglichen Terminkalender für jedes der Kinder, für mich und für Mark. Ich hatte die Zeiten für Lesen und Hausaufgaben für India neben Pfadfindern und Tanzunterricht eingetragen, für Harvey neben dem Fußballtraining, für Woody neben Klavier- und Schwimmunterricht. Selbst Essenszeiten, der Besuch unserer Putzfrau, Marks Radausflüge am Wochenende und Indias Besuche bei Freundinnen wurden schriftlich festgehalten. Für mich war dies die einzige Möglichkeit, den komplizierten Zeitplan der Familie einigermaßen unter einen Hut zu kriegen.

Mark hatte allen Großeltern aufgetragen, meiner Zeitplanung zu folgen, um die Normalität aufrechtzuerhalten, und als sich die Wochen großelterlicher Herrschaft zu Monaten auswuchsen, begannen die Kinder, sich gegen die Vorschriften aufzulehnen.

Harveys Missfallen über Omas nicht auf die Treppe gehörende Hausschuhe habe ich bereits erwähnt, doch mit den Wochen wuchs der Unmut. Die beiden Großelternpaare mochten sich noch so sehr anstrengen, alles richtig zu machen, es schien nie gut genug zu sein. Alles und jedes führte zu einem Wutanfall. Harvey war der Ansicht, was er zu tun gedenke, sei nicht Sache seiner Großeltern, schließlich seien sie nicht seine Eltern. Einmal beschloss er, er wolle seine abendliche Milch aus einem unserer geschliffenen Cognacschwenker trinken, die wir zur Hochzeit geschenkt bekommen hatten. Als Oma Ann ihm sagte, er solle aufpassen, ihn nicht zu zerbrechen, blaffte er: »Das hier ist mein Haus, ich kann tun, was ich will!«

Als Woody gezwungen wurde, an seinem wöchentlichen Musikunterricht teilzunehmen, schrie er Zeter und Mordio: »Ich hasse euch, ihr seid die blödeste Oma und der blödeste Opa von der Welt!«

Wenn Opa ihn von der Schule abholte, wollte Woody, dass Oma es tat. Und wenn Oma auf ihn wartete, rief er nach Opa. Was er wirklich wollte, war natürlich seine Mutter. Nichts stimmte.

Selbst Opa Dave, normalerweise immer locker und gelassen, wurde von Harvey und dessen Mätzchen an die Grenzen der Belastbarkeit getrieben. Eines Abends platzte ihm der Kragen, und er schickte Harvey auf sein Zimmer, der wütend die Treppe hinaufstampfte und brüllte: »Ich will, dass Mama nach Hause kommt!«

Was sollte Dave sagen? Alle versuchten ihr Bestes. Ein anderes Mal saß meine Mutter auf dem Sofa und gab Woody die Liebkosungen, die er von mir vermisste, und sie spürte, wie er zitterte. Er weinte und fragte: »Sie kommt doch eines Tages zurück, oder?«

Nana Jan fühlte sich wie eine Betrügerin, als sie antwortete: »Ja, aber jetzt noch nicht.« Sie ging davon aus, dass es, wenn überhaupt, noch lange dauern würde, bis ich wieder nach Hause kommen und Woody liebkosen konnte.

Womit Marks Eltern überhaupt nicht zurechtkamen, war die Tatsache, dass sie nicht helfend eingreifen konnten. Mark war ihr einziger Sohn. Und sie waren es gewohnt, sich um ihn zu kümmern und bei allem sofort für ihn da zu sein. Ein kaputtes Spielzeug – Papa reparierte es. Ein aufgeschlagenes Knie – Mama küsste es wieder gesund. Verlorene Sachen – einer von beiden fand sie wieder. Sie waren Babysitter und Geldgeber, bedingungslos.

Ich weiß noch: Als ich nach meiner Reise durch Australien nach Großbritannien zurückkam, wollte Mark mich in Heathrow abholen. Auf dem Weg zum Flughafen geriet er bei überfrierender Nässe mit seinem Wagen ins Schleudern und baute einen Unfall. Ein Anruf beim Vater genügte, und schon war alles geregelt. Seine Eltern sorgten für einen Transport, der ihn zum Flughafen brachte, sodass wir früh genug nach Sheffield kamen, um am Nachmittag das Rugbyspiel anzusehen. Sie arrangierten alles, Mark brauchte sich keine Sorgen zu machen. Mama und Papa retteten den Tag. Doch jetzt konnten sie das, was um sie herum geschah, nicht in Ordnung bringen, und so fühlten sie sich wie Versager.

India hatte ihre eigenen Schwierigkeiten. Als Älteste und einziges Mädchen glaubte sie, es sei ihre Aufgabe, in meine Rolle zu schlüpfen. Das hatte sie schon immer getan. Sobald Woody alt genug war, in seinem Gitterbett zu sitzen, hatte sich India zu seiner Ersatzmutter gemacht. Sie war gerade erst sechs Jahre alt, aber wenn ihr kleiner Bruder aufwachte, hob sie ihn aus seinem Bettchen, gab ihm seine warme Morgenmilch und setzte sich mit ihm vor den Fernseher, bis Mama aufwachte. Sie verhielt sich sehr viel praktischer und reifer, als es ihrem Alter entsprach.

Jetzt war sie elf und glaubte, sie brauche niemanden mehr, der für sie sorgte, sie war überzeugt, alles selbst erledigen zu können. Sie machte Tee für ihre Brüder; sie stellte sicher, dass Harveys Fußballtrikot sauber war. Sie brachte Woody zu Fuß zu seiner Schwimmgruppe im Dorf. Es zeigte sich, dass sie sehr tüchtig und fürsorglich war und all diese Dinge im Griff hatte. Sie meinte, sie sei auch in der Lage, sich um ihren Vater zu kümmern, und Mark erkannte an, dass sie in diesen schwierigen Zeiten eine enorme Hilfe für ihn war, doch bestand er darauf, dass ein Erwachsener das Sagen hatte.

Wenn der Druck auf India zu groß wurde, beklagte sie sich: »Alles muss ich machen!« Oft rief sie in Tränen aufgelöst bei Alison an, nachdem sie sich mit ihrer Oma gestritten hatte, und Mark hörte sie dann mit einer Stimme reden, die der ihrer Mutter sehr ähnlich war. Indias Gesundheit begann ebenfalls zu leiden. Sie klagte über Übelkeit und Bauchschmerzen, und mehrere Arztbesuche ergaben den Verdacht auf Reizdarmsyndrom, verursacht durch Stress.

Obwohl Mark alles unternahm, um die Familie zusammenzuhalten, wurde er durch den ewigen Kampf, Arbeit, Krankenhaus und Haushalt unter einen Hut zu bringen, immer distanzierter, und die Belastung für alle wuchs. Schließlich schlugen seine Eltern vor, die Kinder für eine Woche aus dem Trubel herauszunehmen und ihnen eine kleine Pause zu gönnen. Als zeitweilig Pensionierte hatten sie sich ihren Lebensabend genau eingeteilt und genossen ihre Urlaube, seien es Kreuzfahrten oder Abstecher in ihr Time-Share-Appartement in Spanien. Sie hatten bereits zwei Kreuzfahrten gestrichen, da sie es nicht über sich brachten, Mark alleinzulassen, und jetzt beschlossen sie, in der Nähe von Scarborough für eine Woche einen Wohnwagen für fünf Personen zu mieten.

Es wurde zur längsten Woche ihres Lebens, wie sie später

zugaben. Die Kinder lebten sich nicht ein, sie wollten nach Hause. Sie langweilten sich, denn sie waren es gewöhnt, mit ihrer Mutter und ihrem Vater Spiele zu spielen, und mit ihren siebenundsechzig und neunundsechzig Jahren fehlte Marks Eltern die Energie, mit ihnen mitzuhalten.

Sie versuchten auf ihre Art, mit der Situation fertig zu werden, doch es war hart. Sie wollten keinen weiteren Druck auf Mark ausüben, der sich in seine eigene Welt zurückzog. Hilflos schauten sie zu, wie er abmagerte, und ganz egal, was ihm seine Mutter zum Tee backte, er war immer zu angespannt oder erschöpft, es zu essen. Als Großeltern mussten sie erleben, wie die liebevolle, freundliche und sanftmütige Beziehung, die sie zu ihren Enkeln entwickelt hatten, langsam zerbrach.

Die Kinder bemerkten es ebenfalls. Häufig fragten India oder Harvey: »Warum seufzt du denn, Oma?«

Später verglich Marks Mutter die neun Monate meiner Abwesenheit mit einer Geburt. Während der Wehen sind die Schmerzen unerträglich, doch sobald man das Kind zum ersten Mal im Arm hält, vergisst man den Schmerz. Als ich heimkehrte, war der Schmerz ebenfalls vergessen.

Rückblickend war die Reaktion der Kinder kaum verwunderlich. Sie waren jung, die Mutter war ihnen entrissen worden, und sie konnten nicht akzeptieren, was um sie herum geschah. Dennoch schmerzte es jene, die als Dank für ihren Einsatz nur Widerstand ernteten.

KAPITEL 21

Denen werde ich es zeigen!

Bildete ich es mir nur ein oder hatte sich mein linker Daumen wirklich bewegt? Es war schwer zu sagen, ob es sich um einen ungewollten Spasmus handelte oder ob sich mein positives Denken auswirkte. Marks Reaktion während meiner ersten Begutachtung hatte mich entschlossener denn je gemacht, irgendwann wieder gehen zu können. Die Nacht nach dieser Besprechung hatte ich damit verbracht, im Bett zu liegen, meinen Daumen anzustarren und ihm zu befehlen, er solle sich bewegen.

Beweg dich endlich, du verdammtes Ding! Meine frustrierten Worte hallten in meinem Kopf wider. Es war die gleiche trotzige Stimme, die mich vorangetrieben hatte, mitten im Winter einen weiteren Kilometer durch Regen und Graupel in den Mooren oberhalb von Sheffield zu laufen, wenn ich aufgeben wollte. Es war die Stimme, die sagte: »Kate, du weißt, dass du es schaffst!«

»Beweg dich!«, versuchte ich es erneut. Diesmal spürte ich eine Spannung in meinem Körper, doch für ein Zucken reichte es nicht. Wenn mich eine der Schwestern gesehen hätte, wäre sie vermutlich auf den Gedanken gekommen, ich sei ins Koma gefallen, und hätte mich zurück auf die Intensivstation geschickt. Zu diesem Zeitpunkt verfügte ich bereits wieder über ein minimales Maß an Bewegung in meinem rechten Daumen und Zeh, doch auf der linken Seite tat sich nichts. Sie war völlig abgestorben.

Plötzlich bewegte sich der Daumen erneut. Ich war sicher, dass ich es mir nicht einbildete. In meiner Vorstellung war es, als habe ich triumphierend den Daumen gehoben, in Wirklichkeit aber war es nur eine winzige Bewegung und gewiss nicht einmal hinreichend genug, um die anderen Finger zu berühren oder einen Löffel zu halten.

Ich versuchte es ein weiteres Mal, und siehe da, er bewegte sich zeitgleich mit dem Gedanken. Ich hatte Kontrolle über ihn. War es das Ergebnis der funktionellen Elektrostimulation der Physiotherapeuten oder hatte der Geist über den Körper gesiegt? Ich war mir nicht sicher; egal, ich war ermattet, aber zutiefst befriedigt.

Als Alison mich am nächsten Tag besuchte, wartete ich, bis sie mitten in einer ihrer lustigen Geschichten angekommen war, und versuchte es wieder. Mitten im Satz hielt sie inne und fragte: »Kate, habe ich gerade gesehen, dass sich dein linker Daumen bewegt hat?«

Ich blinzelte lässig, als wollte ich sagen: »Na, und wenn schon.«

»Das ist ja toll! Sag mal, bewegst du ihn etwa ganz alleine?«, fragte sie, und in ihren Augen spiegelte sich mein eigener Stolz.

Ich bewegte ihn.

Ab diesem Moment wussten meine Betreuer und ich, dass mein Gehirn neue Verbindungen schuf und dass dort, wo sich vorher ein totes Ende befunden hatte, neue Bahnen in meinem Kopf wuchsen. Ich erinnerte mich an die hoffnungsvollen Worte meiner Mutter, die den irischen Arzt zitiert hatte, das Gehirn sei in der Lage, neue Verbindungen zu bilden. Jetzt glaubte ich wirklich, es bestünde Hoffnung für mich.

Angesichts der kleinen, aber unübersehbaren Bewegung hätten meine Freundinnen und Verwandten am liebsten Freudensprünge und gewaltigen Wirbel gemacht, doch sie mussten ihre Begeisterung zügeln. Die Ärzte hatten eine derart düstere Prognose gestellt, dass sie jeden kleinen Fortschritt zunächst als Zufall betrachteten und kein Gewese darum machten, um meine Erwartungen nicht zu hoch zu schrauben.

Meine Mutter und Alison warteten, bis sie die Abteilung verlassen hatten, erst dann klatschten sie sich heimlich ab, als wären sie Mitglieder irgendeiner dubiosen Sekte. Als ich später auf diese Zeit zurückblickte, fragte ich mich, ob die Angst der Ärzte und Therapeuten, falsche Hoffnungen zu schüren, nicht nur eine andere Form von negativer Einstellung war.

»Man kann Kate nicht entmutigen«, sagte meine Mutter mein ganzes Leben lang. Sie kennt mich zu gut. Ich bin wie ein Hund mit einem Knochen, ich gebe nie auf. In meiner Welt sind Regeln dazu da, gebrochen zu werden; Grenzen existieren nur, um sie zu verschieben. Mark empfand diesen Charakterzug zuweilen als ziemlich lästig. Als wir unsere alte Küche in eine Wohnküche umbauten, gerieten wir oft über die kleinsten Dinge in Streit. Wir verfügten über ein Budget von 25 000 Pfund, und Mark war entschlossen, es keinesfalls zu überschreiten. Ich andererseits wollte das Beste. Weshalb bei so lächerlichen Dingen wie billigen Fünf-Pfund-Griffen knausern, wenn wir so viel ausgaben, um Qualität zu bekommen? Das war mein Argument. Raten Sie mal, wer sich durchsetzte.

Mit dieser geringfügigen Bewegung als Ansporn setzte ich mir neue Ziele, denen meiner Therapeuten immer um drei oder vier Wochen voraus. Bislang hatte das Therapeutenteam keinerlei Erfahrungen mit jemandem, der sich nach einem derart massiven Schlaganfall wieder zu bewegen begann. Selbst in den Empfehlungen des »Nationalen Instituts für neurologische Erkrankungen und Schlaganfall« hieß es: »Obwohl einige Patienten in seltenen Fällen möglicherweise gewisse Funktionen zurückerlangen können, sind die Chancen einer motorischen Gesundung äußerst gering.«

Es gab nur wenige positive Präzedenzfälle, an die sich die Therapeuten und ich hätten klammern können. Der bekannteste Fall von Locked-in-Syndrom – Jean Dominique Bauby, Chefredakteur des französischen Magazins *Elle*, auf dessen Lebensgeschichte der Film *Schmetterling und Taucherglocke* basiert – erlangte bis zu seinem Tode nicht mehr als die Möglichkeit, sich mit Blinzeln zu verständigen. Und Berichte im Internet und in den Medien über andere Fälle gingen kaum über das Blinzeln mit einem Auge oder ausreichend Bewegung in einer Hand hinaus, um einen speziellen Computer oder elektrischen Rollstuhl zu bedienen.

Mit diesen Dingen im Hinterkopf nahm ich mir zum Ziel, Anfang Juni beweglich genug zu sein, um Mark und die Kinder in die Ferien zu begleiten, und ich riss mich in der Therapie gewaltig zusammen. Meine Familie wiederum setzte sich mit den Therapeuten zusammen, die einen Aktionsplan ausarbeiteten.

Ganz oben auf meiner Prioritätenliste stand die Entfernung meiner Tracheotomiekanüle oder »Trachi«, wie die Schwestern und Pfleger das Biest zärtlich nannten. Für mich war der Schlauch in meiner Luftröhre immer nur eine vorübergehende Maßnahme gewesen, und ich war fest davon überzeugt, dass er eines Tages herausgenommen werden würde, sodass die Wunde in meinem Hals heilen konnte. Außerdem gierte ich danach, Schluckversuche zu unternehmen, um zu sehen, ob ich wieder Earl Grey Tee trinken konnte.

Immer noch hing das blöde Schild »Nichts durch den Mund« über meinem Bett, während ich nach Tee oder irgendeiner Flüssigkeit schmachtete, um meinen fürchter-

– 150 –

lichen Durst zu löschen. Beide Maßnahmen mussten durch einen speziellen Arzt durchgeführt werden, und so begann die erste vieler frustrierender Wartezeiten. Jeden Morgen beobachtete ich ihn, wie er seine Runde in der Abteilung machte, und jedes Mal hoffte ich, heute sei der Tag, an dem er bei mir mit den Versuchen beginnen würde.

Irgendwann kontrollierte dieser Arzt endlich meine Atmung. Er hielt seine Hand auf das Ende der Trachi, um zu testen, ob ich ohne künstliche Hilfe atmen konnte, und nachdem ich diesen einfachen Test bestanden hatte, stimmte er zu, mich an ein SATS-Gerät anzuschließen, einen Sauerstoffsättigungs-Monitor. An meinem großen Zeh wurde eine Klammer befestigt, die den Prozentsatz sauerstoffreicher Hämoglobinmoleküle in meinem Blut überwachte. Indem es einen Lichtimpuls durch meinen Zeh jagte, konnte das Gerät den prozentualen Sauerstoffanteil meines Bluts ermitteln. Das Gerät war alarmgesichert, und wenn der Sauerstoffanteil unter neunundachtzig Prozent sank, piepte es wie eine Mikrowelle. Die Trachi würde erst entfernt werden, wenn ich es achtundvierzig Stunden lang schaffte, keinen Alarm auszulösen.

An den folgenden Tagen wurde ich zur Sklavin dieser verfluchten Maschine, und es fühlte sich an wie bei Woodys Operations-Spiel, bei dem eine unsichere Hand ein Signal auslöste, das einem verriet, dass man verloren hatte. Doch statt mit einer Pinzette kleine Plastikkörperteile vom Spielbrett nehmen zu müssen, brauchte ich bei meinem Geschicklichkeitsspiel nichts Komplizierteres zu tun, als meine Lunge aus eigener Kraft mit Luft zu füllen – und dennoch gelang es mir nicht.

Ich spürte, wie mein Atem flacher wurde, und ich musste mit ansehen, wie der Messwert auf dem Monitor immer mehr absank. Ich konnte mich anstrengen, so viel ich wollte, das Piepen vermochte ich nicht zu stoppen. Besonders frustrierend war das, je mehr ich mich dem Schwellenwert von achtundvierzig Stunden näherte und zu befürchten stand, dass alles wieder von vorne begann.

Einmal blinzelte ich Alison zu, sie solle die Sonde von meinem Zeh lösen. Als die Schwester sah, was Alison getan hatte, machte sie ihr eine heftige Szene und wies darauf hin, wie wichtig es sei, meine Atmung kontinuierlich zu überwachen.

»Sie ist schuld, sie wollte, dass ich es tue«, sagte Alison und zeigte auf mich, während ich hilflos in meinem Bett lag und mich um eine möglichst unschuldige Miene bemühte.

Die Erleichterung war groß, als ich den Test schließlich doch bestand, aber die Freude währte nicht lange. Wie alle anderen im Krankenhaus musste auch ich auf den Arzt warten, und der Besuch meines Arztes stand erst in drei Tagen an, also hieß es weiter ausharren. Als er endlich kam, brauchte er ganze zwei Minuten, um die Trachi herauszuziehen und die Kappe zu schließen.

An den nächsten Tagen litt ich unter einer ernsthaften Brustkorbinfektion, die sowohl meinen Betreuern als auch dem Pflegepersonal Sorge bereitete. Am zweiten Tag rasselte meine Brust, und ich schnappte nach Luft wie ein Kettenraucher. In der Lunge befand sich Flüssigkeit, und ich hatte das Gefühl, als müsse ich in meinem eigenen Bett daran ersticken.

Ich konnte immer noch nicht husten, daher wurde ein Gerät herangeschafft, das mir dabei half. Diese Erfahrung war alles andere als erfreulich und verringerte keineswegs das Gefühl, gleich ersticken zu müssen, da gewaltsam Luft in meine Lunge gepresst wurde, wofür man mir eine abgedichtete Maske über Nase und Mund gestülpt hatte. Die Idee war, mittels der in die Lunge gepumpten Luft die Flüssigkeit zu lockern, um sie danach mit einem Lungensauger herauszuholen, wie ich es bereits auf der Intensivstation erlebt hatte, bevor ich ein paar Schlucke Earl Grey Tee hatte trinken dürfen.

Intravenös verabreichte man mir stärkste Antibiotika, um die Infektion in den Griff zu bekommen, doch wovor sich alle, mich eingeschlossen, am meisten fürchteten, war die Möglichkeit, dass sich der Infekt zu einer Lungenentzündung entwickeln konnte.

Später erfuhr ich, ich sei so krank gewesen, dass das Ärzteteam meine Physiotherapeutin gebeten habe, das gesamte Wochenende Dienst zu tun, um meine Lunge zu massieren und dadurch beim Lockern der Flüssigkeit zu helfen. Die Ärzte befürchteten, mir die Trachi wieder einsetzen zu müssen. Ich befürchtete, mein letztes Stündlein habe geschlagen.

Nach vielen unangenehmen Tagen stabilisierte sich mein Zustand. Dennoch blieb es eine widerliche Zeit, insbesondere für Mark. Als meine engste Bezugsperson musste er häufig unter meinen spontanen Auswürfen leiden. Es war seltsam, dass ich zwar nicht aus eigenem Antrieb husten konnte, aber immer wieder ungewollt prusten musste und ohne Vorwarnung klebriges Zeug ausspuckte wie ein krankes Baby. Ich werde nie Marks angeekelten Gesichtsausdruck vergessen, als er sich zu mir hinabbeugte, um mich zu küssen, und ich ihm seine neue Krawatte mit Schleim aus meiner Lunge vollkotzte.

»Besten Dank, Kate! War schön, dich zu sehen«, flachste er, während er den Glibber vom Schlips und seinem besten Arbeitsanzug abwischte.

Nachdem das Drama mit der Brustkorbinfektion ein Ende gefunden hatte, begannen für mich die Tests für Sprech- und Schluckübungen. Die Lungensekrete wurden immer noch überwacht, doch ich war scharf darauf, endlich wieder etwas trinken zu können.

»Sie haben schwache Lippen«, sagte meine Logopädin Sophie, nachdem sie mich aufgefordert hatte, als erste Übung meine Zunge rauszustrecken.

Hey, das muss das erste Mal sein, kicherte ich in mich hinein, als ich mir Marks glasigen Gesichtsausdruck ins Gedächtnis rief, den er gewöhnlich aufsetzte, wenn ich zu lange geredet hatte und er bereits seit einer halben Stunde nicht mehr zuhörte.

Sophie hatte mich also gebeten, die Zunge rauszustrecken, was theoretisch eine ziemlich einfache Aufgabe ist. Eine herausgestreckte Zunge bedeutet offenen Widerstand, und darin war ich gut, wie meine Mutter bestätigen würde. Als ich jetzt aber versuchte, die Zunge für Sophie rauszustrecken, kostete es mich allergrößte Mühe, den Mund auch nur einen winzigen Spalt zu öffnen. Die Zungenspitze zuckte kurz, das war alles. Von der Anstrengung war ich erschöpfter als nach einem harten Berglauf.

Dennoch schöpfte ich Hoffnung. Ich spürte, wie meine Zunge gegen den Gaumen drückte – war das nicht ein gutes Zeichen für die Zukunft?

Mir wurden eine Reihe von Zungenbasis-Übungen verordnet, die ich mit meinen Therapeuten und Pflegern fortsetzen sollte. So musste ich Dinge tun wie mit geschlossenem Mund lachen, um die Muskeln im Mund zu stärken; die Zunge so weit wie möglich rausstrecken, sie gerade halten und dort einige Sekunden belassen, danach wieder möglichst weit einziehen. Beide Übungen musste ich fünf Mal wiederholen; danach sollte ich die Zungenspitze zwischen die Vorderzähne stecken und schlucken, während die Zungenspitze zwischen den Zähnen blieb. Das war schon kniffliger. Als Abschluss hieß es, die Zunge rauszustrecken und mit ihr nach links und rechts zu wackeln, wobei ich an jeder Seite ein paar Sekunden stoppen musste.

Die gesunde Kate in meinem Kopf sagte mir, dies sei ein

ziemlich jämmerliches Übungsprogramm. Aber wenn ich alleine in meinem Bett lag, wiederholte ich die Übungen immer und immer wieder.

Meine Therapeutin hatte vorgeschlagen, ich solle einen Spiegel benutzen, doch anfänglich lehnte ich das ab. Außer in der Glastür hatte ich mein Spiegelbild noch nicht gesehen, ich konnte mir jedoch vorstellen, wie entstellt ich aussah, und wollte mir den Anblick ersparen. Stattdessen wartete ich, bis meine Besucher kamen, und machte ihnen die Übungen vor.

»Hervorragend, Kate! Toll machst du das!«, war das einhellige Urteil. Es dauerte nur ein paar Wochen, bis ich die Kunst des mit der Zunge Wackelns dermaßen gut beherrschte, dass sie meinten, ich habe nicht ein einziges Mal gezuckt.

Für eine andere Übung zur Kräftigung meiner Wangen und Gaumensegel benutzte ich einen Tischtennisball. Mit einem Strohhalm zwischen den Lippen musste ich den Ball über den Tisch blasen wie bei einem Puste-Fußball-Spiel. Ich sollte diese Übung mit zugehaltener und offener Nase wiederholen, um zu spüren, wie sich der Luftdruck in meinem Mund aufbaute. Doch der einzige Druck, den ich dabei jemals spürte, war das Bedürfnis, furchtbar zu kichern, besonders wenn die Logopädie-Assistentin mit mir übte. Ich hatte ihr den Spitznamen »Go Ape Girl« verpasst, weil sie an den Wochenenden im »Go Ape« Kletterzentrum in Sherwood Forest arbeitete. Sie war quirlig und energiegeladen und reizte meine schelmische Ader.

Ich musste ständig an meine verrückte Zeit in Thailand denken und an die Reklame für diese entsetzlichen Ping-Pong-Sexshows in den Striplokalen des Patpong Districts, daher konnte ich mich kaum auf meine eigenen eher wenig erbaulichen Tischtennisübungen konzentrieren, ohne lachen zu müssen.

– 155 –

Im Laufe der Wochen gelang es mir schließlich, ohne fremde Hilfe auf der Bettkante zu sitzen, und das Therapeutenteam konnte jetzt zu »dynamischen Aufgaben« übergehen. Allerdings klingt das wahrscheinlich abenteuerlicher, als es war. »Dynamisch« nannten meine Therapeuten das Wenden meines Kopfs und das Ausstrecken meines rechten Arms im Sitzen.

Wenn meine täglichen therapeutischen Übungen beendet waren, trainierte ich alleine im Bett oder mit Unterstützung meiner Besucher weiter, bis ich erschöpft war. Das geschah nicht immer zur Freude meiner Therapeuten. Als ich einmal alleine im Bett lag und Fernsehen schaute, stellte ich fest, dass ich auf eigenen Befehl den Rücken von der Matratze heben konnte. Das war natürlich fantastisch, und ich übte es stundenlang.

Meine Therapeutin kam jedoch dahinter und ermahnte mich, damit aufzuhören. Meine Nackenmuskeln verrichteten die ganze Arbeit des Anhebens, nicht meine Rückenmuskulatur, meinte sie. So sei alles, was ich damit erreichen würde, die Herausbildung von Halsmuskeln wie bei einem russischen Kugelstoßer, während ich glaubte, die Muskulatur zu stärken, die mir zu mehr Gleichgewicht und möglicherweise sogar zum Aufstehen verhelfen würde.

Ich schlug ihren Ratschlag in den Wind, da ich glaubte, meinen Körper besser zu kennen, und fuhr damit fort, meinen Rücken zu beugen, wann immer ich konnte. Eines Tages brachte mir meine Therapeutin schließlich das Foto einer Bodybuilderin, deren Hals an einen Rottweiler erinnerte. Sie heftete das Bild an meinen Garderobenschrank und darüber die Worte: »Möchten Sie so aussehen?« Das saß. Ich hörte auf.

Alison berichtete mir später von einem Gespräch mit meiner Physiotherapeutin zu jener Zeit, als ich mir selbst alles abverlangte. Die Therapeutin sagte: »Die Schwierigkeit mit Kate ist, dass sie sich zu hohe Ziele setzt.«

Alisons Antwort lautete: »So ist Kate nun mal. Vor dem Schlaganfall war sie eine treibende Kraft. Vielleicht sollten Sie Fachleute ihr auf halbem Wege entgegenkommen.«

KAPITEL 22

Das ganze Dorf hilft mit

GRID 2 ist ein spezielles Computer- und Softwarepaket, das Patienten ohne Sprachvermögen und mit eingeschränkter Bewegungsmöglichkeit befähigte, Texte zu schreiben und mittels einer computergenerierten Stimme zu »sprechen«. Als ich damit begann, meinen rechten Daumen zu bewegen, erklärten die Therapeuten meinen Verwandten, diese Vorrichtung könne für mich vielleicht von Nutzen sein. Ich selbst hatte bereits beschlossen, Laufen sei wichtiger als Sprechen, doch wenn sich die Chance bot, beides zu schaffen, sollte mir das natürlich recht sein. Nach einigen Untersuchungen befanden die Therapeuten, die Anlage sei für meine Bedürfnisse geeignet.

Ein paar Tage später liehen sie ein Gerät aus einer anderen Abteilung aus und stellten es neben meinem Bett auf, mit dem Bildschirm direkt vor mir. Der Schalter in meiner Hand verschaffte mir neue Freiheit. Während ich immer noch nicht die Kraft besaß, einen Kugelschreiber zu halten oder zu schreiben, konnte ich den Cursor auf dem Monitor durch langsame, ruckelnde Bewegungen verschieben, sodass ich Wörter buchstabieren, bei Bedarf das Alarmsystem bedienen und sogar durch die Fernsehprogramme zappen konnte. Sobald ich alleine war, begann ich damit zu experimentieren und Wörter auf den Bildschirm zu zaubern. Ich nutzte das Alarmsystem und rief Oliver, meinen Lieblingskrankenpfleger. Als er zu mir ans Bett kam, be-

– 158 –

merkte er meinen zufriedenen Gesichtsausdruck. Auf dem Bildschirm prangte der Satz: ICH WERDE WIEDER LAUFEN.

»Ja, genau«, sagte er lachend.

Ich erinnere mich noch lebhaft an das Datum. Es war der 1. Mai 2010. Außer mir selbst wollte niemand diesem Versprechen glauben. Für mich wurde es ein Mantra.

Das einzige Problem von GRID 2 waren die Kosten: 6 000 Pfund. Meine Freundinnen wollten mir helfen, »sprechen« zu können. Ich fürchte, sie waren die mühsame Verständigung über die Kommunikationstafel genauso leid wie ich. Was auch immer ihr Motiv gewesen sein mag, jedenfalls steckten sie bei einem Glas Shiraz die Köpfe zusammen und entwickelten den Plan, eine Wohltätigkeitsveranstaltung zu organisieren, um das nötige Geld zu sammeln.

Das Netzwerk von Dore, bestehend aus Dorfbewohnern, Eltern der Schulkinder und Kirchenmitgliedern, bot Mark ständig Geld an, um seine Hilfsbereitschaft zu zeigen. Man war bereits so nett gewesen, für die Familie zu kochen, und Mark hatte dies auch dankbar angenommen. Geld jedoch war eine andere Sache, und da ihm die Vorstellung missfiel, unsere Familie könne als Sozialfall betrachtet werden, lehnte er es kategorisch ab, Geldspenden anzunehmen. Er hatte einen Arbeitsplatz, verdiente gutes Geld, und ich war beim staatlichen Gesundheitsdienst in Behandlung, folglich bestand kein Bedarf an Almosen, egal, wie gutgemeint sie auch sein mochten. Dennoch nahmen die Angebote kein Ende, und so waren es letztlich Anita, Alison und Jaqui, die den Plan für eine Wohltätigkeits-Radtour ausheckten.

Mark ließ sich nicht so schnell überzeugen, doch schließlich gab er unter dem Druck meiner Freundinnen klein bei und stimmte zu, dass sie eine einfache Radtour für die Kinder und deren Freunde rund um eines der örtlichen Kleinode, Ladybower und Derwent Reservoirs, veranstalteten.

Keine meiner Freundinnen wusste, wie man so eine Veranstaltung organisieren sollte. Das war mein Job gewesen. Ich war diejenige, die die Leute davon überzeugen konnte, für einen guten Zweck extreme Dinge zu tun. Für Wohltätigkeitszwecke hatte ich bereits erfolgreich die *Three Peaks Challenges* bestritten, und meine Idee war es gewesen, zur Unterstützung des örtlichen Kinderhospizes den Kilimandscharo zu besteigen. Und ich wäre liebend gerne an einem sonnigen Frühlingsnachmittag mit dem Fahrrad um den Stausee gefahren, statt aus meinem Bett gehievt und in der Abteilung herumgekarrt zu werden.

Der Stausee erinnerte mich an einen verrückten Nachmittag mit Mark, als wir unsere ersten Verabredungen trafen. Wir waren mit dem Fahrrad zu einem Picknick aufgebrochen. Am Stausee angekommen, waren wir erhitzt und verschwitzt und brauchten Abkühlung. Wir ignorierten die Schilder mit »Achung! Baden verboten!« und forderten uns gegenseitig heraus, uns ins Wasser zu stürzen. Ich sprang zuerst, und Mark tat es mir nach. Es war saumäßig kalt. Wie es uns gelang, den Kälteschock ohne Herzinfarkt zu überstehen, weiß ich selbst nicht. Jedenfalls hielt es uns nicht davon ab, ein ums andere Mal zu springen, bis wir total erschöpft und berauscht waren.

Nachdem Datum und Treffpunkt festgelegt waren, entwickelte sich die Wohltätigkeits-Radtour zu einem Selbstläufer. Vielleicht half ich unbewusst nach, weil ich wollte, dass meine Kinder und Freundinnen sie zu einem Erfolg machten, auf den ich stolz sein konnte. Und das taten sie.

Am fraglichen Tag erschienen über 200 Leute und radelten die zwanzig Kilometer rund um den Stausee. Harvey zeigte, dass er der Sohn seiner Mutter war, fuhr allen

1 Mark und ich nach meinem Examen 1992

2 Unser Hochzeitstag 1998

3 Abschied von meiner Mutter und meiner kleinen Schwester Abi in Heathrow, als ich im Januar 1989 in die USA flog, um dort als Kindermädchen zu arbeiten

4 Für einen Tag Teil des Jetsets – Anita, Jaqui, Alison und ich wurden von den Besitzern dieser Jacht wie Stars behandelt

5 Und dann waren es drei: Harvey und India begrüßen ihr kleines Brüderchen Woody, Februar 2004

6 Mit meiner Tochter India auf der Ziellinie des *Race for Life* 2006 in Sheffield

7 Woody und ich bei einem Familienausflug im Sommer 2008

8 Mark und ich ganz entspannt

9 Familienabend mit meinen Brüdern Paul und Tim und meiner kleinen Schwester Abi

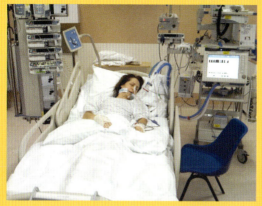

10 Nach dem Schlaganfall lag ich drei Tage im künstlichen Koma, damit sich mein Gehirn erholen konnte. Als ich aufwachte, war ich in meinem eigenen Körper gefangen

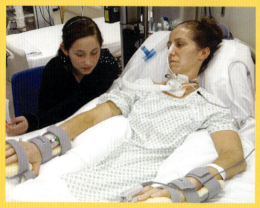

11 Meine Tochter India besuchte mich als erstes unserer Kinder auf der Intensivstation, März 2010

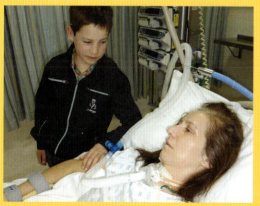

12 Nachdem er mich im Krankenhaus zum ersten Mal gesehen hatte, weinte Harvey einen ganzen Tag

13 Mark und ich während eines Tagesausflugs nach Hause, nachdem man mir den Tracheotomiekanüle entfernt hatte. Zurück blieb eine Wunde am Hals

A	B	C	D	Wortende
E	F	G	H	Satzende
I	J	K	L	M	N
O	P	Q	R	S	T
U	V	W	X	Y	Z

14 Die farbige Buchstaben-Tafel wurde zu meinem Kommunikationsmittel

15 Mit meinen Freundinnen bei der Party zu meinem 40. Geburtstag

16 Mein erstes Wochenende zu Hause, September 2010

17 Miss Daisy und ihre Chauffeurin während eines Frauen-Wochenendes ins Champneys-Wellness-Hotel, Oktober 2010

18 Weihnachten 2010 war etwas ganz Besonderes für meine Familie

19 Die *ambitionierten* Läuferinnen Jaqui und Anita am Jahrestag meines Schlaganfalls

20 Nach meinem Jahrestag-Spaß-Lauf stoße ich mit Alison auf die Freundschaft und die Gesundheit an, 6. Februar 2011

21 Endlich Freiheit am Steuer meines neuen MINI Cooper Cabrio »Rocky«

davon und erreichte als Erster das Ziel. India bewältigte die Strecke zusammen mit ihren Freundinnen in gemäßigterem Tempo, und selbst Woody schaffte ein gutes Stück, bevor er sein Fahrrad drei Kilometer vor der Ziellinie wutentbrannt hinwarf. Mark musste ihm klarmachen, dass er entweder zurückgehen konnte, was mindestens eine Stunde dauern würde, oder aber sein Fahrrad wieder aufheben und radeln konnte, was im Bruchteil dieser Zeit zu schaffen war.

Nachdem die Tour beendet war, gönnten alle Teilnehmer ihren schmerzenden Hintern eine Pause und genossen am Ufer des Stausees ein Picknick. Die Kinder spielten, die Erwachsenen hatten viel zu lachen, und Anita sagte später, es sei einer jener perfekten Nachmittage gewesen, an dem ein echtes Gefühl von Kameradschaft geherrscht habe.

Nur ein einziger Schatten lastete auf dieser Veranstaltung – ich. Es klang nach einem Nachmittag, an dem ich gerne mittendrin dabei gewesen wäre. Im Geiste der anderen und als reales Bild war ich dort. Mark hatte ein zwei Meter langes »Kate-Radrennen«-Transparent mit einem großen Foto von mir gemacht, das über der Start- und Ziellinie hing. Jeder Teilnehmer signierte das Transparent, sobald er das Ziel erreicht hatte. Als Mark es mir später am Abend ins Krankenhaus brachte, war er von ihrem Erfolg immer noch total begeistert.

»Ich weiß, dass ich anfangs nicht viel davon gehalten habe, aber es herrschte ein gewaltiger Gemeinschaftsgeist, und alle haben sich blendend amüsiert«, sprudelte es aus ihm heraus. »Sogar mein Chef und dessen Frau sind mit einem Korb selbst gemachter Plätzchen erschienen und haben die verteilt. Die Schulleiterin unserer Kinder ist vom Rad gefallen und hat sich vor allen lächerlich gemacht, wir haben gejohlt vor Lachen. Es wäre so schön gewesen, wenn du dort gewesen wärst, Kate. Wir haben 10 000 Pfund gesammelt, jetzt können wir deinen neuen Computer bestellen und dich zum Sprechen bringen.«

Sobald die Bestellung einmal gemacht war, brauchte ich nur noch ein paar Wochen zu warten, bis der Computer geliefert wurde.

KAPITEL 23

Besucher sind wie Busse

Mein volles Therapieprogramm hatte zur Folge, dass meine Besucher relativ oft Schlange stehen mussten, bevor sie zu mir kommen konnten. Jeden Tag gab es eine Stunde Physiotherapie, eine Stunde Ergotherapie und zwei Stunden Logopädie; nicht selten beanspruchten die Maßnahmen so viel Zeit, dass sie bis in die Besuchszeit hineindauerten. Alison oder Anita erschienen ganz sicher um 14 Uhr, aber sie konnten nicht länger als vierzig Minuten bleiben, da sie ihre Kinder von der Schule abholen mussten. Ich lernte schnell, für meine Besucher auf die Zeit zu achten, und sorgte dafür, dass sie rechtzeitig gingen, obwohl es mir natürlich lieber gewesen wäre, wenn sie noch etwas länger hätten bleiben können.

An manchen Tagen kamen die Besucher wie die Busse, drei oder vier gleichzeitig, und nur zwei wurden an mein Bett gelassen. An anderen Tagen war überhaupt niemand da, was einen einsamen Nachmittag verhieß. Alison entwarf einen Besuchsplan, den sie an meinen Spind heftete, sodass ich immer wusste, wohin ich musste und wer mich besuchen kam. Anfangs, als es mir noch sehr schlecht ging, war dies auf meine Freundinnen und meine Angehörigen beschränkt, doch als ich Fortschritte machte, füllten sich die Spalten für Montag bis Freitag mit den unterschiedlichsten Müttern aus Dore, die auf dem Parkplatz erschienen und dort um die wenigen freien Plätze kämpften.

Die Abende gehörten der Familie. Mark, dessen Eltern und meine Mutter verteilten sich über die Woche. Die Sonntagnachmittage waren für die Kinder und Mark reserviert. Im Laufe der Zeit bewegten sich die Kinder immer ungezwungener in meiner Nähe und setzten sich abwechselnd neben mich, um mir die Stirn mit einem Tuch und Gesichtswasser abzuwischen. Meine Vorfreude auf diese Momente der Intimität mit ihnen war groß.

Um sicherzustellen, dass mir aufgrund der beschränkten Besuchszeiten kein Klatsch und Tratsch entging, war Alison auf die Idee gekommen, Freundinnen und Freunde aus dem Dorf zu bitten, mir Briefe zu schreiben. Sie las mir die Post vor, was nicht nur neuen Gesprächsstoff mit sich brachte, sondern mir auch das Gefühl gab, immer noch Teil ihres bewegten Lebens zu sein.

Ganz oben auf der Liste meiner Lieblingsbriefschreiberinnen stand Anna, die Köchin des berühmten Fischragouts. Der gescheiten, stoischen Anna gelang es immer, ihren Esprit zu Papier zu bringen, und mit vier Kindern hatte sie genügend Nachschub an Neuigkeiten. Doch der Brief, der mir am meisten Spaß bereitete, war die Geschichte über Katie Price. Ich hatte die größte Klatschstory verpasst, die Dore seit Jahren erlebt hatte – die immer wieder neu Vermählte, ehedem bekannt als »Jordan«, wollte ein Haus in der Dore Road kaufen, gleich bei uns um die Ecke. Derzeit machte sie gerade Schlagzeilen, da sie den Transvestiten-Vollkontaktkämpfer Alex Reid geheiratet hatte.

Anna schrieb:

Ich habe keine Ahnung, weshalb sie ausgerechnet ein Haus in Dore haben will, aber hallo, wäre das nicht der helle Wahnsinn, im Supermarkt über sie zu stolpern? Tittenneid wird Einzug halten im Dorf. Gefütterte BHs, Hähnchenbrustfilets und rosa Jogginghosen, kannst du dir das vorstellen?

Nein, das konnte ich nicht. Anna schrieb weiter:

Über ihren neuen Mann Alex zu stolpern würde mir nichts ausmachen. Ich werde ihm jeden Tag die Zeitung bringen.

Später stellte sich heraus, dass das Gerücht eine Ente war; in Wirklichkeit wollte Katie Price in Dore ein Pferd kaufen.

Andere Briefe kamen von Amy, die den Kindergarten von Dore leitete, den meine drei Kinder besucht hatten, und von Sharon, deren Tochter Babysitterin bei uns war. Ich freute mich besonders auf Berichte von Sharon, denn ihr ungeschminkter und sarkastischer Sinn für Humor brach immer durch, und wenn Alison mir den Brief vorlas, musste sie die Stimme senken, um sich von den in der Nähe liegenden Patienten keinen Ärger einzuhandeln.

Als sich mein Zustand langsam besserte und ich bereit war, häufiger Besuch zu empfangen, erschienen eines Montags Amy, Sharon und eine weitere Freundin, Kerry, um einen Weibertag mit mir zu verbringen. Sie blieben mehrere Stunden an meinem Bett, schwatzten und tratschten wie in alten Zeiten, und es erinnerte mich daran, wie das Leben wieder sein könnte.

Nachdem die Mütter gegangen waren, zog sich der Nachmittag bis 18 Uhr hin, wenn Mark oder dessen Mutter und Vater oder meine Mutter und Dave zu Besuch kamen. Diese Wartezeit machte mich zu einer Liebhaberin der Fernseh-Kochshows. *Masterchef, Come Dine With Me, Ready Steady Cook*, ich genoss sie alle. Tägliches Glanzlicht war das *Great British Menu* um 17 Uhr, das ich – Ironie des Schicksals – seit Monaten nicht mehr hätte zu mir nehmen können. Mit Begeisterung schaute ich zu, wie die Top-Küchenchefs aus ganz Großbritannien wetteiferten, wer das beste Festmenü zauberte. Zu Beginn war ich noch auf das Pflegepersonal angewiesen, um von einem Sender auf den anderen zu schalten.

– 165 –

Mark brachte eine Fernsehzeitschrift mit und kreuzte meine Lieblingssendungen an, doch meistens wurde dies ignoriert. Daher kann man sich meine Erleichterung vorstellen, als ich meinen Daumen wieder bewegen, mithilfe des Schalters herumzappen und selbst entscheiden konnte, was ich sah.

Die Ärzte hatten Mark immer gesagt, es müsse mit einem dauerhaften Hirnschaden gerechnet werden, aber die Tatsache sickerte erst in sein Bewusstsein, als er mein Zimmer betrat und mich dabei erwischte, wie ich mir *The Jeremy Kyle Show* anschaute. In meinem früheren Leben wäre ich nie auf den Gedanken gekommen, mir eine Aneinanderreihung von Proleten anzusehen, die sich um Vaterschaftstests stritten und den Lügendetektor zu betrügen versuchten. Doch meine Konzentrationsfähigkeit hatte so gelitten, dass sie nur noch für sinnlose Programme reichte, und es ist erstaunlich, wie schnell die Zeit vergeht, wenn man gebannt die Antwort auf die alles entscheidende Frage erwartet: »Hast du mit meinem besten Freund geschlafen?«

Wenn es mir gelang, die Aufmerksamkeit der Schwestern oder Pfleger zu erregen, schalteten sie meinen iPod und den Lautsprecher an, und ich konnte für einige Zeit abschalten, indem ich mir Musik der Achtziger und Neunziger anhörte. Musik ist ein gutes Hilfsmittel, die Erinnerung zu stimulieren, daher setzt man sie auch in der Therapie vieler Alzheimerpatienten ein. In diesen Stunden mit meinem iPod führten mich die Songs der Stone Roses, Happy Mondays, Inspiral Carpets und anderer in die vergnügungssüchtigen Tage der Manchester Musikszene und unsere wilden Nächte im Hacienda Club Manchester zurück.

Ein Lied, das wie in einer Endlosschleife zu laufen schien, war *Bigmouth Strikes Again* von The Smiths, das jeder, der die alte Kate gekannt hatte, als ziemlich zutreffend empfinden musste. Ich fragte mich, ob mir die Schwestern damit vielleicht etwas sagen wollten.

Außerdem unterzog ich mich einigen Schönheitstherapie-Behandlungen durch Marks Schwester Jo, deren Name ebenfalls auf meinem Terminkalender auftauchte. Marks Familie bezeichnete uns als »die Zwillinge«, da wir die Angewohnheit hatten, bei Familienfesten in genau derselben Kleidung aufzutauchen. Wir hatten immer schon eine fast physische Verbindung gehabt, und unsere Freundschaft datierte von den Rugby-Club-Tagen in Sheffield. Jo wusste, dass ich keine behaarten Beine und buschigen Augenbrauen mochte. Unglücklicherweise war die Reha-Abteilung kein Schönheitssalon, und Jo war klar, dass ich mich unter normalen Umständen geniert hätte, mich mit ein paar Tage alten Haarstoppeln auf den Beinen zu zeigen. Nach der ganzen Zeit auf der Intensivstation erinnerten meine Beine an das Fell eines Schäferhundes, und die Augenbrauen begannen denen von Noel Gallagher zu gleichen. Daher erschien Jo mit ihrem Schönheitsköfferchen voller Tricks, einem Wegwerfrasierer sowie Pinzetten und verhalf mir wieder zu Würde.

Während ich zuschaute, wie Jo meine behaarten Beine bearbeitete, berichtete sie von ihrem Leben: Vom neuen Haus, das sie und ihr Mann als Renovierungsfall gekauft hatten, und wie gut sich ihr ältester Sohn Henry in der Schule machte. Ich hatte schon immer ein Faible für Henry gehabt, der fünf Monate älter ist als India und aus Jos früherer Beziehung stammt.

Ich erinnerte mich an ein Gespräch, das wir ein paar Wochen vor meinem Schlaganfall geführt hatten. Es war spät nachts kurz nach Weihnachten, wir hatten bereits einige Gläser Rotwein getrunken und unterhielten uns über morbide Was-wäre-wenn-Fragen von Leben und Tod.

Angesichts dessen, was danach geschah, erscheint es ziemlich prophetisch, aber ich fragte sie, ob sie sich um meine Kinder kümmern würde, falls mir etwas zustoßen sollte. Natürlich versprach sie es. Im Gegenzug sagte ich zu, mich um ihre drei Kinder zu kümmern, falls ihr etwas zustoßen sollte. Jetzt fragte ich mich, ob Jo im Moment dasselbe dachte wie ich, dass es nämlich um ein Haar dazu gekommen wäre.

Das Thema Haarentfernung und Bemalen der Fußnägel erscheint unter diesen Umständen ziemlich trivial, doch dies waren, zusammen mit regelmäßiger Fuß- und Handmassage, alles kleine Freundschaftsbekundungen, von denen meine Besucherinnen wussten, dass sie sie leisten konnten, ohne im Weg zu stehen. Und es brachte uns einander näher, insbesondere im Fall meiner Halbschwester Abi.

Als Heranwachsende hatten wir wenig miteinander zu tun gehabt, denn ich war vierzehn Jahre älter und ein rebellischer Teenager, als sie geboren wurde, und als sie vier Jahre alt war, hatte ich mich nach Amerika aufgemacht. Jetzt lebte sie über sechzig Kilometer entfernt in Manchester, machte Karriere als Filmemacherin und arbeitete für ein Tagesprogramm von BBC.

Ein Mal pro Woche aber nahm sie sich die Zeit, vergaß ihren vollen Terminkalender und besuchte mich. Sie brachte eine Kollektion von Nagellacken mit und ließ mich wählen, in welcher Farbe sie meine Nägel anmalen sollte. Vielleicht erscheint das nur wie eine kleine Geste, doch mir verschaffte sie ein größeres Selbstwertgefühl. Während Abi meine Nägel bemalte, erzählte sie von den Dramen, die sich hinter den Kulissen bei den Dreharbeiten der Fernsehserie, für die sie arbeitete, abspielten. Das war eine willkommene Abwechslung zum Auf-die-Glotze-Starren.

Wenn meine Besucher gegangen waren und ich alleine war, hatte ich Zeit, mir Gedanken über ihr Leben und den Unterschied zu meiner therapiebestimmten Welt zu machen. Eine Sache, die keine meiner Freundinnen erwähnt hatte, war die Besteigung des Kilimandscharo, obwohl dies dasjenige gewesen war, worüber ich vor dem Schlaganfall unaufhörlich geredet hatte. Vielleicht waren sie nur höflich und wollten mich nicht noch an etwas anderes erinnern, das ich verloren hatte, doch ich hätte gerne gewusst, ob das Projekt fortgeführt wurde.

Im Januar hatten wir jeder unsere Anzahlung von 300 Pfund geleistet, und die letzte Rate von 1 600 Pfund war fällig. Eines Abends im Juni saßen Anita, Jaqui und ich bei untergehender Sonne im Garten, als ich auf die Kommunikationstafel starrte, die Anita an ihren Stuhl gelehnt hatte.

Ich blinzelte: »TUT MIR LEID WEGEN KILI.«

Damit hatte ich das schmerzende Thema zum Diskussionsgegenstand gemacht. Jaqui gestand, dass ich der Grund gewesen war, weshalb sie die Reise unternehmen wollte, und ohne mich gebe es keine Veranlassung, daran festzuhalten.

»VIELLEICHT EIN ANDERES MAL«, blinzelte ich mit traurigen Augen. Tief in unserem Inneren wussten wir alle, dass es nie dazu kommen würde.

KAPITEL 24

Facebook rettete mir das Leben

Am Computer des Schwesternzimmers war eine Notiz angebracht, auf der stand: »Facebook ist verboten. Sollten Mitarbeiterinnen oder Mitarbeiter beim Nutzen der Internetseite erwischt werden, wird dies disziplinarische Konsequenzen haben.«

Wie an vielen Arbeitsplätzen war der Besuch des sozialen Netzwerks auch hier nicht gestattet. Ich konnte mir vorstellen, wie frustriert ich gewesen wäre, wenn ich darauf gewartet hätte, von meinen Schmerzen befreit zu werden, und die Schwestern wären gerade damit beschäftigt, ihre Facebook-Statusmeldungen zu erledigen. Doch in meinem Geschäft war Facebook ein wichtiges Werkzeug für mich gewesen. Als Digital-Marketingfachfrau nutzte ich die Plattform als Hauptkommunikationsmittel; in einer Zeit, in der viele Menschen von ihrem Smartphone abhängig sind, werden so nun mal Geschäfte abgewickelt. Das Erstellen neuer Webseiten für meine Klienten, das Versenden von Einladungen für Veranstaltungen, Kurzmitteilungen über Sonderangebote – all das geschah über Facebook, was es zu meiner geschäftlichen Lebensader machte.

Mir kam eine Idee. Da ich nicht reden konnte, sollte Facebook zu meiner Stimme werden. Als Mark mich eines Abends besuchen kam, bediente ich den Schalter des GRID 2 neben meinem Bett, um einen Wunsch zu äußern: »Frage Schwester, ob ich Computer nutzen darf.«

»Weshalb?«, fragte Mark.

»Will Internet«, antwortete ich.

Der Computer neben meinem Bett reichte zum Schreiben, verfügte jedoch nicht über einen Zugang zum Internet. Mark machte sich auf die Suche und kam bald mit der erhofften Antwort zurück. Als es Zeit wurde, sich zu verabschieden, schob er mich ins Schwesternzimmer und setzte mich vor den Computerbildschirm.

»Sie sind sich hoffentlich darüber im Klaren, dass ich in ernsthafte Schwierigkeiten geraten kann, wenn ich dabei erwischt werde, Ihnen meinen Account für den Besuch bei Facebook zu überlassen«, knurrte Läufer. »Aber als Lauf-Kumpel will ich mal nicht so sein.« Er gab seinen Namen und das Passwort in den Computer ein, und schon ging ich auf die Reise. Meine linke Hand zuckte immer noch lediglich, doch in meiner rechten Hand, die von einem Kissen gestützt wurde, besaß ich genügend Kraft, um die Maus zu halten und mich zu meinem neuen Rettungsanker zu klicken. Ich loggte mich in meinen Account ein. Die letzte Nachricht stammte vom 31. Januar, genau eine Woche vor meinem Schlaganfall. Ich hatte meine spendablen Freunde gebeten, mich bei meinem Kilimandscharo-Abenteuer zu unterstützen und Geld für das Bluebell Wood Children's Hospice aufzubringen. Für mich war der Appell noch ganz frisch, auch wenn der Kilimandscharo jetzt eine zu große Herausforderung darstellte. Als ich meinen Zustandsbericht mit zittriger Hand zu schreiben begann, dachte ich darüber nach, wie weit ich es bereits gebracht hatte.

Ich schrieb:

Hallo, dachte mir, meine Geschichte könnte euch vielleicht interessieren. Am 7. Februar 2010 erlitt ich leider einen schweren Schlaganfall. Meine Überlebenschancen standen 50/50, es war entsetzlich. Nicht normal für eine fitte 40-jährige Mutter von drei jungen Kindern, aber ein böses Blutgerinnsel im Hirnstamm lähmte meinen Körper. Diagnose: Locked-in-Syndrom. Vorher war ich Straßenläuferin und lief den Sheffield-Halbmarathon in 1:35h, daneben absolvierte ich regelmäßig Bergläufe von ca. 20 km Länge. Könnt ihr euch vorstellen, wie das ist, lebendig begraben zu sein und nur mit den Augen blinzeln zu können ...? Während ich auf der Intensivstation noch sterben wollte, bin ich jetzt froh, dass ich überlebt habe.

Der Anblick dessen, was ich da geschrieben hatte, feuerte mich an, und so zählte ich die Ereignisse nach meinem Schlaganfall auf.

Man hat mir keine großen Hoffnungen gemacht. Ich liege immer noch im Krankenhaus. Mein Mann und meine Familie sind toll, ebenso das Personal in der Reha. Jedenfalls bin ich sehr motiviert und wild entschlossen, es den Leuten zu zeigen, die mich bereits abgeschrieben haben! Außerdem hatte ich Glück, dass ich eine äußerst hilfsbereite Familie und Freundinnen habe, besonders Mark, Alison und Anita, und meine Mutter und Dave. Ich hoffe, mich wieder ganz zu erholen, und wie die Dinge liegen, bleibt mir auch gar nichts anderes übrig, als wieder gesund zu werden.

Das war's. Alles war gesagt. Es hatte mich über eine Stunde gekostet, die wenigen Worte zu schreiben, doch es war befreiend. Als Nächstes beschloss ich, meiner alten Freundin Cheryl aus Studienzeiten zu schreiben. Das letzte Mal hatte ich sie im vorigen Sommer gesehen. Jetzt lebte sie mit ihrem Mann und den Kindern in Dubai, aber wir hatten über Facebook Kontakt gehalten, tauschten abscheuliche Frisuren-Fotos aus und schwelgten in Erinnerungen an unsere Unizeit vor fast zwanzig Jahren.

Ich tippte:

– 172 –

Hallo, Cheryl, hast du mitbekommen, dass ich einen
Schlaganfall hatte? Immer noch im Krankenhaus. Hatte Locked-
in-Syndrom, werde aber wieder gehen und sprechen können.

Verdammt!, kam ihre fassungslose Antwort aus 5000 Kilometern Entfernung. Sie hatte keine Ahnung, was mir zugestoßen war. Das Aktualisieren meiner Facebook-Seite hatte auf der Prioritätenliste ziemlich weit unten gestanden, während ich um mein Leben kämpfte. Jetzt aber konnten wir uns unterhalten, und ihre ermutigenden Zusprüche aus der Ferne gaben mir Auftrieb.

Nach meinem ersten Austausch über Facebook war ich süchtig. Jeden Tag wollte ich in das Schwesternzimmer geschoben werden, um einen virtuellen Schwatz mit all meinen alten Freundinnen zu halten. Manche Schwestern und Pfleger waren entgegenkommender als andere. Die freundlichen freuten sich, mich einloggen und vor dem Bildschirm sitzen lassen zu können, während sie ihrer Arbeit in der Abteilung nachgingen.

Abends, wenn meine Besucher einzutrudeln begannen, war ich regelmäßig im Schwesternzimmer zu finden. Und wenn meine Therapeuten erschienen und ein leeres Bett vorfanden, wussten sie, wo sie suchen mussten. Es gab aber auch die eine oder andere Schwester, die nicht mitspielte und sich weigerte, mich an ihren Arbeitsplatz zu lassen. Die Kehrseite meiner Sucht waren die Rötungen an meinem Arm, die sich mit der Zeit einstellten, weil ich stundenlang tippte, und die Haut raute auf, da meine einzige funktionierende Gliedmaße ständig an dem darunterliegenden Kissen scheuerte.

Über das Internet kam ich wieder in Kontakt mit meinem alten Leben, indem ich Leute aufstöberte, mit denen ich seit Jahren nicht mehr gesprochen hatte, und indem ich meine Freundinnen über meine tägliche Routine auf dem Laufenden hielt. Facebook wurde zu meinem Sprachrohr und digitalen Protokoll meiner Fortschritte. Als es auf das Wohltätigkeits-Radrennen vom 23. Mai zuging, schrieb ich:

Euch allen herzlichen Dank für eure Unterstützung! Ich drücke den Daumen, dass es trocken bleibt.

Als ich beweglicher wurde, schrieb ich ermutigende Kommentare über meine Fortschritte, und wenn es für mich mal nicht schnell genug ging, benutzte ich Facebook mit entsprechenden Berichten als Blitzableiter für meine Frustration. Eines Tages, als meine Logopädin mich aufgefordert hatte, Fingerübungen mit einem Ball aus Knete in meiner Hand zu machen, benutzte ich die Finger später dazu, Folgendes zu schreiben:

Warum ist mit Knete spielen so stumpfsinnig?

Bei anderer Gelegenheit, als ich frustriert war, weil es meiner Ansicht nach mit der Therapie nicht schnell genug voranging, schrieb ich:

Habe die Schnauze voll vom Leben. Warum kapiert das denn niemand?

Ich wusste, dass am anderen Ende immer ein befreundeter Mensch saß, der meine Nachricht mit Worten der Anteilnahme und Unterstützung erwiderte, und das richtete mich enorm auf, wenn ich niedergeschlagen war. Auch wenn die Dinge gut liefen, verlieh es mir ein besonderes Gefühl des Triumphs, dass ich sie mit einem größeren Kreis von Lesern teilen konnte und sofort eine Reaktion bekam.

Als ich später meinen eigenen Computer bekam, erwies er sich als tolles Bindeglied zu manchen Schwestern und

– 174 –

Pflegern. Da gab es vor allem eine Schwesternhelferin, die dank meines Laptops immer wieder Ausreden fand, sich um meine Bedürfnisse kümmern zu müssen. Als ich in ein Einzelzimmer verlegt wurde, kam sie häufig hereingeschlichen und benutzte meinen Laptop, um sich in ihren Facebook-Account einzuloggen, was während der Arbeitszeit verboten war. Es blieb unser Geheimnis, und es führte dazu, dass ich als ihre Lieblingspatientin bevorzugte Behandlung genoss.

_____ KAPITEL 25 _____

Frustshopping und grauer Haaransatz

Solange du aussiehst wie ein Dachs, gehe ich nicht mit dir zum Shopping«, sagte Alison eines Tages, als wir Pläne für einen Großeinkauf vor meinem vierzigsten Geburtstag machten. Das Meadowhall Shopping Centre lag nur eine kurze Taxifahrt vom Krankenhaus entfernt. Auf dem Gelände einer ehemaligen Stahlfabrik errichtet, mit 280 Geschäften unter einem Dach und rollstuhlfahrerfreundlichen Zugängen, war es genau der richtige Ort, mit einem Programm des Frustshoppens zu beginnen. Wenn Patienten für einen Tagesausflug bereit waren, empfahlen ihnen die Mitarbeiter von Osborn 4, dorthin zu gehen. Ich hatte Alison bereits klargemacht, dass wir uns ins Meadowhall zum Kaffee trinken aufmachen sollten, sobald ich wieder etwas trinken konnte. Früher, als ich noch als Marketingmanagerin für ein Unternehmen gearbeitet hatte, das dreizehn Restaurants im Meadowhall besaß, war ich regelmäßige Besucherin des Einkaufszentrums gewesen und hatte es genossen, viel unterwegs zu sein. Zu meinem vierzigsten Geburtstag wollten mir Marks Eltern eine Uhr schenken, daher beschlossen Alison und meine Mutter, die Geschäfte zu stürmen und zu kaufen, kaufen, kaufen.

Bevor es allerdings losgehen konnte, gab es noch das kleine Problem mit meinen Haarwurzeln. Als Friseurin war Alison peinlichst darauf bedacht gewesen, die ersten Anzeichen von ergrauendem Haar bei mir zu vertuschen. Unter-

– 176 –

halb meines kupferbraunen, schulterlangen Haars war ich vollständig grau, doch dank der sechswöchentlichen Behandlung durch Alison war es mir immer gelungen, diese Tatsache zu kaschieren.

Jetzt lag mein letzter Friseurtermin drei Monate zurück. Das Haar war stachelig gewachsen, trocken und grau, doch mir war egal, wie ich aussah. Mir ging der ganze Rummel am Allerwertesten vorbei. Ich wusste, dass ich beschissen aussah und es mehr als nur eines Eimers Kupferfarbe bedurfte, um etwas daran zu ändern. Solange ich unter der Brustinfektion gelitten hatte, gab es eine Entschuldigung: Das Pflegepersonal glaubte, der Ammoniakgeruch des Haarfärbemittels könne mich unnötig gefährden. Jetzt gab es jedoch keine Ausrede mehr, und Alison bestand auf ihrem Großeinsatz.

»Auf keinen Fall!«, protestierte ich. Doch Alison hatte grünes Licht von den Schwestern bekommen und erschien eines Morgens vor der täglichen Bad- und Duschroutine mit ihrer Friseurs-Werkzeugtasche und Anita im Schlepptau als Assistentin. Sie machte sich daran, die Farbe anzumischen und sie so gut es eben ging auf das bisschen Kopf zu schmieren, das zu erreichen war, während ich im Bett lag und keine Möglichkeit hatte, mich zur Wehr zu setzen. Danach hoben mich die Schwestern aus dem Bett auf die Plastikduschliege und schoben mich in den Duschraum, wo ich ausgezogen und die Farbe aus meinem Haar gewaschen wurde.

Ich erinnere mich noch, dass mir das viel zu viel Wirbel war, ausgezogen und geduscht zu werden, nur um mein Haar zu färben, doch Alison ließ nicht locker.

Tief im Innersten freute ich mich schon sehr auf den Einkaufstrip; ein Teil der alten Kate war noch vorhanden, und der wollte raus aus der Abteilung und sich vergnügen. Ein Nachmittag im Einkaufsparadies war ein Schritt in die richtige Richtung. Andererseits hatte ich auch Angst. Vier Monate lang war ich nicht mehr außerhalb des Krankenhausregimes von Therapie, Duschbad, Ärzten, Pflegepersonal und Besuchern gewesen. Ich fühlte mich aufgehoben in einer Welt, in der jeder um mich herum irgendein Leiden hatte, und in meinem jetzigen Zustand war ich noch nicht bereit, meine Umgebung zu verlassen. Ich sabberte ständig, ich war in einem Rollstuhl angebunden, der Kopf musste festgehalten werden, die Arme wurden durch Kissen gestützt, und ich fühlte mich meinem Aussehen entsprechend – ein Häufchen Elend.

Als der große Tag gekommen war, eskortierten mich zwei Schwestern, Sara Bob und Sara klein, im hinteren Teil eines speziell ausgebauten Taxis auf meiner Fahrt, während meine Mutter, Alison und Anita mit dem Auto folgten. Nachdem wir im Einkaufszentrum angekommen waren, verschwanden die Saras im Getümmel und überließen es meiner Mutter und den Freundinnen, mich durch die Geschäfte zu fahren.

Um mein psychisches Wohlergehen besorgt, hatten Alison und meine Mutter einen Plan ausgeheckt, wie sie mich schützen konnten, falls wir irgendwelchen Bekannten begegnen sollten, die die Schlaganfall-Kate zum ersten Mal sahen. Im Großen und Ganzen lief es darauf hinaus, mit mir in die entgegengesetzte Richtung zu flitzen, damit ich den Leuten keinen Schock versetzte – und, was noch wichtiger war, deren Reaktion mich nicht erschrecken würde.

Alles lief gut, und wir fuhren von einem Juwelierladen zum nächsten, um uns an den Angeboten teurer Uhren zu ergötzen. Die Schwiegereltern hatten sich generös gezeigt, und das Budget von 500 Pfund erlaubte eine große Auswahl. Eine Ice-Watch mit großem weißem Zifferblatt stach mir ins Auge, und sie gefiel allen. Als Alison auf das Preisschild von 60 Pfund schaute, meldete ich mich über meine

Kommunikationstafel: NEIN. KANN MEHR AUSGEBEN. Also ging unsere Suche weiter, bis ich eine Gucci-Uhr zum Preis von 650 Pfund fand, die ich wirklich mochte.

»Die ist zu teuer«, mahnte meine Mutter, doch Alison sah den hungrigen Ausdruck in meinem Blick und meinte, Mark würde sich vielleicht glücklich schätzen, den Restbetrag beisteuern zu dürfen, wenn er darum gebeten werde.

Während sie das Geschäft verließ, um ihn anzurufen, warteten wir am Ladentisch. Ich konnte mir Marks Reaktion am anderen Ende der Leitung ausmalen. Wenn ich einkaufen gegangen war, hatte ihn immer die schiere Verzweiflung gepackt. Er meinte, ich dürfe 50 Pfund für ein neues Kleid ausgeben, prompt kam ich mit einem für 100 Pfund zurück. War er der Ansicht, wir könnten mal wieder ein neues Paar Schuhe brauchen, erschien ich mit zweien. Ich schmunzelte gerade in mich hinein, als sich meine Stimmung plötzlich dramatisch änderte.

Eine Frau, die ich aus dem Fitnessstudio kannte, betrat das Geschäft und sagte, ohne zu überlegen: »Mein Gott, was hast du denn gemacht?«

Bis zu diesem Zeitpunkt war ich immer von nahen Verwandten umgeben gewesen, die mich vor der Tatsache abschirmten, wie furchtbar ich aussah, diese Frau aber sagte genau das, was jeder von ihnen irgendwann einmal gedacht hatte. Ihre Frage versetzte mir einen Stich, tödlich jedoch war der Ausdruck in ihrem Gesicht, eine Mischung aus Entsetzen und Mitleid.

Ihre Reaktion war nicht schlimmer als meine eigene, als ich im Krankenhaus zum ersten Mal mein Spiegelbild in der Glastür gesehen hatte. Doch sie kam von einer Person, die mich nur als die Frau kannte, die stundenlang das Laufband malträtiert hatte, und machte damit nur umso deutlicher, wie lahmgelegt ich war.

Unfähig, die Tränen zurückzuhalten, begann ich hemmungslos zu weinen. Die Frau merkte, wie unsensibel sie sich ausgedrückt hatte, und versuchte sich zu entschuldigen, es habe ihr einen Schock versetzt, mich so verändert zu sehen. Wir müssen ein schönes Bild abgegeben haben, sie stammelnd und zitternd, ich heulend wie ein Nebelhorn, und Anita, die sich bemühte, alle zu beruhigen.

In diesem Moment kam Alison zurück in den Laden, warf einen kurzen Blick auf mich und meine Tränen und setzte ihren Fluchtplan in die Tat um. Mit einer Bewegung, die Lewis Hamilton alle Ehre gemacht hätte, schnappte sie sich den Rollstuhl und zischte mit mir aus dem Geschäft. Ich schwöre, der Gestank von brennendem Gummi war zu riechen, als die Reifen des Rollstuhls herumgerissen wurden.

Draußen schaute sie mich an und sagte mit einem bösen Funkeln in den Augen: »Was flennst du denn hier herum wie ein Schlosshund? Ich habe das nötige Geld.« Mit ihren Überredungskünsten hatte sie Mark die fehlende Summe aus den Rippen geleiert, und ihr überschäumendes Temperament befreite mich von meinem Selbstmitleid. Anitas Aufgabe war es, die Fitnessstudio-Frau zu trösten, während Alison mit mir in den Juwelierladen zurückfuhr. Dort kaufte ich die Uhr, auf die ich so versessen war.

Ich war einem neuen Hindernis begegnet und hatte mich damit herumgeschlagen. Ich hege keinen Zweifel daran, dass sich die arme Frau genauso abscheulich gefühlt hat wie ich, doch mir gab es die Kraft, anderen Bekannten ins Gesicht zu schauen, obwohl ich mich nie daran gewöhnen konnte, in meine »Invalidenkarre« gesteckt zu werden, und so schwor ich mir, dass ich, sobald ich wieder stehen konnte, auch gehen würde.

KAPITEL 26

Vierzig und kein bisschen munter

Keine Frau gibt gerne zu, älter zu werden, doch für mich war der Meilenstein »vierzigster Geburtstag« traumatischer, als ich es mir vorgestellt hatte. Zum Jahresbeginn hatte ich noch große Pläne gehabt, meinen Einstieg in die fünfte Dekade zu einem unvergesslichen Ereignis zu machen. Das war er jetzt ganz gewiss, jedoch in einem völlig anderen Sinn als gedacht. Ich konnte noch nicht einmal ohne die Hilfe von zwei Schwestern oder Pflegern und einer Winde aus meinem Bett klettern, daher stand die Besteigung des Kilimandscharo außer Frage.

Als der große Tag, Donnerstag, 3. Juni, näher rückte, wurde auch klar, dass alle Menschen, die ich liebte, 500 Kilometer entfernt in den Ferien sein würden, während ich alleine im Krankenhaus festgenagelt war.

Jedes Jahr im Juni, um die Zeit meines Geburtstags, begleiteten Mark, die Kinder und ich, Alison und deren Familie zu einem Wohnwagen-Urlaub. Alison besaß einen Caravan auf einem Campingplatz nahe der Küste von Nord-Cornwall. Ich nahm sie gerne damit auf den Arm, sie sei eine gealterte, saturierte Wohnwagen-Tante, doch in Wirklichkeit handelte es sich um einen dieser noblen stationären Wohnwagen, die von manchen Leuten gerne als »Ferienhaus« bezeichnet werden, und die luxuriöser sind als die Wohnungen vieler Menschen.

Zwei Mal pro Jahr, im Juni und August, mieteten unsere

– 181 –

und eine andere Familie, die Manions, Wohnwagen auf demselben Campingplatz, und wir genossen dort die schönste Zeit unseres Lebens, indem wir surften, die Sanddünen hinaufliefen, schwammen und Rad fuhren. Seit der Babyzeit von Woody und Alisons jüngstem Kind Nicole, die nur sechs Monate älter und eng mit ihm befreundet war, hatten wir uns immer riesig auf diese Fahrten nach Cornwall gefreut.

Manchmal kamen meine Mutter und Dave mit ihrem eigenen Wohnwagen auf einen nahe gelegenen Campingplatz und schlossen sich uns an. Ich erinnere mich noch, wie meine Mutter auf die Kinder aufpasste, während Alison und ich mit unseren Ehemännern in das Meeresfrüchte-Restaurant des Fernsehkochs Rick Stein in Padstow gingen. Was es zu essen gab, weiß ich nicht mehr, aber es war einer der schönsten Urlaubsabende. Wir lachten dermaßen viel, dass die Leute an den Nachbartischen glaubten, wir seien sternhagelvoll, dabei steckten wir uns mit unserer Albernheit nur gegenseitig an.

In diesem Jahr sollte keine Ausnahme gemacht werden. Für meinen vierzigsten Geburtstag hatten wir eine große Grillparty am Strand geplant, doch als der Abreisetag kurz bevorstand, war klar, dass bei der Party eine wichtige Person fehlen würde – das Geburtstagskind. Hätte man mich vor einem halben Jahr gefragt, wie ich meinen vierzigsten Geburtstag verbringen wollte, hätten »sabbernd« und »bettnässend im Krankenhaus« bestimmt nicht auf der Liste gestanden.

Genau das aber war die Realität. Ich schaffte einen Nachmittagsausflug außerhalb der Abteilung, doch eine Woche im Wohnwagen am anderen Ende des Landes kam nach Ansicht der Therapeuten überhaupt nicht in Frage.

Diese Auskunft traf mich schwer. Ich hatte mich in der Therapie unglaublich angestrengt, um ein Mitfahren möglich zu machen. Ich konnte die rechte Seite bewegen, ich

konnte einen Computer bedienen, und bei meinen Mundübungen machte ich ebenfalls Fortschritte, doch es reichte
nicht. Ich war total am Ende.

Mark, typisch Mann, wusste nicht, was der ganze Blöd-
sinn sollte. Schließlich ging es nur um einen Geburtstag.
Es war aber ein großer Geburtstag. Ich sah ein, dass Mark
und die Kinder mal Ruhe brauchten. Vier Monate Stress mit
dem Vereinbaren von täglicher Arbeit, jeden Tag Krankenhaus und sich um die Kinder kümmern, forderten bei meinem Mann ihren Tribut. Er hatte die Belastungsgrenze erreicht. Doch als der Abreisetag näher rückte, verfiel ich in
eine tiefe Depression.

Als Mark und die Kinder am 31. Mai fuhren, war ich un-
tröstlich. Ich hatte das Gefühl, alle Menschen, die ich liebte,
hätten mich abgeschrieben. Meine Familie und die beste
Freundin waren auf dem Weg nach Cornwall, und selbst
meine Mutter befand sich mit einer ihrer ältesten Freundinnen für fünf endlose Wochen auf einem schon lange geplanten Trip durch Amerika und Kanada. Sie hatte mit ihrem Gewissen gerungen, ob sie die Reise absagen sollte,
war am Ende aber zu dem Schluss gekommen, sie dürfe
ihre Freundin nicht hängen lassen. Glücklicherweise sprang
mein Stiefvater in die Bresche und heiterte mich etwas auf,
indem er mir einen Brief meiner Mutter vorlas, in dem sie
von sich und ihrer Freundin berichtete und wie sie in ihrem
Auto übernachteten.

»Ich sage ihr ständig: ›Ihr seid doch nicht Thelma und
Louise‹«, lachte Dave.

Mutters Brief endete mit den Worten: »Meine großartige
Kate! Du mit deinen wunderschönen, beneidenswert aus-
drucksvollen Augen, ich vermisse dich ganz schrecklich.
Bleib stark, sei ruhig und BENIMM DICH.«

Benimm dich? Was konnte sie damit meinen? War ich
etwa ein schlechter Patient? Nun gut, ich hatte mir den Ruf

eingehandelt, ungeduldig zu sein und nicht zu gehorchen, aber das war doch nur der Tatsache geschuldet, dass ich mir selbst ein Ziel gesetzt und beschlossen hatte, mit meiner Familie in den Urlaub zu fahren. Ich fragte mich, ob die Zukunft so für mich aussah: Das Leben ging für alle völlig normal weiter, außer für mich.

Zwei Tage nach der Abreise von Mark und den Kindern brachte mir eine der Schwestern den Ausdruck einer E-Mail von Mark:

Dachte mir, ich sollte dir kurz mitteilen, dass wir eine E-Mail-Adresse für den PC von Osborn 4 haben. So können die Leute dich dies hier lesen lassen, und dann weißt du, was wir so treiben. Der Urlaub fing gleich gut an. Packen. Krempel der Kinder war gepackt, meiner auch, so weit, so gut. Aber denkste, der Gepäckträger passt nicht auf das neue Auto. Das fehlt einem gerade noch, sechs Stunden vor der Abreise. Blieb mir nichts anderes übrig, als zu Halfords zu fahren und einen neuen zu kaufen. Ergatterte einen, und sieht ganz danach aus, als müsste ich den alten über eBay verscherbeln.

Haha!, dachte ich. Das wäre dir nicht passiert, wenn ich da gewesen wäre und alles organisiert hätte.

Wir also um 3.10 Uhr morgens los. Nur wir vier, das war schon ein bisschen surreal. Es gibt einen neuen Rekord. Waren gerade drei Kilometer auf der Autobahn, da wurde India schlecht. War aber gut, dass du mir von den Kotzbeuteln erzählt hast, Schaden hielt sich

in Grenzen. Sie konnte noch nicht mal die
Schuld darauf schieben, dass sie hinten saß,
weil sie vorne auf deinem Sitz saß!

Zu wissen, dass India bereits meinen Platz in der Mutterrolle eingenommen hatte, war nicht tröstlich. In der E-Mail
zählte Mark auf, was sie am Wochenende alles gemacht hatten: mit dem Boogiebrett am Strand vergnügt, Familien-
essen im Wohnwagen, Läufe entlang der Küstenwege und
Tage draußen im Nieselregen. Was er nicht erwähnte, war
die Tatsache, dass er sich nach der Ankunft ins Schlafzimmer zurückgezogen und hemmungslos geweint hatte. Am
Schluss der E-Mail stand:

Müssen ständig an dich Kuschel-Faulenzer denken. Ohne dich ist es schwer. Kate, hab dich
wahnsinnig lieb,
Mark XXXXXXX

Später brachte ich eine der Schwestern dazu, mich in das
Schwesternzimmer zu fahren, wo ich eine Antwort schrieb:

Ich bin so froh, dass ihr alle Spaß habt.
Ich tippe das hier. Meine rechte Hand funktioniert jetzt wieder richtig, ebenso rechte
Schulter, werde wieder gehen. Ich trainiere
unheimlich hart. Bin froh, dass ihr mal Pause
machen könnt mit der Betreuung von mir. Ihr
wirkt beide müde. Anita ist toll. Sie und
Bill haben für Donnerstag einen Park in der
Nähe des Krankenhauses gefunden. Prima, dass
Indi Surfunterricht nimmt. Dave war gestern
fantastisch, als ich das Flattern hatte. Wünsche euch schöne Ferien, aber nicht zu schön

– 185 –

ohne mich. Ich genieße etwas Freiheit an der
Tastatur. Ich liebe euch und bin mächtig
stolz auf euch.
Alles Liebe, Kate XXXXXXX
PS: Schreibt mal wieder.

Am Morgen meines Geburtstags erreichte mich eine weitere E-Mail von Mark mit herzlichen Glückwünschen und persönlichen Grüßen und Küssen von jedem der Kinder. Anita war gekommen und bewahrte mich vor einem völlig verkorksten vierzigsten Geburtstag, indem sie dafür sorgte, dass sie mich wenigstens für ein paar Stunden aus meiner Krankenhauszelle entführen durfte. Das war alles, was die Schwestern erlaubt hatten.

Obwohl mein Trachi entfernt worden war, hatte ich immer noch große Schwierigkeiten mit dem Atmen und musste in einigermaßen regelmäßigen Abständen abgesaugt und beatmet werden. Immerhin war Anita nicht abgewimmelt worden, und nach mehreren Gesprächen mit meinen Therapeuten und Fachärzten kam man überein, ich würde es maximal drei Stunden in meinem Rollstuhl aushalten, bevor mein Hintern taub würde.

Ich hatte eine Gästeliste erstellt, auf der standen meine Schwester Abi, Marks Schwester Jo, einige alte Schulfreundinnen von mir und verschiedene Mütter mit ihren Kindern, deren Ferien gerade halb beendet waren. Als Treffpunkt hatten wir den Rivelin Valley Country Park gewählt, weil er in der Nähe des Krankenhauses lag und die Anfahrt uns nicht zu viel Zeit kosten würde. Ein Krankenwagen war gebucht, und da es sich um einen besonderen Anlass handelte, hatte man mir erlaubt, ohne Begleitung einer Schwester auszugehen.

Allerdings wurde Anita, bevor wir das Krankenhaus verlassen durften, offiziell zu meiner Begleiterin ernannt, und sie musste einen Crashkurs in Krankenpflege über sich ergehen lassen, falls irgendein Unheil drohen sollte. Man zeigte ihr, wie man das Beatmungsgerät bediente, für den Fall, dass sich meine Atmung verschlechterte.

Zum Glück lief bei mir alles gut, aber eine Besucherin des Cafés musste wiederbelebt werden, als Dave plötzlich mit nichts anderem als einem knallgelben Mankini auf der Haut erschien. Alison hatte sich diesen Gag schon vor langer Zeit ausgedacht. Bevor sie nach Cornwall abgereist war, hatte sie groß eingekauft und eine Art Schwarzer-Peter-Spiel mit Päckchen für jeden zusammengestellt. In jedem Päckchen befand sich irgendein bescheuertes Kleidungsstück mit einem Auftrag. Für mich gab es einen Trägerrock im Nory-Betty-Stil mit der Anweisung:

Zieh es an. Ich will ein Foto.

Anita bekam einen Plastik-Regenhut, der sehr viel mehr zum Fotografieren reizte.

Als Dave mit seinem Geschenk an der Reihe war – dem Mankini, der durch Borat in Mode gekommen war – hieß es: »Hiervon bitte kein Foto.« Natürlich bekam Alison eins. Dave, immer zu einem Scherz aufgelegt, schlich aufs Männerklo, tauschte Khakihose und kurzärmliges Hemd gegen seinen neuen Badeanzug aus, stolzierte damit im Park herum und erschreckte kleine Kinder sowie Leute mit schwachen Nerven. Das Ding machte nicht jeden hübscher – und ganz bestimmt nicht einen fünfundfünfzigjährigen zur Glatze neigenden Geschäftsmann.

Meine Freundinnen bogen sich vor Lachen, und mir gelang sogar ein schiefes Grinsen. Abi knipste mit ihrem Handy ein Bild und schickte es direkt an Alison, die gerade ein Grillfest am Strand veranstaltete, als das Foto ankam. Ich bin sicher, ihr Kreischen den ganzen Weg von Cornwall bis zu uns in Sheffield gehört zu haben.

Trotz all des Gelächters erfasste mich Traurigkeit. Ich war physisch und emotional völlig ausgelaugt. Etwas so Einfaches wie ein Ausflug in den Park hatte mir sämtliche Kraft geraubt. Anita rundete den Tag mit einer großen Geburtstags-Eistorte und vierzig Kerzen darauf ab. Die Torte sah echt aus, war aber aus Schaumstoff gemacht und mit Zuckerguss überzogen. Anita hatte beschlossen, wenn ich nichts essen könne, dann sollten es auch die anderen nicht tun. Das war eine nette Geste, und als ich mit Unterstützung meiner Freundinnen kraftlos versuchte, die Kerzen auszupusten, wünschte ich mir etwas … bei meinem nächsten Geburtstag wieder normal zu sein.

Nach weniger als drei Stunden kam der Krankenwagen, Anita lud mich hinten in das Auto, und danach ging es zurück nach Osborn 4. Als ich aus dem Rückfenster schaute, sah ich gerade noch all die lachenden Gesichter meiner Freundinnen in der Ferne verschwinden, und es brach mir das Herz. Ich weinte so bitterlich, dass die arme Anita schon bald keine Papiertaschentücher mehr hatte und zu einem Kissen greifen musste, um meine Tränen abzuwischen. Das brachte uns zum Lachen, nur um sofort darauf wieder von Neuem weinen zu müssen.

Nach der Ankunft im Krankenhaus wurde ich ganz unzeremoniell aus dem Krankenwagen gehoben und in mein Bett gehievt. Dann leuchtete auf dem Handy, das Mark mir vor seiner Abreise nach Cornwall gegeben hatte, um in Kontakt zu bleiben, die Nummer von India auf. Trotz der begrenzten Beweglichkeit schaffte ich es, den Knopf für Empfang zu drücken und den Anruf auf Lautsprecher zu stellen. Im Hintergrund hörte ich, wie die Möwen mit den geballten Stimmen des Familienchors, der *Happy Birthday* sang, um die Wette schrien.

Indias Stimme zu vernehmen, nahm mich mit. Sie reichte das Handy an Harvey, Woody und Mark weiter, und einer nach dem anderen erzählten sie von Surfunterricht und Drachensteigenlassen, Grillpartys am Strand und Boule. Alle sagten, sie würden mich vermissen, doch sie schienen auch ohne mich Spaß zu haben. Nachdem sie den Anruf beendet hatten, fühlte ich mich leer.

Mark und die Kinder waren herrlich braun gebrannt und wirkten erholt, als sie einen Tag früher als erwartet zurückkamen. Sie hatten beschlossen, zu packen und früher nach Hause zu kommen, und ich kann nicht sagen, dass es mir leidtat. Die Kinder schnatterten pausenlos voller Energie und Begeisterung über ihren tollen Urlaub, und Mark sah so entspannt aus, wie ich ihn seit Jahrhunderten nicht mehr erlebt zu haben glaubte. Ich war glücklich, dass sie es in Cornwall so gut gehabt hatten, noch glücklicher aber war ich, sie wieder sicher zu Hause zu wissen.

Meine Geburtstagsparty ohne die Familie hatte für India echte Probleme mit sich gebracht. Sie war hin- und hergerissen zwischen der Aussicht auf schöne Ferien und dem Wunsch, an der Seite ihrer Mutter zu bleiben. Obwohl sie sich sehr auf den Surfunterricht und das Schwimmen gefreut hatte, wollte sie an meinem Geburtstag unbedingt bei mir sein.

Alison hatte sich sogar erkundigt, ob es an jenem Tag Flüge für sie beide von Cornwall gab, doch sie hatte nichts erreicht, und eine Autofahrt von sechs Stunden stand nicht zur Debatte. Um die Sache noch zu verschlimmern, waren einige von Indias Schulfreundinnen mit ihren Müttern bei der Geburtstagsparty im Rivelin Park erschienen, und das führte zu weiteren Eifersüchteleien und Verstimmungen. Nach Indias Meinung waren die anderen Mädchen Verräter, und noch eine ganze Zeit danach brachte sie es nicht über sich, mit ihnen zu reden.

Das nächste Ereignis, auf das ich mich freute, war mein

Besuch zu Hause anlässlich meiner zweiten Geburtstagsparty, aber darüber hinaus dachte ich auch schon an den August und unseren nächsten Familienurlaub. Ich war wild entschlossen, trotz allem wieder auf dem Beifahrersitz zu sitzen und die Grillpartys am Strand mitzuerleben. Dies sollte der erste und absolut letzte Familienurlaub sein, den ich verpasst hatte.

Ich setzte mir ein neues Ziel. Im August sollte es mir so gut gehen, dass ich Mark und die Kinder nach Cornwall begleiten konnte. In Gedanken machte ich mir einen Knoten ins Taschentuch: Am 21. August musste ich eine freie Frau sein.

Ab jetzt begann ich, die Tage hinunterzuzählen.

KAPITEL 27

Es ist meine Party, und ich heul, wenn mir danach ist

Während der Wohnwagen-Urlaub nicht geklappt hatte, stand für mich nie außer Frage, dass ich an meiner eigenen »offiziellen« Geburtstagsparty würde teilnehmen können. Sie war Bestandteil meines Aktionsplans, und mein Therapieteam hatte mir geholfen, mich darauf vorzubereiten.

Einige Wochen zuvor hatten wir uns einen Rollstuhl geliehen, und meine Physiotherapeutin und Ergotherapeutin hatten mich hinten im Kleinbus des Krankenhauses nach Hause gebracht, um zu begutachten, was für meinen großen Tag da draußen noch benötigt wurde.

Als ich im Rollstuhl sitzend darauf wartete, über die Türschwelle meines eigenen Hauses geschoben zu werden, wurde mir plötzlich bewusst, welch langer Weg mir noch bevorstand, falls ich wieder in das normale Leben zurückkehren sollte. Ich dachte an die Nächte, in denen ich hier den Weg von der Auffahrt hochgetorkelt war, einigermaßen lädiert nach einer wüsten Nacht mit den Freundinnen, und wie ich in meiner Handtasche nach dem Haustürschlüssel gekramt hatte und dabei versuchte, nicht zu viel Lärm zu machen, damit die Kinder nicht aufwachten. Jetzt erforderte es schon enorme Anstrengung, mich bloß den Gartenweg hinaufzubringen.

Der Weg vom Bus über unsere Auffahrt bis zur Haustür verlief geradeaus, doch die zwanzig Zentimeter hohe Stufe zum Vorbau erwies sich als Barriere. Die Ergotherapeutin hatte im Krankenhaus ein Paar transportierbarer Rampen besorgt, und mit Muskeleinsatz gelang es ihr, mich über die Schwelle in den Vorbau zu schieben. Es war knapp, aber wir schafften es.

Es wurde Sonntag, der 6. Juni. Mir jedoch war gar nicht nach Feiern zumute, was wahrlich nicht zu mir passte. Literaturkreis, Laufveranstaltungen, Besuch im Frisiersalon, es gelang mir immer, daraus einen Spaß zu machen. So war ich nun mal.

Diese Party hingegen war ohne mich organisiert worden, und ich hatte einfach keinen Bock auf sie. Ich war immer noch dabei, mich von meiner Beinahe-Lungenentzündung zu erholen, die mich leicht das Leben hätte kosten können, und fühlte mich zerbrechlich und verletzbar. Alison hatte meine Haare gemacht, so wusste ich wenigstens, dass diese glänzten, während der Rest von mir welk war.

Als die Schwestern an diesem Morgen erschienen, um mich anzuziehen, wurde ich in ein neues Kleid gesteckt, das ich mithilfe von Jo in einem Katalog ausgesucht hatte. Jo brachte mir häufig Kataloge mit und ließ mich Pyjamas und Kleidung auswählen. Sie hielt dann eine Seite vor mich hin, und wenn ich ein Mal für »nein« blinzelte, blätterte sie weiter, bis wir zu einer Seite kamen, auf der mir etwas gefiel. Danach zeigte sie auf jedes einzelne Bild, bis ich zwei Mal blinzelte. Sie las Farbe und Größe vor, ging nach Hause und erledigte die Bestellung. Bevor ich in der Lage war, ins Meadowhall zum Einkaufen zu kommen, verschaffte mir diese Einkaufsmethode ein Gefühl der Sinnhaftigkeit und Kontrolle über mein Aussehen.

Für meine Party hatte ich ein hellgrünes und rosafarbenes, tunikaartiges Top mit kurzen Ärmeln und Jeans gewählt. Ich hatte dermaßen an Gewicht verloren, insgesamt 15 Kilogramm, dass meine Konfektionsgröße um zwei

– 192 –

Nummern geschrumpft war und selbst Größe 32 noch um mich herumschlotterte.

Als der Krankenwagen in unsere Straße in Dore einbog, fühlte ich mich wie die Queen, oder Katie Price. Mehr als fünfzig Leute warteten vor dem Haus und im Garten; im Vorderfenster hing ein großes Geburtstags-Transparent, und alles war mit Hunderten Luftballons dekoriert. Ich konnte mir lebhaft vorstellen, wie Alison, Anita, Jaqui und die Kinder sich mit dem Helium und den Farben abgemüht hatten.

Kaum hatte der Wagen gehalten, wurde er von einer Horde Kindern umringt, die unbedingt die Frau sehen wollten, die dem Tod ein Schnippchen geschlagen hatte. Alle wollten sie meine Hand halten. Es war erdrückend, als würde ich unter so viel Freundlichkeit begraben. Ich fühlte mich wie ein Freak. Das vorherrschende Gefühl aber war die totale Abhängigkeit von anderen. Mark schob mich über eine Rampe, die sie vom Geld des Wohltätigkeits-Rennens gekauft hatten, ins Haus. Drinnen warteten all meine Freundinnen und die Familie, um mich zu diesem großen Ereignis zu begrüßen.

Plötzlich stürzte ein Wall böser Erinnerungen auf mich ein. Beim letzten Mal, als Mark und ich gemeinsam in diesem Haus gewesen waren, hatte ihn Panik ergriffen, und ich wurde auf einer Bahre hinausgeschafft. In diesem Moment ließ mich alles an diesen verhängnisvollen Sonntagabend denken. Genau vier Monate waren seit diesem Tag vergangen, etwas, das mir noch nicht in den Sinn gekommen war, bevor ich wirklich dort war. Das Geräusch der Schritte meiner Kinder auf der Treppe, der Anblick des Teppichs vor dem Fernsehgerät, auf dem ich fast gestorben wäre, all dies rief in mir mit einem Schlag das Wissen um meine Vergänglichkeit wach. Und jetzt zu Hause zu sein, ohne Notfalldienst oder Beatmungsgerät im Hintergrund, machte mir Angst.

Ein künstlicher Hauch von Fröhlichkeit hing über dem

Fest; jeder schien sich zu sehr zu bemühen, Freude für mich zu bekunden. Neben all meinen engen Freunden und Verwandten, die mir bislang auf meinem langen Weg der Besserung zur Seite gestanden hatten, waren dort auch Menschen, die mich nur als die fitte junge Mutter gekannt hatten, die regelmäßig durch Dore rannte. Schulkinder waren dort, die mich nur als Indias, Harveys und Woodys verrückte Mutter kannten, die bei Sportfesten immer gewann. Was sie jetzt sahen, war ein anderer Mensch als der, an den sie sich erinnerten, und ich merkte es an der Art, wie sie mich begrüßten. Es war überwältigend. Ich gab mein Bestes, mein schiefes Lächeln zu wahren, doch es war lediglich Fassade.

Aufrichtig erfreut war ich allerdings, meinem Vater und seiner Frau Babs zu begegnen, die die 150 Kilometer lange Fahrt von der Halbinsel Wirral auf sich genommen hatten. Mein Vater hatte mit eigenen gesundheitlichen Problemen zu kämpfen gehabt. Während ich auf der Intensivstation lag, war bei ihm Darmkrebs diagnostiziert worden, und er hatte sich einer Behandlung unterziehen müssen. Das letzte Mal hatte ich ihn gesehen, als ich noch auf der Intensivstation lag und er mir einen Teddybär geschenkt hatte, der mich beschützen sollte und Zeichen dafür war, dass er mich immer noch als sein kleines Mädchen betrachtete. Dafür, dass eine Chemotherapie hinter ihm lag, sah mein Vater bemerkenswert gesund aus.

Nachdem ich den ersten Schock überwunden hatte, von so vielen Menschen umringt und Mittelpunkt des Interesses zu sein, war es Zeit für die Geschenke. India, Harvey und Woody hatten einen Heidenspaß daran, mir beim Auspacken der Präsente zu helfen. Da waren die teure Uhr, die ich als Geschenk von Marks Eltern ausgewählt hatte, ein Armband von Tiffany & Co aus New York, mit dem Alison, Anita und Jaqui mich beglückten, ein Silberarmband von meiner Mutter und eine Kollektion teurer Feuchtigkeitscremes von den verschiedenen Müttern aus Dore. Die Kinder überreichten mir eine Schmuckkassette von Links of London.

»Das ist von uns allen und Papa«, sagte India stolz, nahm einen wunderschönen herzförmigen Silberanhänger heraus und hängte ihn mir um den dürren Hals. Zu guter Letzt legte mir Mark ein silbern glitzerndes rechteckiges Paket auf den Schoß. Es war flach, ungefähr einen halben Meter lang und mit einer rosa Schleife zugebunden, wobei ich den Verdacht hatte, India habe bei der Dekoration geholfen. Ich konnte mir denken, was sich darin befand.

Als Woody das Papier wegriss, tauchte darunter ein Netbook auf, das mir von meinem Krankenhausbett aus Zugang zum Internet ermöglichte. Dies war das Geschenk, auf das ich gehofft hatte.

Die Kommunikationssoftware von Grid 2, die das Personal von Osborn 4 sich bei einer anderen Abteilung geliehen hatte, war sehr hilfreich für mich gewesen, denn sie hatte mir die Nutzung eines Computerbildschirms verschafft, der über einen Schalter bedient wurde, und auf diese Weise hatte ich überhaupt erst kommunizieren können. Doch seitdem ich begonnen hatte, den PC der Schwesternstation zu nutzen, war es immer mein Wunsch gewesen, einen eigenen Computer zu besitzen.

Mithilfe des Grid 2 hatte ich Mark mitgeteilt: »ICH MÖCHTE EIN NETBOOK«. Und hier war es. Aus dem Augenwinkel bemerkte ich, wie Anita die Kinnlade herunterfiel. Ihre Aufgabe war es nämlich gewesen, die Bestellung für die Grid-2-Software aufzugeben und dafür die 6 000 Pfund des Wohltätigkeits-Rennens zu nehmen.

»Was zum Teufel sollen wir denn jetzt mit dem verfluchten Teil machen, wenn es ankommt? Wir können es nicht mehr abbestellen. Wir haben gerade 6 000 Pfund zum Fenster rausgeschmissen«, flüsterte sie Alison zu.

Als das Paket schließlich geliefert wurde, kaufte es glücklicherweise die Geschäftsführung des Krankenhauses, um es in Osborn 4 einzusetzen.

Nachdem alle Geschenke ausgepackt waren, versammelten sich Freundinnen und Freunde in der Küche, jenem Ort, wo früher so viele unserer Feste geendet hatten, um auf das Geburtstagskind anzustoßen. Ich konnte leider nicht mitmachen, da ich zu diesem Zeitpunkt immer noch nicht trinken durfte, doch ich hörte mir an, wie alle ermutigende Worte für mich fanden und wie sehr sie davon überzeugt seien, dass ich eines Tages wieder nach Hause zurückkehrte, nachdem ich jetzt schon derartige Fortschritte gemacht habe. Mark dankte allen für die Unterstützung der Familie in dieser harten Zeit.

Danach fragte Jaquis Gatte James, ein Mann voller Würde, großer Güte und sehr bedacht in seinen Äußerungen, ob er auch noch etwas sagen dürfe. Er begann damit, wie fantastisch es sei, dass ich zu Hause sei, und wie das Beisammensein aller Freundinnen mit mir zeige, was Freundschaft wirklich bedeute. Dann sagte er etwas, das den ganzen Raum mucksmäuschenstill werden ließ: »Ich bin sicher, dass wir alle gedacht haben, hoffentlich passiert das nicht in unserer Familie.«

Eine Sekunde lang herrschte bestürztes Schweigen, und alle Blicke richteten sich zunächst auf mich und danach auf die eigenen Angehörigen. Es war verdammt mutig, dies auszusprechen, und wäre es von jemand anderem gekommen, hätte es vielleicht beleidigend gewirkt, doch James' Worte berührten bei jedem eine Seite.

Die Party war mit einem Schlag beendet, und als die Schwestern meinten, zwei Stunden unterwegs seien lang genug für mich, war ich emotional und körperlich völlig erschöpft. Außerdem stand mir noch die Aufregung bevor, in den Kleinbus befördert, danach wieder ins Krankenhaus geschoben und ins Bett gehievt zu werden, bevor ich zur Ruhe kommen konnte.

Als mein Rollstuhl im Kleinbus befestigt wurde, rollten mir Tränen aus den Augen. Meine Freundinnen deuteten sie als Trauer, dass ich die Party und alle, die ich liebte, verlassen musste. Doch ich war erleichtert, in meinen sicheren Hort in Osborn 4 zurückzukehren. Ich weinte, weil sich in meine Erschöpfung die Erkenntnis mischte, dass es noch ein langer Weg war, bevor ich mich wieder glücklich und sicher in meinem alten Zuhause fühlen würde.

Als der Bus mit mir davonfuhr, schaffte ich es, meinen Arm zu heben und majestätisch zu winken.

KAPITEL 28

Therapiewahnsinn

*I*ch habe mich nie für ungeduldig gehalten. Ich war eine Mutter mit hohen Ansprüchen, die ihren Kindern jede Möglichkeit bieten wollte, von klein auf ihre Fähigkeiten zu entwickeln, weshalb ich dafür sorgte, dass India, Harvey und Woody den Zeitplan ihrer Aktivitäten einhielten. Ich selbst hätte mich als engagiert und zielstrebig beschrieben, als jemand, für den Misserfolg ein Zeichen von Schwäche ist. In Osborn 4 lernte ich sehr bald, dass nichts schnell geschah, wenn man keinen Druck machte.

Nach der niederschmetternden Erfahrung, allein im Krankenhaus zu bleiben, während die Familie ihren Urlaub in Cornwall verbrachte, hatte ich mir vorgenommen, im August wieder so weit genesen zu sein, dass ich Mark und die Kinder in den Hauptferien begleiten konnte. Mir blieben zwei Monate, um meine körperliche Kraft und die Beweglichkeit so weit zu entwickeln, dass man mich entlassen durfte. Wie ein Gefangener, der seinem Hafturlaub entgegenfiebert, malte ich mir einen Kalender in meinem Kopf und strich alle vierundzwanzig Stunden und nach jeder neuen Übung, die ich bewältigt hatte, einen Tag aus.

Wie meine Mutter mir immer wieder einbläute, entwickeln sich neue Nervenbahnen im Gehirn, sobald man neue Bewegungen dazulernt, deren Verbindungen auf Dauer bestehen bleiben. Obwohl meine Fortschritte anfangs sehr klein ausfielen, fühlte ich mich durch jede neue Regung ermutigt. In unserem Körper gibt es hunderte Muskeln, die unsere Bewegungen kontrollieren, und ich musste jeden einzelnen erneut in den Griff bekommen. Dennoch wurde ich mit jedem Tag kräftiger und lernte etwas hinzu, und wenn ich eine neue Übung machen sollte, dann trainierte, trainierte und trainierte ich, bis ich sie beherrschte.

Im Laufe der Wochen begannen meine Freundinnen und die Familie gewaltige Sprünge in meinem Genesungsprozess zu sehen. Alison sagte mir ständig, mein alter Schwung sei wieder da. Der Kampfgeist war aktiviert, und ich setzte ihn für weitere Fortschritte ein.

Meine Mutter erinnerte sich später, wie überrascht sie war, als sie mich nach ihrer Amerikareise besuchte. Bei ihrer Abfahrt hatte ich noch im Bereich mit der höchsten Pflegestufe direkt neben dem Schwesternzimmer gelegen und mich kaum bewegt. Setzte man mich in den Rollstuhl, musste ich immer festgebunden werden, und mein Mienenspiel war begrenzt. Als sie mich das nächste Mal sah, war ich in einen anderen Raum mit Fenster umgezogen, sodass ich auf Bäume und Vögel schauen konnte. Ich hielt mich aus eigener Kraft in einer sitzenden Position, und ich konnte lächeln. Es war ein Lächeln mit offenem Mund, ein breites Grinsen, doch es zeigte, dass ich meine Gesichtsmuskeln zumindest zum Teil kontrollierte. Das Wackeln mit der Zunge und die Übung mit dem Tischtennisball zeigten ihre Wirkung.

Allerdings lechzte ich immer noch nach meinem Earl Grey Tee, doch bevor man mir das Trinken erlauben durfte, musste ich einen Videofluoroskopie-Test über mich ergehen lassen, der darüber entscheiden sollte, ob ich ohne zu würgen schlucken konnte.

Um mich auf den Test vorzubereiten, stellte mir Sophie, die Logopädin, eine Reihe von Übungsaufgaben, durch die mein Schluckvermögen verbessert werden sollte. Ich saß

– 199 –

aufrecht im Rollstuhl, und meine Betreuerin brachte einen halb vollen Becher Eis und einen Teelöffel aus der Küche. Der Teelöffel wurde mir in den Mund gesteckt, als würde man ein Baby füttern, und die Kälte des Löffels sollte meine Schluckreflexe auslösen. Ich konnte das eisige Metall auf meiner Zunge spüren, als der Löffel darauf drückte. Er war vollkommen trocken, um zu verhindern, dass irgendeine unerwünschte Feuchtigkeit in die Lunge gelangte, doch manchmal stellte ich mir vor, auf dem Löffel befände sich der Bissen eines knusprigen Brathähnchens – meine Leibspeise –, und schloss den Mund darum.

Zweck dieser Übung war es, mich dazu zu bringen, meine Lippen um den Löffel zu legen, sodass derjenige, der den Löffel hielt, ihn rausziehen konnte. Manchmal führte das Therapie-Team die Übung aus, doch Mark, Alison und Anita beherrschten sie bald ebenfalls und machten sie während der Besuchszeit mit mir.

Anfangs verlief das Ganze eher holprig, da der fremde Gegenstand in meinem Mund dazu führte, dass ich meine Lippen schloss wie ein Hund um einen Knochen und sich meine Betreuerin abmühen musste, um den Löffel wieder herauszubekommen. Nach einigen Tagen hatte ich mich schließlich an das Gefühl des Bestecks auf der Zunge gewöhnt und entwickelte Übung darin, meine Lippen nur um den Löffel zu schließen und den Speichel zu schlucken, den ich produzierte.

Als die Beweglichkeit meiner rechten Seite zunahm, konnte ich eine weitergehende Version dieser Übung trainieren, bei der ich mir selbst Wasser zuführen durfte, während ich im Rollstuhl saß. Wieder begann es mühsam, und einiges ging daneben, wenn ich meinen Mund verfehlte, bis mir endlich fünfmal täglich zehn halbe Teelöffel kaltes Wasser zugestanden wurden.

Als der Tag meiner ersten Videofluoroskopie gekommen

war, wurde ich nach unten in die Röntgenabteilung geschoben und musste eine dickflüssige Barium-Mischung trinken.
Mein Rollstuhl stand vor einer Kamera, und ich wartete ab,
während das Gerät vor meinem Hals auf- und niederfuhr
und meine Speiseröhre fotografierte, durch die die Mischung
in meinen Magen floss. Nachdem alles vorüber war, brachte
meine Logopädin das Ergebnis. Ich war durchgefallen, da
die Muskeln der Speiseröhre noch zu schwach waren und die
Nahrung nicht nach unten beförderten. Ich war enttäuscht,
denn ich hatte nie die Möglichkeit in Betracht gezogen, dass
ich scheitern konnte. Jetzt musste ich einen weiteren Monat
warten, bis man mir einen neuen Versuch erlaubte.

Während dies ein herber Rückschlag für mich war,
stimmte mich meine Physiotherapie positiv, die mal in kleinen Schritten, mal großen Sprüngen voranging. Meine Therapeutin hatte eine Liste der Übungen erstellt und an meinen Spind geheftet:

Kates Übungen:
1. *In liegender oder sitzender Haltung: Ober-
   arm und Handgelenk halten und Arm langsam auf und ab bewegen. Kate bestimmt, wie
   weit es geht. Sie braucht mehr Hilfe beim
   linken Arm. 10 Mal wiederholen, dann den
   Arm zur Seite führen.*
2. *In sitzender Haltung: Stuhl senkrecht
   stellen und Kate helfen, sich aus dem unteren Rücken etwas nach vorne zu beugen.
   Eine Hand auf Kates Rücken oberhalb des
   Steißbeins halten und sie auffordern »Fallen lassen, dann aufrecht sitzen!«. Dabei
   den Kopf nicht überstrapazieren.*
3. *Ohne Unterstützung nach vorne gebeugt im
   Stuhl: rechte Hand heben trainieren.*

4. *Mit angewinkelten Knien und ausgestreckten Füßen auf dem Bett liegend: Kate helfen, Knie und Füße ruhig zu halten, während sie den Po 10 Mal LANGSAM auf und nieder bewegt.*

Diese Übungen waren notwendig, um meine schlaffen Muskeln zu stärken und mir zu helfen, das Gleichgewicht zu finden, was darüber entscheiden würde, ob ich kräftig genug war, das Gehen in Angriff zu nehmen. Wenn Mark, meine Mutter, Alison oder Anita mich besuchten, starrte ich auf das Übungsblatt, und sie gingen die Sachen mit mir der Reihe nach durch und schwatzten währenddessen. Sie förderten meine Zielstrebigkeit, und ich bin sicher, dass sie mir halfen, meine eigenen Vorgaben viel schneller zu erreichen, als meine Therapeuten erwartet hatten.

Mit Unterstützung von zwei Schwestern oder Pflegern und der Winde konnte ich längere Zeit aufrecht stehen, was wiederum bedeutete, dass ich mir jetzt vornehmen konnte, demnächst auf die Toilette zu kommen, um mit der Zeit vom Katheter-Beutel befreit zu werden. Ich lernte, wie ich mich aus dem Rollstuhl in den Stand hochdrücken konnte. Es fiel mir auch immer leichter, den ganzen Tag im Rollstuhl zu sitzen, und dadurch wurde ich freier, mich auf der Station zu bewegen und Zeit im Schwesternzimmer zu verbringen, wo ich Facebook nutzen konnte.

Am 24. Juni gab ich stolz bekannt:

Mit etwas Hilfe bin ich heute gelaufen.

Maßgebliche Unterstützung bei diesem großen Erfolg war der Gehapparat, an den mich Gemma, meine Physiotherapeutin, herangeführt hatte. War der Kipptisch Frankensteins Bett gewesen, so stammte der Gehapparat aus der Lauflernausrüstung eines Riesenbabys. Er bestand aus einem stabilen Metallrahmen auf Rädern mit einem dicken Ledergürtel in der Mitte und Griffen an der Vorderseite. Ich wurde aufrecht hineingestellt und mit dem Gürtel festgezurrt. Schließlich forderte mich Gemma auf, die Füße zu bewegen. Anfangs brauchte ich ihre Hilfe, indem sie erst meinen rechten Fuß nach vorne schob, dann den linken. Wir wiederholten die Bewegung, erst rechts, dann links. Danach stellte sie sich vor mich hin, und ich machte es selbst, erst rechts, dann links. Ich ging! Es sah nicht elegant aus, aber es war eine Vorwärtsbewegung. Auf meinem Gesicht erschien ein breites Grinsen. In Gedanken folgte ich dem Rhythmus: »Ihr könnt mich mal, ihr könnt mich mal«, den ich all den Nein-Sagern entgegenschleuderte, die meinen Angehörigen gesagt hatten, ich würde nie mehr laufen können.

»Seht mal, Kate läuft!«, brüllte Gemma durch die Station Oliver zu, der gerade den Katheter-Beutel eines anderen Patienten kontrollierte.

»He, Sie hatten recht, als Sie darauf beharrten, wieder laufen zu lernen. Und wie Sie jetzt laufen!«, antwortete er, und ich fühlte mich gleich einen Meter größer, während ich einen schwerfälligen Schritt nach dem anderen machte. Ich hörte eine Beifallswelle, und Pflegepersonal und Patienten feuerten mich im Chor zu weiteren Schritten an.

Danach wollte ich mehr und immer mehr. Ich dachte, wenn ich gehen kann, kann ich auch laufen, doch meine Physiotherapeutin war vorsichtiger und versuchte mich zurückzuhalten, um nichts zu übereilen.

Dieser erste Gehversuch war ein wichtiger Schritt in eine Zukunft, in der ich nicht mehr vom Rollstuhl abhängig sein würde. Eines der ersten Bücher, das ich las, nachdem ich meine Hand wieder bewegen konnte, war *Don't Leave Me This Way: Or When I Get Back On My Feet You'll Be Sorry* von Julia Fox Garrison, einer jungen amerikanischen Mutter, die ebenfalls einen schweren Schlaganfall erlitten hatte und der man prognostizierte, sie werde nie wieder laufen können. Mein Zustand glich dem ihren sowohl psychisch als auch physisch. Besonders aber konnte ich ihre Frustration nachempfinden, auf einen Rollstuhl angewiesen zu sein.

Die meisten Menschen, die einen Rollstuhl sehen, denken zu Recht oder Unrecht sofort an Krankheit und Behinderung. Es beflügelt zudem die bevormundende oder gönnerhafte Ader der Menschen, die anscheinend nicht anders können, als auf einen herabzureden. Nur weil man seine Füße und Beine nicht benutzen kann, unterstellen sie, man könne auch seinen Verstand nicht einsetzen, wahrscheinlich sei man zusätzlich noch taub, und so sprechen sie bewusst laut und langsam auf einen herab und betonen jede einzelne Silbe.

Das ging mir gewaltig auf die Nerven, und so dachte ich mir: ›Wenn mich die Leute wie einen Invaliden behandeln, nutze ich das eben aus.‹ Dieses Verhalten bescherte Alison die ein oder andere Peinlichkeit, wenn sie als mein Sprachrohr agieren und Erleichterungen für Behinderte einfordern musste.

Bei einem unserer Tagesausflüge ins Meadowhall-Einkaufszentrum entdeckte ich ein Kleid, von dem ich annahm, dass es India gefallen würde. ›BITTE VERKÄUFERIN; ES FÜR MICH ZURÜCKZULEGEN‹, blinzelte ich Alison in dem Wissen zu, es ein paar Tage später mit India, die gerade in der Schule war, abholen zu können. Alison ließ mich an der Tür zurück, weil es zu schwierig war, mit dem Rollstuhl zwischen den mit Kleidung vollgepackten Ständern hindurchzukurven, und marschierte los, um die Bitte zu äußern.

»Tut uns leid, das ist nicht üblich bei uns«, wurde ihr gesagt.

»SAG, DASS ICH IM ROLLSTUHL SITZE«, insistierte ich, als Alison unverrichteter Dinge zurückkam.

Doch ihr war es zu peinlich, die Verkäuferin noch einmal zu behelligen.

»SAG ES IHR!«, forderte ich sie mit einem meiner Killerblicke auf.

Während Alison zurückging, um mit der Frau zu reden, wartete ich. Die Verkäuferin schaute zu mir herüber, und ich setzte die Mitleid erregendste Miene auf, die meine schlaffen Gesichtsmuskeln erlaubten. Es half. Resultat 1:0 für die Dame im Invaliden-Streitwagen.

Ein anderes Mal war Alison überzeugt, man würde uns lynchen, wenn ich sie zwang, mich bei Primark an der langen Schlange vorbei direkt zur Kasse zu schieben. Doch niemand wagte es, sich zu beschweren, denn das wäre ja nicht politisch korrekt gewesen.

Inzwischen hatten mir meine Freundinnen den Spitznamen »Andy« verpasst, in Anlehnung an den behinderten Komiker in der TV-Serie *Little Britain*, der regelmäßig ausbüchst und hinter dem Rücken seines Pflegers ganz normal herumläuft. Das brachte mich zum Lachen, da es genau das war, was ich an seiner Stelle tun würde, und nachdem ich jetzt das Gehen lernte, dachte ich mir, könne ich schon bald seinem Beispiel folgen.

Indem ich die Computer-Maus und die Tastatur benutzte, um mich in meinen Facebook-Account einzuloggen, stellte sich die Koordination in meiner rechten Hand wieder ein. Meine Finger waren imstande, die Maus zu umfassen und auf dem Pult zu bewegen, und mit ein bisschen Anstrengung brachte ich gerade genug Kraft auf, um die Tasten zu drücken. Außerdem war ich in der Lage, die Finger der rechten Hand so weit zu spreizen, dass ich die Tastatur erreichte. Die Freiheit, Mitteilungen zu schreiben, beflügelte meine mentale Gesundheit. Die Kommunikationstafel hatte durchaus ihren Nutzen, aber ich war ungeduldig. Warten zu müssen, bis der jeweils richtige Buchstabe erraten war, kostete unnötig Zeit. Mit einem Computer-Bildschirm konnte ich meine Wünsche hingegen sofort äußern.

Wenige Tage nach meinen ersten Schritten postete ich auf Facebook:

Ich habe es geschafft, in einem Gehapparat zu gehen. Danach war ich so fertig, dass ich ohnmächtig geworden bin. Pst! Nicht meiner Physiotherapeutin erzählen.

Während ich meine Therapie vorantrieb, wurde mir bewusst, dass ich Überanstrengungen vor dem Pflegepersonal und den Therapeuten verbergen musste. Wenige Schritte zu machen war bereits ermüdender als ein Marathonlauf. Die Therapeuten hatten sich an ihre Regeln zu halten, entwickelt in jahrelanger Forschung und Erfahrung mit anderen Patienten mit Kopfverletzungen. Ich dagegen hatte den eisernen Vorsatz, wieder gesund zu werden und nach Hause zu kommen. Ich befürchtete, wenn ich mir meine Müdigkeit anmerken ließ, würden die Therapeuten den Umfang meiner Therapie zurückschrauben, was ich auf keinen Fall zulassen wollte.

Nach einem Monat wurde der Therapieplan an meinem Spind durch einen neuen ersetzt. Die Mitarbeiter des Therapie-Teams beschwerten sich häufig, sobald sie einen frischen Plan aufgestellt hätten, würde ich die Latte höher legen. Oft erweckte ich den Eindruck, als würde ich sie antreiben anstatt umgekehrt.

Bei den neuen Übungen lag ich mit einem Keil unter den Beinen auf dem Bett, bog die Zehen in Richtung des Körpers, streckte langsam mein Knie und ließ den Fuß schließlich wieder auf den Keil sinken. Den Ablauf wiederholte ich fünf Mal, dann noch einmal mit dem anderen Bein. Alles zusammen führte ich mit jedem Bein drei Mal aus. Außerdem sollte ich mich mithilfe einer anderen Person vor den Gehapparat stellen, das Gleichgewicht halten und dann meine Knie lösen und den Gehapparat loslassen. Wenn ich dies als zu einfach empfand, musste ich noch ein paar langsame Kopfbewegungen hinzufügen und die Hände mehrmals heben.

Eine weitere Übung bestand darin, mit den Fingerspitzen den Gehapparat zu berühren. Dabei beugte und streckte ich die Knie. Das wiederholte ich fünf Mal und die ganze Prozedur insgesamt drei Mal. Meine Therapeutin ermahnte mich, immer aufzuhören, falls ich schwanken oder taumeln sollte, und wenn sie dabei war, tat ich das gezwungenermaßen auch. Doch wenn ich alleine übte oder jemand aus der Familie mir half, machte ich weiter, bis ich vor Erschöpfung zitterte. All diese Übungen dienten erneut der Stärkung meiner Muskeln und der Verbesserung meiner Kondition.

Wenn irgendeine neue Übung anstand, setzte ich meine Läufer-Psyche ein, die an der Maxime festhielt, die Zielvorgabe über das Leistungsvermögen zu stellen. Ich dachte an den letzten Sommer, als ich mich für den Sheffield Halbmarathon gemeldet hatte, den ersten großen Lauf über eine längere Strecke, den ich bestreiten wollte. Mein Ziel war es, die 21,1 Kilometer in einer Stunde und vierzig Minuten zu schaffen, gute zehn Minuten schneller als meine bisherigen Bestzeiten. Mark spottete, doch an jenem Tag verlangte ich mir mehr ab und kam nach einer Stunde und achtunddreißig Minuten ins Ziel. Mir schwierige und herausfordernde Ziele zu setzen, steckt mir im Blut, und bei der Therapie war es nicht anders.

Im August begann ich zu lernen, mich selbst anzuziehen, eine langwierige und umständliche Aufgabe. Bislang hatte ich weite Kleidung getragen, Trainingshosen mit Gummizug im Bund und schlabbrige T-Shirts, alles äußerst unvorteilhaft, aber praktisch für meine PEG. Mit der Hilfe einer

Schwester brauchte ich mehr als eine Stunde, um mich anzuziehen. In mein Top zu kommen, war bereits ein Theater, da ich meine Bewegungen noch nicht so weit unter Kontrolle hatte, dass ich das T-Shirt über den Kopf heben konnte. Die Hose überzustreifen, war ebenfalls harte Arbeit, weil mir das Gleichgewicht fehlte, aufzustehen und in sie hineinzusteigen, auch war ich nicht beweglich genug, mich auf die Bettkante zu setzen und die Hose über meine Füße zu ziehen. Folglich brauchte ich immer Hilfe.

Das Zubinden meiner Schnürsenkel aber war die härteste Aufgabe. Meine Finger waren so ungeschickt, dass jedes Mal, wenn ich versuchte, mit dem Senkel eine Schlaufe zu formen, diese wieder aufging. Ich benötigte fünf Stunden, um meinen ersten Schnürsenkel zu binden. Ich erinnere mich noch, wie ich Stunde um Stunde mit Oliver im Schwesternzimmer saß, mit meinem Turnschuh auf dem Schoß, und wie ich an den Schnürsenkeln herumgefummelt und innerlich geflucht habe. Doch wie immer gab ich nicht auf, bis ich das verdammte Ding zugebunden hatte.

KAPITEL 29

Schubkarren und Freundschaft

Wie bereits erwähnt, hielt ich mich sehr gerne im Garten des Krankenhauses auf. Es verschaffte mir ein Gefühl der Freiheit, und die frische Luft war eine willkommene Abwechslung zum stickigen Klima auf der Station. Solange es mir noch richtig schlecht ging, musste ich immer in einer Wolldecke bis zur Nasenspitze verpackt sein, doch eine frische Brise auf meinem Gesicht zu spüren, erinnerte mich daran, im Freien zu sein und zu laufen. Ich wäre glücklich gewesen, wenn man mein Bett auf Dauer nach draußen gestellt hätte.

Der Garten von Osborn 4 war nichts Besonderes. Es gab eine Terrasse, die zu einer schmutzigen Fläche führte, bei der nur noch ein paar Flecken an den früheren Rasen erinnerten. Hier und da standen ein paar Plastikstühle, es gab eine Gartenbank und ein erhöhtes Blumenbeet, das lange nicht mehr gepflegt worden war und einem Dschungel glich. Hinter dem ehemaligen Rasen standen Bäume, dahinter lag die Straße, die für mich Freiheit symbolisierte.

Von meinem Rollstuhl aus konnte ich auf die Täler und in der Ferne auf die Dörfer von Nord-Sheffield blicken. In dieser Gegend lag eine meiner bevorzugten Laufstrecken. So manches Wochenende waren Anita und ich über die Weiden der beeindruckend behörnten Hochlandrinder gerannt. Ich dachte an das eine Mal, als wir Anitas Dalmatiner Cai zum Laufen mitgenommen hatten. Während der Hund auf der Suche nach Hasen im Gras herumschnüffelte, kam eines dieser gewaltigen Rindviecher auf uns zugestürmt. Man hat Anita und mich noch nie so schnell flitzen sehen; wir schnappten uns den Hund und sprangen über den nächsten Zaun in Sicherheit.

Als ich beweglicher wurde, machte ich Bekanntschaft mit den anderen Langzeitpatienten der Abteilung. Unter ihnen befand sich Mavis, die sich genauso gerne draußen aufhielt wie ich. Sie war eine aktive Frau von sechzig Jahren, hatte ein Bowling-Team angeführt und war so etwas wie Sonnenanbeterin, bis sie durch eine Fieberblase an Enzephalitis erkrankte und schwerbehindert blieb. Während der Sommermonate hielt sie sich mit mir im Garten auf, wo sie sich ins Gras setzte und die Sonne genoss.

Später, nachdem ich nach Hause zurückgekehrt war, erfuhr ich, dass sie das Krankenhaus mittlerweile verlassen hat und in einem nahe gelegenen Pflegeheim lebt, da sie laut Fachurteil nie mehr in der Lage sein wird, für sich selbst zu sorgen.

In dem Bett neben mir lag eine Muslima aus Somalia. Ich bin nie dahintergekommen, was ihr eigentlich fehlte, da sie sehr in sich gekehrt war und kaum Englisch sprach. Bei den Mahlzeiten unterhielt sie sich nie mit anderen Patienten, und ihre dunkelbraunen Augen sah ich nur hinter dem winzigen Schlitz in ihrer Burka, die sie ständig trug. Sie verbrachte viel Zeit mit Beten hinter dem Vorhang, den sie oft um ihr Bett zog, um den Rest der Abteilung auszuschließen, wenn sie Besuch bekam. Ich hatte das Gefühl, dass sie für das Pflegepersonal sogar eine noch größere Last war als ich. Sie weigerte sich, sich beim Duschen von den Schwestern helfen zu lassen, was beim Pflegepersonal jedes Mal die Befürchtung hervorrief, sie könne fallen und sich verletzen.

Eines Nachmittags, als Alison mich besuchte, brachte sie mich unbeabsichtigt zum Lachen. Ich weiß nicht mehr, worüber wir beide uns gerade unterhielten, aber wir lachten, vermutlich ziemlich laut. Unbemerkt verließ die Frau ihr Bett, kam zu mir, fixierte Alison und sagte: »Sie krank.«

Alison antwortete ihr, sie sei keine Patientin, sondern nur eine Besucherin.

»Nein, Sie krank«, insistierte die Frau, verschwand wieder in ihr Bett und ließ Alison und mich einigermaßen konsterniert zurück, woraufhin wir unser Lachen zu dämpfen versuchten. Ich kann nur vermuten, dass sie Alisons raues Lachen gehört hatte und glaubte, sie habe nach Atem gerungen.

Ein anderer Freund in meiner Abteilung war ein asiatischer Junge, der bei einem Verkehrsunfall eine schwere Gehirnverletzung davongetragen hatte und für immer auf einen Rollstuhl angewiesen sein würde. Er hatte etwas von einem verkappten Rennfahrer an sich, und als man mir die Benutzung eines elektrischen Rollstuhls zugestand, den ich selbst bedienen konnte, forderte er mich oft zu einem Rennen durch die Station heraus, was uns Ärger mit dem Pflegepersonal einbrachte, aber großen Spaß machte.

Später erfuhr ich, dass er den Unfall auf einer zweispurigen Straße gebaut hatte, als er sich aus dem Autofenster hing und herumprotzte. Nachdem ich das wusste, sah ich ihn mit anderen Augen. Es verstärkte auch mein Selbstmitleid. Sobald ich ihm begegnete, musste ich unwillkürlich denken: Du sitzt in deinem Rollstuhl, weil du einen blödsinnigen Fehler gemacht hast. Ich hingegen habe mir mein Schicksal nicht selbst ausgesucht.

An einem heißen, sonnigen Nachmittag saß ich mit Mavis und der Burka-Frau im Garten, als ich Anitas weißen Mercedes-Transporter auf den Parkplatz fahren sah. Zu meiner Überraschung stiegen Anita und Alison beide mit einem Spaten und einer Harke bewaffnet aus. Ich hatte keine Ahnung, was sie vorhatten, und laut meinem Besucher-Zeitplan für heute waren sie auch gar nicht dran.

Anita lud eine Schubkarre voller Pflanzen aus dem Transporter aus. Als sie mich im Garten bemerkte, winkte sie mir zu und fuhr einfach damit fort. Was dann folgte, erinnerte an eine Folge einer Garten-Verschönerungs-Sendung. Anita war im örtlichen Gartenbauzentrum von Dore gewesen und hatte von meinem Schlaganfall und dem unansehnlichen Garten berichtet, der alles sei, was den Patienten an Natur blieb. Der Filialleiter hatte sich einverstanden erklärt, ihr eine Fuhre Pflanzen zum Einkaufspreis zu überlassen, und auch die Stationsverwaltung hatte grünes Licht gegeben.

All das war geschehen, ohne dass ich auch nur ein Sterbenswörtchen davon erfahren hätte, denn es sollte eine Überraschung sein. Es war eines dieser wohlüberlegten Geschenke, die typisch für Anitas fürsorgliches Naturell sind. Gemeinsam mit Alison verbrachte sie den ganzen Nachmittag damit, das Blumenbeet in etwas zu verwandeln, das dem Königlichen Botanischen Garten *Kew Gardens* alle Ehre gemacht hätte.

Während ich den beiden bei der Arbeit zuschaute, wurde mir wieder klar, wie sehr ich mich glücklich schätzen durfte, solch gute Freundinnen zu haben. Anita, Jaqui und Alison waren drei ausgesprochen unterschiedliche Charaktere, doch alle drei waren stark und unabhängig. Anita war die Mitfühlende mit einem Herzen aus Gold, Jaqui war die Praktische und Bewanderte, und Alison war, wie ich schon oft genug erwähnt habe, meine Seelenverwandte.

Ich musste daran denken, wie sehr meine Krankheit diese Frauen einander nähergebracht hatte. Es gab eine Zeit, in der Anita Argwohn gegenüber Alison hegte. Am Anfang hatte Alison gar kein Interesse am Laufen, was in Anitas Augen schon mal ein Minuspunkt für sie war, und außerdem ergötzte sie sich an ungezogenen, beinahe kindlichen Späßen, was Anita wahrscheinlich als unreif missbilligte.

Ich erinnere mich, wie schockiert Anita eines Tages gewesen war, als Alison und ich zur Schule kamen, um die Kinder abzuholen, und von oben bis unten mit Schürfwunden und Beulen bedeckt waren. Am Abend zuvor hatten wir nach Ladenschluss in Alisons Frisiersalon ein Glas Shiraz zu viel getrunken und uns gedacht, es wäre doch lustig, auf Alisons Frisiersesseln die Straße bergab zu rollen. Es war in der Tat lustig ... bis wir am Ende des Hügels wie ein Paar leichtsinniger Teenager nach einer Nacht mit billigem Fusel ineinanderkrachten.

Nach und nach, als sich die beiden an meinem Bett anfreundeten, lernte auch Anita Alisons warmherzige und freundliche Art kennen. Manchmal beobachtete ich sie, wenn sie mich nach einem Besuch gemeinsam verließen, und dann war ich sehr zufrieden, dass sie zu Freundinnen geworden waren, auch wenn ich etwas eifersüchtig war, nicht bei ihnen sein zu können.

Weder Alison noch Anita waren mit einem grünen Daumen gesegnet, doch an diesem Nachmittag verwandelten sie dies Stückchen Erde in einen Flecken außergewöhnlich schöner Natur. Es war ein Meer leuchtend roter, sonnenhell gelber und wunderschön blauer Blumen.

Ich konnte ihnen nicht bei der Arbeit helfen, doch ich sah, wie die Pfleger eine andere Naturschönheit bewunderten: Sie konnten ihre Blicke nicht von Anita abwenden. Sie trug einen Fetzen von weißen Shorts und ein enges weißes Leibchen, das ihre Kurven überall im rechten Licht erscheinen ließ. Mit großen rosa Gartenhandschuhen, um ihre Hände nicht schmutzig zu machen, sah sie aus wie ein Gartenprofi.

Ich war nicht überrascht, dass die Männer von ihren sinnlichen Kurven fasziniert waren. Ich spürte aber einen kleinen Eifersuchtsanfall, als ich mich fragte, ob ich in Shorts jemals wieder gut aussehen würde. Monate war es inzwischen her, dass ich mich feminin und attraktiv gefühlt hatte. In meinem momentanen Zustand war ich Luft für das andere Geschlecht. Selbst Mark schaute mich an, als hätten wir eine Bruder-Schwester-Beziehung, und er küsste mich mit trockenen Lippen, während ich mich vor allem begehrt fühlen wollte.

KAPITEL 30

Tagesausflüge und Tagebücher

*I*ch war bestimmt nicht immer die einfachste Patientin, das muss ich zugeben. Mittlerweile habe ich festgestellt, dass es durchaus nichts Außergewöhnliches ist, wenn Menschen nach einem schweren Schlaganfall Persönlichkeitsveränderungen durchmachen. Insbesondere berufstätige Männer, die es gewohnt waren, der Ernährer der Familie zu sein, neigen durch den Verlust ihrer Mobilität und die Unfähigkeit, weiter zu arbeiten, zu ernsthaften Depressionen. Ich kann nicht behaupten, dass sich mein Temperament wesentlich verändert hat. Ich war schon immer impulsiv und willensstark, habe nie um den heißen Brei herumgeredet, und Mark hätte mich wahrscheinlich sogar als hitzig bezeichnet. Als der Schlaganfall meinen Körper lähmte, hatte ich keine Möglichkeit mehr, mich auszudrücken. Ursprünglich nahmen einige Schwestern an, ich käme aus einer vornehmmen Riege, bis mich eine von ihnen dabei erwischte, wie ich meine Meinung mit dem ausgestreckten Mittelfinger kundtat.

Als mein rechter Arm kräftiger wurde, fand ich also neue Wege, meine Ungeduld auszudrücken. Mark war es gewohnt, regelmäßig der Adressat meines Mittelfingers zu sein, doch die Schwestern waren schockiert, dass sich diese zierliche junge Mutter aus Dore so unflätig benehmen konnte. Wenn mir die Dinge nicht schnell genug gingen, war der Finger zur Stelle. Wenn ich den Summer betätigt hatte, um zur Toilette gebracht zu werden, und die Schwester vertröstete mich mit »in einer Minute«, sah sie prompt meinen Mittelfinger. Es tat mir gut, wenn ich sonst schon nichts tun konnte, und es war eine ausgezeichnete Übung für meinen rechten Arm.

Trotz meines schlechten Benehmens erlaubte das Pflegepersonal mir irgendwann, mich für ein paar Stunden nach draußen zu begeben. Als erste Tests hatten die Einkaufstrips im Meadowhall sowie die Besuche bei mir zu Hause und im Park anlässlich meiner Geburtstagsparty gedient. Obwohl mich Ausflüge jedes Mal emotional belastet hatten, stuften meine Betreuer sie als förderlich für meine körperliche Konstitution ein, und gestatteten mir regelmäßigere Ausflüge.

Allerdings ging auswärtigen Tagen eine ganze Menge an Organisation voraus. Bevor ich mich irgendwohin aufmachen konnte, mussten entweder meine Verwandten oder die Schwestern den rollstuhlgerechten Kleinbus reservieren, der ständig angefordert wurde und mindestens eine Woche im Voraus bestellt werden musste. Außerdem durfte ich das Krankenhaus nur in Begleitung von zwei Schwestern verlassen, was spontane Ausflüge unmöglich machte.

Wir begannen zu Hause mit einem Nachmittag am Wochenende. Für mich waren es nur zwei Stunden der Befreiung, doch Mark und die Kinder kostete es einen halben Tag, da sie eine halbe Stunde für die Fahrt durch die Stadt zum Krankenhaus brauchten, um mich auf dem Weg zu uns nach Hause zu begleiten. Am Ende des Nachmittags stand für sie wieder dasselbe an, mich ausladen, in den Rollstuhl setzen, nach Hause fahren. Ich muss sagen, dass sich die Kinder bei diesen Gelegenheiten ausnehmend gut verhielten. Mark hatte es ihnen eingetrichtert.

Anfangs waren die Ausflüge schmerzlich. Ich saß die

– 216 –

ganze Zeit in meinem Rollstuhl in der Wohnküche, wo ich so viel mit den Kindern zusammen gewesen war, und spürte, wie sich meine Augen mit Tränen füllten. Die häuslichen Gerüche und Geräusche, das Klicken der Kühlschranktür, als Harvey sich ein Getränk holte, die computergenerierten Laute des Nintendo Wii, mit dem Woody und India im Spielzimmer nebenan spielten, selbst das Foto an der Wand mit uns fünf glücklich wirkenden Familienmitgliedern, aufgereiht und grinsend während der Ferien an einem Swimmingpool, erinnerte mich daran, was ich nicht hatte.

Die Kinder setzten sich neben mich und sagten: »Komm, Mama, freu dich! Du bist doch bei uns zu Hause!«

Ich versuchte es, aber es war nicht leicht. Sie zeigten mir ihre Hausaufgaben und die Bilder, die sie unter der Woche für mich gemalt hatten. India war die Kreative, sie machte hübsche Blumen-Collagen für mich. Harvey lief in den Garten, um mir seinen neuesten Fußballtrick zu zeigen, und Woody saß einfach nur möglichst dicht neben meinem Rollstuhl, hielt meine Hand und schaute mich an. In seinen großen ausdrucksstarken Augen, die er von mir geerbt hat, konnte ich lesen, dass er seine alte normale Mama wieder für immer zu Hause haben wollte.

An den meisten Nachmittagen benutzten wir die Kommunikationstafel, doch die Kinder kamen damit schlechter zurecht als die Erwachsenen. Ich buchstabierte Dinge wie WARST DU BEIM SCHWIMMEN? für Woody, oder HABT IHR GEWONNEN? für Harvey.

Eines Nachmittags war ich gerade dabei, etwas für die Kinder zu buchstabieren, als es Woody zu langweilig wurde und er mit der Ungeduld eines Sechsjährigen sagte: »Warum schreibst du es nicht einfach auf?« Und er holte mir einen Stift und einen Notizblock.

Wie hätte ich ihn enttäuschen können? Also nahm ich

den Stift in meine zittrige rechte Hand, während Woody den Block für mich hielt. Zuerst gelang es mir nicht, mit der Spitze genügend aufzudrücken, sie flutschte über das Papier und hinterließ lediglich ein paar tintenschwarze Linien. Ich versuchte es erneut und konzentrierte mich darauf, meine Hand den Buchstaben folgen zu lassen, die ich im Geist so deutlich vor mir sah. Ich musste erfolgreich sein, bevor Woody das Interesse verlor.

Das W war einfach, nur nach unten und wieder hoch. Die Os und das D waren schwieriger, da ich meine Hand kreisen lassen musste, was ich noch nicht geübt hatte. Schließlich fügte ich noch ein Y hinzu. Es war ein krakeliger und kindlicher Schreibversuch.

Aus dem Augenwinkel bemerkte ich, dass sich Marks Augen mit Tränen füllten, während er uns von der anderen Seite der Küche aus zuschaute. Er hatte gedacht, es sei brutal von Woody gewesen, mir etwas abzuverlangen, das meine Fähigkeiten überstieg, dabei hatte er mich lediglich dazu gebracht, ein weiteres Ziel schneller zu erreichen, als überhaupt jemand erwartet hatte.

Nachdem ich Woodys Namen zu Papier gebracht hatte, konnte ich India und Harvey natürlich nicht auslassen. Sie wollten, dass ich auch ihre Namen schrieb. Langsam, voll konzentriert auf meine Hand und den Stift, kritzelte ich auch ihre Namen.

Als ich nach diesem Besuch ins Krankenhaus zurückkam, war das Team ein weiteres Mal überrascht von meinem Fortschritt. Mark und die Kinder ließen einen Notizblock an meinem Bett zurück, und die ganze Nacht hindurch übte ich, die Namen aller Freunde und Bekannten zu schreiben, bis ich so müde wurde, dass meine Schrift nur noch ein unleserliches kindliches Gekrakel war.

Das Schreiben verhalf mir zu einer neuen Möglichkeit, mich auszudrücken. So schrieb ich zum Beispiel dem Pflegepersonal auf, welche Bedürfnisse ich hatte. Und wenn ich alleine war und in meinem Bett lag, konnte ich meine Gedanken und Gefühle festhalten. Schreiben war etwas, das ich spontan tun konnte, sofern ich einen Schreibblock und einen Stift zur Hand hatte. Mit meinen Gedanken alleine gelassen, begann ich, ein Tagebuch zu führen, das zum Ausgangspunkt für dieses Buch wurde.

Während der Besuche bei mir zu Hause machte ich mir Sorgen, was passieren würde, falls mein Katheterbeutel überlief oder meine Windel gewechselt werden musste. Wenn ich in Begleitung von Schwestern war, fühlte ich mich sicher aufgehoben, doch ungefähr einen Monat nach Beginn dieser Ausflüge durfte ich das Krankenhaus ohne Schwestern verlassen, und plötzlich plagte mich gewaltige Angst.

Mark übernahm die Aufgabe der verantwortlichen Pflegeperson. Doch obwohl er meine ganze Geschichte miterlebt hatte, fehlte ihm jegliche praktische Erfahrung mit meiner medizinischen Versorgung, weshalb er erst lernen musste, wie mein Katheter-Beutel ausgetauscht wurde. Im Krankenhaus geschah dies wie selbstverständlich. Wenn der Beutel voll war, zogen die Schwestern den Vorhang um mein Bett, klemmten den Schlauch ab, der zum Beutel führte, tauschten diesen gegen einen neuen aus, öffneten den Schlauch wieder, und schon war alles erledigt.

Zu Hause wurde die Möglichkeit eines überlaufenden Beutels und die Pfütze auf dem Fußboden vor den Augen meiner Kinder zum Schreckgespenst, was mich derart belastete, dass ich mich außerhalb des Krankenhauses nie entspannte und die Zeit zu Hause nicht genießen konnte. Am Ende spürte ich sogar eine Art Erleichterung, wenn es wieder zurück nach Osborn 4 ging.

Zusätzlich zu den Wochenendbesuchen bei Mark und

den Kindern erhielt ich die Erlaubnis, unter der Woche Besuche abzustatten, wenn meine Mutter und Dave oder Alison bei uns zu Hause waren. Anita kam auf einen Kaffee vorbei, und ein paar Minuten lang war es fast wie in alten Zeiten, außer dass ich ohne die Kommunikationstafel nicht in das Geschnatter einstimmen konnte. Diese Ausflüge wurden einfacher, nachdem ich einmal gelernt hatte, alleine zurechtzukommen und vom Rollstuhl auf einen normalen Autositz zu rutschen.

Für Tagestrips konnte ich also auf den Kleinbus verzichten und so lange wegbleiben, wie ich wollte. Wenn mir nach einem Nachmittag im Meadowhall war, brauchten mich Alison, Anita oder meine Mutter nur in ihrem Auto mitzunehmen. Wenn ich an einem sonnigen Nachmittag lieber in den Park wollte, als im Krankenhausgarten zu sitzen, war auch das möglich. Eines Tages gelang es mir sogar, die Kinder zu überraschen, als mich Alison und meine Mutter zur Schule schoben, wo wir sie nach Unterrichtsschluss abholten. Ich werde nie vergessen, wie sie strahlten, als sie mich in meinem Rollstuhl entdeckten, nachdem sie »lediglich« die Oma erwartet hatten.

Jeder gemeinsam mit den Kindern verbrachte Tag verstärkte das Gefühl, wieder so etwas wie eine Mutter zu sein. Mitte Juli gab es zum Abschluss des Schuljahrs zwei wichtige Veranstaltungen, und ich war froh, dass es mir körperlich gut genug ging, an beiden teilzunehmen.

Das erste Großereignis war Woodys Sportfest, das zuweilen etwas chaotisch ablief. In diesem Jahr jedoch klappte alles wie am Schnürchen. Mark holte mich am Krankenhaus ab, und mit unseren Klappstühlen, Picknickdecken und Lebensmittelkörben ging es ab zum Sportplatz. Wir erweckten fast wieder den Eindruck einer normalen Familie, als Mark meinen Rollstuhl auf den Platz schob und wir uns mit unseren Freunden vom Schülerlauf auf den Weg machten. Ich sah, wie Woodys Mannschaft beim Wettkampf mit den aufblasbaren Hüpfbällen zum Sieg hüpfte.

Als die Zeit für den Mütterlauf kam, hätte ich alles dafür gegeben, daran teilnehmen zu können, statt nur zuschauen zu dürfen. Woody aber fand es toll, dass ich da war. Er saß den Großteil des Nachmittags auf meinem Schoß, was für uns beide zwar nicht sonderlich bequem war, aber dafür sorgte, dass wir uns nahe waren.

Meine Anwesenheit bei Indias Schulabgängerkonzert war weniger erfolgreich. India wechselte nach den Ferien von der Grundschule in die Gesamtschule, und um dieses Ereignis zu würdigen, veranstaltete die Schule jedes Jahr ein Konzert, mit dem die Schüler verabschiedet wurden. Für India und Alisons Tochter Charlotte war dies eine große Sache, da sie beide zu den Abgängern gehörten und bei dem Konzert mitsangen. Marks Eltern saßen im Publikum, ebenso Alison und Anita, deren Kinder gleichfalls beteiligt waren.

Alison schob mich in die Aula, stellte meinen Rollstuhl am Ende einer Reihe ab und setzte sich neben mich. Mittlerweile wussten die meisten Leute in der Schule von meiner Situation und akzeptierten meine Behinderung, sodass ich mich in deren Gesellschaft wohlfühlte.

Der Vorhang ging auf, im Saal wurde es still, die Musik setzte ein und das Konzert begann. Alisons Tochter betrat mit ihrer Klasse die Bühne und wollte zu singen beginnen. Plötzlich gab es ein Geräusch im Saal, und alles schaute in meine Richtung. Es hörte sich an, als imitiere jemand den Esel aus den *Shrek*-Filmen. Der Jemand war ich. Genau in dem Moment, als Charlotte den Mund öffnete, hatte Alison mir zugeflüstert: »Ich weiß nicht, warum Charlotte das macht. Die kann doch überhaupt nicht singen.«

Sicher war es kindisch, aber ich konnte nicht aufhören zu

lachen. Anita, die in meiner Nähe saß, war entsetzt. Marks Eltern in der Reihe dahinter schämten sich zu Tode. India, die in der Seitenkulisse saß und nervös auf ihren Auftritt wartete, wollte vor Verlegenheit im Boden versinken. Und je mehr ich versuchte, mein Lachen zu stoppen, desto lauter wurde das Wiehern. Und je lauter ich wieherte, desto mehr musste Alison lachen. Allerdings waren wir die Einzigen, die sich amüsierten.

Am Ende musste Anita Alison und mich voneinander trennen, indem sie sich zwischen uns setzte, als seien wir ein Paar ungezogene Schulmädchen. Als das Konzert endete, war India den Tränen nahe und weigerte sich, mit mir zu reden.

»Du hast mir das ganze Konzert kaputt gemacht. Ich habe mich so geschämt«, warf sie mir auf der Rückfahrt zum Krankenhaus vor. Ich versuchte, mich zu entschuldigen. Alison bat für mich um Verzeihung, doch nichts half, India schmollte. Als wir im Krankenhaus ankamen, wandte sich Alison an die Schwestern: »Können Sie Kates Lautstärke bitte etwas herabstellen? Sie hat sich heute Nachmittag fürchterlich blamiert.« Es sollte ein Scherz sein. India fand es trotzdem nicht lustig.

Nachts musste ich immer noch über das Konzert lachen. Seit dem Schlaganfall hatte ich nicht mehr so herzhaft und viel gelacht. Ich fühlte mich besser und gleichzeitig schuldig. Ich schrieb India eine Nachricht und entschuldigte mich bei ihr in der Hoffnung, sie habe mir bereits verziehen, wenn ich sie am Wochenende sehen würde. Sie verzieh mir.

Mit jedem Ausflug wuchs das Gefühl, unabhängiger zu werden. Nach einer Weile schaffte ich es, länger als die ursprünglich wenigen Stunden vom Krankenhaus wegzubleiben. Ohne Hilfe konnte ich immer noch nur ein paar Schritte machen, doch ich war in der Lage, mein Körpergewicht aus dem Rollstuhl in einen Autositz zu wuchten, und es gelang mir, einen ganzen Tag in dem Gefährt zu sitzen, ohne dass ich mich müde fühlte oder es unbequem wurde. All dies, so dachte ich, müsste reichen, um in ein paar Wochen Ferien in Cornwall machen zu dürfen.

KAPITEL 31

»*Sag meinen Namen, Mama*«

Während der ersten fünf Monate, die ich im Krankenhaus verbrachte, hatte Mark Schwierigkeiten, mit der Prognose klarzukommen, dass ich nie mehr würde gehen oder sprechen können. Es gelang ihm nicht, sich seinen eigenen Verwandten gegenüber zu öffnen, und er fand auch keine Gelegenheit, seine Bürde bei Arbeitskollegen oder flüchtigen Bekanntschaften abzuladen. Wenn die Leute ihn fragten, wie es mir ging, was häufig geschah, antwortete er mit einem unverbindlichen: »Den Umständen entsprechend.«

Meine Logopädin hatte ihm gesagt, ich würde nie mehr sprechen. Selbst nachdem der Trachi entfernt worden war, gelang es mir nicht, die erforderliche Luft für meinen Kehlkopf einzuatmen, um meine Stimmbänder zu aktivieren. Ich versuchte erst gar nicht, Worte zu bilden. Aus Erfahrung deutete die Logopädin dies als Zeichen dafür, dass ich nie mehr würde sprechen können. Daher konzentrierte sich die Therapie auf Übungen, die mir zumindest helfen sollten, die Schluckfähigkeit wiederzuerlangen, mit dem Fernziel, irgendwann essen zu können.

Während Mark die Fortschritte bei der Beweglichkeit und der Muskelkraft beobachten konnte, akzeptierte er das Urteil der Therapeutin – »Kate wird nie mehr sprechen können« –, auch wenn er es nicht über sich brachte, es anderen zu erzählen. Eines Abends aber, als er mit einigen seiner Mountainbike-Freunde unterwegs war, wurde er gezwungen, die schlechte Nachricht zu verkünden. Er hatte den anderen erzählt, wie selbstständig ich geworden war, dass ich schreiben konnte und mit meinem elektrischen Rollstuhl auf der Station herumdüste. Einer der Freunde meinte, es wäre toll, sich mal mit mir zu unterhalten.

»Kate wird nie wieder sprechen können«, sagte Mark. Er konnte sehen, wie die Information den Freund schockierte. Für Marks Heilungsprozess war dies ein wichtiger Moment, denn endlich musste er sich dem Unabänderlichen stellen. Es lässt sich denken, wie verblüfft er war, als ich ihn und die Logopädin gerade mal achtundvierzig Stunden später eines Besseren belehrte.

Es war ein Freitagabend, als ich meine ersten Wörter sprach. Mark hatte die Kinder ins Krankenhaus mitgebracht, um mich zu besuchen, und sie waren alle bester Laune, weil sie wie ich die Tage bis zum Urlaub hinunterzählten. Noch sieben Mal schlafen, dann ging es auf die Reise; sie hatten schon Hummeln im Hintern.

Ich wollte Woody fragen, ob er bei der Klavierstunde gewesen war. India hielt die Kommunikationstafel, und ich begann, Woodys Namen zu buchstabieren. Harvey notierte die Buchstaben. Die ganze Prozedur dauerte zehn Mal so lange wie eigentlich nötig, denn die Kinder waren an diesem Abend besonders aufgeregt und hatten keine Geduld für langwieriges Buchstabieren. Plötzlich schaute Woody mich an und fragte: »Warum sagst du es nicht einfach?«

Ich war überzeugt, es nicht zu können. Bis zu diesem Moment hatte ich nur tierähnliche Geräusche von mir gegeben, nichts, das wie ein Wort klang oder irgendeinen Sinn ergeben hätte. Doch ich liebe Herausforderungen, und Woody hatte mir eine geliefert. Ich dachte an die Mundübungen, die ich gemacht hatte, und bemühte mich, den Mund so zu formen, dass ich ein Wort bilden konnte.

»Uff«, sagte ich. Es klang wirklich nicht wie Woody.

Ich versuchte es erneut: »Ood.« Ich grunzte immer noch wie ein Schwein mit Verstopfung.

Gib dein Bestes, Kate!, spornte mich die Stimme in meinem Kopf an.

»Oody«, sagte ich und spürte, wie sich die Zunge im Mund verformte.

Mark, der sich aus lauter Langeweile dem Fernsehprogramm zugewandt hatte, drehte sich perplex zu mir um.

»Kate, hast du gerade ›Woody‹ gesagt?«, fragte er.

Ich grinste süffisant und wiederholte ein ums andere Mal: »Oody, oody, oody.«

Wie bei einem Baby, das gerade sprechen lernt, waren die Wörter nur für die erkennbar, die wussten, was ich sagen wollte, doch es waren Wörter, und das bewies, dass ich genügend Luft in den Kehlkopf einatmen konnte, um sie zu bilden. Nach Woodys Namen versuchte ich es mit dem von India, was zu »Indi« wurde, und mit Harveys Namen, den ich zu »Avvy« formte.

Mark geriet völlig aus dem Häuschen, da er nun alles zurücknehmen konnte, was er gesagt hatte. Ich war wieder in der Lage, zu sprechen. Das ganze Wochenende über übte und übte ich, indem ich ein oder zwei Silben aneinanderreihte, um Wörter zu bilden. Als mein diensthabender Lieblingspfleger am folgenden Montagmorgen erschien, um mir die übliche Medizin zu geben, sagte ich: »Morgen, Oliver.«

Er blieb wie angewurzelt stehen. »Haben Sie etwas gesagt?«, fragte er und konnte kaum glauben, was er da eben gehört hatte.

»Morgen, Oliver«, wiederholte ich, dieses Mal langsamer und betonter. Er verlor die Fassung und begann zu weinen. »Für Augenblicke wie diesen bin ich Pfleger geworden«, schluchzte er.

Du Weichei, dachte ich, du solltest lieber froh sein, statt hier rumzuflennen.

Minuten später kam meine Logopädin Sophie hereingerauscht, um zu sehen, weshalb Oliver so ein Theater machte.

»Morgen, Soph«, sagte ich. Auch sie begann zu weinen, total überrascht und gleichzeitig glücklich, dass sie sich geirrt hatte.

Ab diesem Tag gewann meine Sprechtherapie eine völlig neue Bedeutung. Sophie steigerte das Training. Zusätzlich zu den Schluckübungen gab es ein neues Programm sprechmotorischer Übungen, die darauf abzielten, meine Lippen zu kräftigen und die Muskeln im hinteren Bereich meiner Zunge zu entwickeln, damit ich Wörter bilden konnte.

Nach und nach begann ich mit monotoner Stimme zu reden, die Mark später als »Schlaganfall-Stimme« bezeichnete. Die ursprünglich freudige Überraschung angesichts der ersten gesprochenen Wörter legte sich bald, als ich das Sprechen immer mehr beherrschte. Denn jetzt konnte ich Mark nämlich sowohl mit strengem Anstarren als auch mit harten Worten herumkommandieren.

KAPITEL 32

Lasst mich nicht noch einmal im Stich

Zu sagen, ich habe meinem ersten Urlaub in Cornwall entgegengefiebert, wäre stark untertrieben. Ich war wie ein Kind vor Weihnachten und zählte die Tage bis zum großen Ereignis. Nach der Enttäuschung, an meinem Geburtstag im Krankenhaus bleiben zu müssen, setzte ich alles daran, dieses Mal fit genug zu sein.

In der Physiotherapie hatte ich besonders hart gearbeitet, die Grenzen verschoben und mich ausgepowert, hatte meine Therapeuten angetrieben, immer noch eins draufzusetzen. Doch je näher der Tag rückte, desto klarer wurde, dass man mir nicht erlauben würde, die fünfhundert Kilometer lange Reise anzutreten. Ich hatte Ausflüge von acht oder neun Stunden überstanden, doch für eine Übernachtung bei uns zu Hause war ich noch nicht gerüstet. Mein Betreuerteam entschied, die Reise sei zu weit und auch zu lang.

Ich war am Boden zerstört. Als die Abreise kurz bevorstand, hoffte ich immer noch, das Betreuerteam würde es sich anders überlegen oder Mark würde seine Pläne umwerfen und zu Hause bleiben. An den Wochenenden verbrachte ich mehr und mehr Zeit mit Mark und den Kindern und freute mich darauf, bald wieder mit ihnen als Familie zusammen zu sein.

Der Urlaub wurde wie geplant durchgezogen. Ich war stocksauer. Nicht nur, weil sich mein eigener Wunsch nicht erfüllt hatte, sondern auch, weil ich mich fragte, ob es so

– 228 –

weit weg sein musste. Konnte man die Anzahlung für den Wohnwagen nicht einfach vergessen? Ich wusste, dass sich die Kinder auf die Sommerferien mit Alisons Familie und den Manions freuten, doch ich brauchte sie dringender.

»Bitte, bleibt zu Hause«, bettelte ich. »Wir können später etwas als Familie arrangieren.« Doch Mark ging nicht auf mich ein. Und das verletzte mich stärker als alles andere. Es führte auch zu Spannungen zwischen Mark und meiner Mutter und Dave. Die beiden sahen, wie wütend und depressiv ich wurde, und sie hatten die Befürchtung, die ganze erfolgreiche Arbeit, die ich in meine Therapie gesteckt hatte, könnte zunichtegemacht werden. Sie und Dave schlugen vor, Mark solle den Urlaub in Cornwall abblasen und in der Nähe von Dore bleiben, sodass wir gemeinsame Tagesausflüge unternehmen konnten.

Doch sie fuhren, Ende der Geschichte.

Ich war dermaßen übel gelaunt, dass ich auf Facebook schrieb:

Sie sind abgehauen. Ich weiß, dass sie ihren Urlaub brauchen, aber wofür dann all meine Anstrengungen? Ich habe das Vertrauen und die Kontrolle über mein Leben und meine Familie verloren.

Wie während des letzten Urlaubs hielten Mark und die Kinder mich mit E-Mails und Telefonanrufen auf dem Laufenden, doch es machte mich nur noch wütender, ihre Stimmen zu hören. Nachdem sie gefahren waren, verkroch ich mich ein paar Tage lang in mein Schneckenhaus. In der Therapie gab ich mir keine Mühe mehr, mir war die Lust vergangen. Ich dachte: Was bringt's denn schon, wenn ich ja doch nie wieder ins normale Leben zurückkehren werde?

Anita, meine Mutter und meine anderen Freundinnen überhäuften mich mit Besuchen, doch ich hatte keinen

Bock auf Small Talk. Meine Mutter war so besorgt, dass sie sich an die Psychotherapeutin wandte, die versuchte, mich meine Depression von der Seele reden zu lassen.

»Was fehlt Ihnen?«

Das war einfach: Meine Familie und meine Fitness.

»Wo wären Sie jetzt lieber?«

Ich sagte, ich wäre gerne hoch oben im Peak District und würde über die Reitwege laufen, wie ich es in meinem alten Leben regelmäßig getan hatte. Die Psychotherapeutin meinte, es wäre vielleicht hilfreich, wenn sie mir eine Meditations-CD zusammenstellen würde. Sie erzählte vom Peak District und nahm das Ganze auf. Mit ihrer freundlichen, beruhigenden Stimme beschrieb sie den Ausblick auf die Dörfer, die Gerüche der Landschaft und den Adrenalinstoß beim Bergablaufen.

Eine Stunde lang saß ich im Bett und lauschte, während ihre Stimme mein Bewusstsein erreichte und wieder davonhuschte, und ich stellte mir vor, wie ich über die Hügel stampfte. Ich wurde ruhiger und fühlte mich besser. Allerdings nur so lange, bis sie darauf bestand, ich solle es mir jeden Tag anhören, bis es mich nur noch langweilte. Schließlich quälte mich die verfluchte Meditations-CD so sehr, dass ich sie in die hinterste Ecke meines Spinds pfefferte.

Irgendwann besserte sich meine Stimmung, und ich stürzte mich mit neuer Energie in meine Therapie. Ich war entschlossen, Mark jetzt erst recht einen Fortschritt zu präsentieren, wenn er aus dem Urlaub zurückkam. Ich meldete mich bei jeder denkbaren Gruppe an, einschließlich Buchclub und Musiktherapie.

In der Musiktherapie fühlte ich mich wie ein Volltrottel, wenn ich mit dem Kopf wackeln musste, um ein Tamburin im Takt eines zuvor aufgezeichneten Musikstücks zu schlagen, oder wenn ich mit einem Laserstrahl auf einem Keyboard spielen sollte, indem ich den Strahl durch Kopfbewegungen unterbrach. Immerhin aber kam ich durch diese mir sinnlos erscheinenden Übungen für eine Stunde pro Woche aus der Station raus.

Der Buchclub wurde von einer ehrenamtlichen Person von außerhalb geleitet, die einmal pro Woche für jene Patienten in Osborn 4 kam, die Bücher lesen und darüber diskutieren konnten.

In meinem früheren Leben war ich gerne zum Literaturkreis gegangen, der eher etwas von einer Schwatzbude an sich hatte als von einem literarischen Zirkel. Wir waren zehn bis zwölf Mitglieder, alles Mütter, die sich abwechselnd in einer ihrer Wohnungen trafen. Wir stimmten über ein Buch ab, das wir alle lesen wollten, manchmal war es ein Kriminalroman oder eine Lebensgeschichte. Einen Monat später diskutierten wir über das Buch. Allerdings muss ich zugeben, dass die Auseinandersetzung mit dem Gelesenen höchstens zehn Minuten in Anspruch nahm; der Rest des Abends gehörte dem Wein und dem Gejammer über unsere Kinder und Ehemänner.

Während meiner Zeit im Krankenhaus wurde der Literaturkreis für Alison, Jaqui und Anita jedoch bedeutsam, denn sie benutzten ihn als das, was er sein sollte – ein Forum für die Diskussion über Bücher. Sie wählten Berichte von anderen Schlaganfall-Patienten, *Schmetterling und Taucherglocke* von Jean-Dominique Bauby sowie *In einem Augenblick* von Hasso und Catherine von Bredows. Beide Bücher wirkten allerdings deprimierend auf meine Freundinnen, denn die Autoren erholten sich nicht von ihrem Locked-in-Syndrom und starben.

Andererseits entwickelten sie Verständnis für die Frustrationen eines Locked-in-Syndrom-Patienten. Durch die Lektüre und anschließende Besprechung dieser Bücher im Literaturkreis gewannen sie praktische Erkenntnisse für den Umgang mit mir und meiner Situation. Als ich noch auf der Intensivstation lag und unfähig war, zu kommunizieren, erhielten sie durch diese Bücher den Impuls, das Blinzeln und die Schmerztafel vorzuschlagen, damit ich mich irgendwie ausdrücken konnte.

Auch ich las Baubys Buch *Schmetterling und Taucherglocke*, das Alison mir mit einer vorsichtigen Empfehlung überreicht hatte. Die Tragödie des französischen Journalisten, der wie ich in seinem Körper gefangen war, erschütterte mich zutiefst. Der Autor erholte sich nie von einem Zustand, den er so beschrieb, als befände er sich in einem altmodischen Taucheranzug mit einer kupfernen Taucherglocke, während sein Geist frei wie ein Schmetterling herumschwirrte.

Mit schierer Willenskraft und Entschlossenheit hatte er dem Lektor in mühevoller Kleinarbeit jeden einzelnen Buchstaben seines Buchs zugeblinzelt. Das Buch wurde nicht nur zu seinem Vermächtnis für die Welt, es diente auch als Vorlage für einen preisgekrönten Film und vermittelte dadurch einem breiten Publikum die entsetzliche Situation eines Menschen mit Locked-in-Syndrom.

Beim Lesen seines Buchs verstand ich Baubys Misstrauen gegenüber der Ärzteschaft, sein hohes Maß an Verbitterung und Zorn, ebenso die Freude beim Anblick seiner Kinder. Das Buch machte mir aber auch klar, dass ich eine weitergehende Geschichte zu bieten hatte, und dies bestärkte mich darin, Notizen für meine eigene Version niederzukritzeln.

Im Gegensatz zu Bauby konnte und wollte ich nicht zulassen, dass ich mich mit einer Fantasiewelt tröstete. In meinen Augen war Fantasie eine Form von Nachgiebigkeit und Schwäche, und mit Tagträumerei verbrachte Zeit, in der es nur darum ging, wie es früher einmal gewesen war und nie wieder sein würde, lenkte mich nur von dem Weg ab, der nach vorne führte – wieder gesund zu werden.

Ohne Mark und die Kinder schleppten sich die Tage und Wochen hin, doch als sie endlich nach Hause kamen, war ich so erleichtert, sie endlich wiederzusehen, dass mein Ärger verrauchte.

Außerdem hatte ich eine erfreuliche Nachricht für sie. Am kommenden Wochenende durfte ich zum ersten Mal bei ihnen übernachten. Es war der Anfang der Zielgeraden, am Horizont winkte das Zuhause.

KAPITEL 33

Weshalb muss ich um alles kämpfen?

Manchmal hatte ich das Gefühl, meine Genesung sei ein ewiger Kampf: Ich alleine gegen die gesamte Ärzteschaft. Bei diesen Gelegenheiten dachte ich mich in die Rolle von Hollywoods Boxer-Legende Rocky hinein. Als junges Mädchen hatte ich die *Rocky*-Filme geliebt, teilweise weil ich während der Schulzeit mächtig für Sylvester Stallone schwärmte. An Tagen, an denen ich glaubte, die ganze Welt habe sich gegen mich verschworen, stellte ich mir vor, ich sei der Underdog-Kämpfer Rocky in der blauen Ecke und die Übermacht der Fachärzte vom Northern General Hospital seien der Schwergewichtsmeister Apollo Creed in der roten Ecke. In meinem Kopf summte ich die Rocky-Melodie und pushte mich zum Sieg.

Es galt, viele Kämpfe durchzustehen, während ich die Tage bis zu meiner ersten Übernachtung bei uns zu Hause und die Wochen bis zu meiner endgültigen Entlassung herunterzählte. All die medizinischen Tests, die ich zu bestehen hatte, und die unzähligen Prozeduren, die ich über mich ergehen lassen musste, schienen zu einem Komplott gegen mich zu gehören; Tag für Tag hatte ich das Gefühl, einem Geduldsspiel ausgesetzt zu sein. Ich schlug mich mit meinen Ärzten und Therapeuten herum, die auch noch andere Patienten zu betreuen hatten und nicht verstanden, weshalb ich es so eilig hatte, die Dinge zu erledigen. Die Uhr tickte, und jeder Tag, den ich damit verbrachte, darauf zu warten,

dass sich ein Facharzt bequemte, die Testresultate zu begutachten oder Anweisungen zu geben, war ein Tag weniger
vom Rest meines Lebens. Während sich die Wochen hinzo-
gen, sank meine Motivation, und ich wünschte mich sehnlichst nach Hause.

Ich hatte bereits einen Plan. Per E-Mail hatte ich mich
mit dem Geschäftsführer des örtlichen Esporta-Freizeitzen-
trums in Sheffield in Verbindung gesetzt und ihn gefragt, ob
er mir helfen wolle, wieder gehen zu können. Ich köderte
ihn mit dem Vorschlag: »Wenn Sie mir eine kostenlose Mit-
gliedschaft geben und dafür sorgen, dass ich Weihnachten
wieder laufe, ist das eine tolle Werbung für Ihr Fitnessstudio.«

Der Geschäftsführer zeigte sich meinem Vorschlag gegenüber aufgeschlossen. Sein eigener Vater hatte einen
Schlaganfall erlitten und war vor seinem Tode verbittert und
schwermütig geworden, daher unterstützte er meine Entschlossenheit, wieder hundertprozentig fit zu werden.

An einem meiner Tagesausflüge aus dem Krankenhaus
fuhr mich Alison zu einem Treffen mit ihm, und wir einig-
ten uns auf ein lang angelegtes Fitness-Programm. Mit dieser Aussicht im Hinterkopf erschien mir die Physiotherapie
des Krankenhauses langsam und mühsam, und ich drängte
danach, dass es endlich voranging.

Ich wollte in der Lage sein, meine Blase zu beherrschen,
um den Katheterbeutel loszuwerden. Ich wollte in unserem Haus die Treppe zum Badezimmer hinaufsteigen, und
ich verlangte, dass man mir die PEG entfernte. Aus medizinischer Sicht stand keines dieser Dinge meiner Entlassung
aus dem Krankenhaus im Wege. Doch ich hatte über einige
arme Teufel gelesen, die ihr Locked-in-Syndrom nie überwunden haben. Ihre Wohnungen wurden in häusliche Hos-
pitäler umgewandelt, damit sie wieder zu ihren Familien
zurückkehren und dort leben konnten. Das wollte ich mei-

– 235 –

ner Familie ersparen, ich wollte so normal sein, wie es eben ging, und ich hielt hartnäckig daran fest, in das Haus zurückzukehren, das ich verlassen hatte, und nicht in ein umgerüstetes Heim für Behinderte. Unser Haus war modernisiert worden und besaß eine weitläufige offene Diele, eine große Wohnküche und eine Toilette im Erdgeschoss, die mit dem Rollstuhl problemlos zugänglich war. Der strittige Punkt war das Badezimmer.

Meine Ergotherapeutin hatte vorgeschlagen, Mark solle unsere ebenerdige Garage in ein Bad umbauen lassen, da Treppen ein großes Hindernis für mich darstellten und die Installation eines Treppenlifts wegen der räumlichen Aufteilung unseres Hauses nicht infrage kam. Ich war jedoch gegen jede spezielle Anpassung; ich wollte nicht, dass sich mein Zuhause in irgendeiner Form von dem meiner Freundinnen unterschied.

Das sagt vermutlich mehr über mein Vorurteil aus als alles andere, aber der Gedanke, ein Haus zu besitzen, das ausdrückte, »hier wohnt eine behinderte Person«, war mir zuwider.

Verstehen Sie mich nicht falsch, ich weiß, dass kein behinderter Mensch gerne von anderen abhängig ist oder auf eine speziell angepasste Toilette und breite Türen für seinen Rollstuhl. Ich finde es gut, dass all diese Maßnahmen den Patienten das Leben erleichtern, doch für mich wollte ich sie nicht.

Ich will die Treppe zum Badezimmer hochsteigen,

kritzelte ich auf ein Blatt Papier, das ich meiner Ergotherapeutin überreichte.

»Alles zu seiner Zeit. Jetzt wollen wir uns erst mal darauf konzentrieren, dass Sie lernen, auf flachem Untergrund zu gehen«, lautete die Antwort.

Das war nicht das, was ich hören wollte. Doch sie hatte mir den Fehdehandschuh hingeworfen: Ich würde die Treppe hochsteigen!

Mein Blatt Papier wurde zum Mantra. Als tägliche Erinnerung für meine Therapeuten, Pfleger und selbst für meine Familie heftete ich es an meinen Spind, damit alle jederzeit sehen konnten, dass ich mir ein neues Ziel gesetzt hatte.

Eines Tages war ich zu Hause zu Besuch und überredete Dave, der gerade dort war, mich die Treppe hinaufzubringen. Anfangs sträubte er sich und brachte alle möglichen Ausreden vor, doch ich ließ nicht locker, und schließlich gab er nach.

Ich stand vor der ersten Stufe und schaute nach oben. Ich stellte mir vor, ich befände mich im Basislager des Kilimandscharo und die vor mir liegenden vierzehn Stufen seien die letzte Etappe zum Gipfel. Mit der Rocky-Melodie im Kopf setzte ich mein ganzes Vertrauen in Dave und hielt mich am Geländer fest, um mich daran hochzuziehen. Dave stand hinter mir, stützte meine Hüfte und schob meine Beine eins nach dem anderen von Stufe zu Stufe, parallel zu sich selbst. Trotz meines geringen Gewichts war es ein hartes Stück Arbeit. Nach dem ersten Vorstoß stoppten wir auf der nächsten Stufe, bevor es weiterging. Der zweite Schritt, erneutes Anhalten. Der dritte, und danach immer so weiter, bis wir nach einer halben Stunde oben angekommen waren.

Ich setzte mich hin, völlig erschöpft, aber glücklich. Ich hatte es vollbracht, und niemand konnte mir die Freude nehmen, etwas geschafft zu haben, von dem alle geglaubt hatten, es läge außerhalb des Bereichs meiner Möglichkeiten.

Ich verdonnerte Dave zum Stillschweigen und erzählte selbst auch niemandem davon, nicht einmal Mark, der vorhatte, das restliche Geld vom Wohltätigkeitsrennen für den

Bau eines Badezimmers in der Garage zu nutzen. Als ich eine Woche später mit den Schwestern und Pflegern beisammensaß, gestand ich ihnen meinen Erfolg.

»Was würden Sie sagen, wenn ich Ihnen erzählte, dass ich eine Treppe raufgelaufen bin?«, fragte ich den »Drill-Sergeant«. Ich arbeitete erst seit Kurzem mit ihm zusammen. Er war mir zugeteilt worden, nachdem meine Haupttherapeutin in Mutterschaftsurlaub gegangen war. Ich mochte den »Drill-Sergeant«, er war eine Kämpfernatur und ehrgeizig wie ich, und er verlangte mir mehr ab und setzte mir höhere Ziele, daher sein Spitzname.

»Ich würde sagen, dass Sie lügen«, antwortete er.

Mein schelmisches Grinsen verriet ihm, dass ich die Wahrheit gesagt hatte. Mein lieber Mann, hat der mich zur Schnecke gemacht!

»Es will mir nicht in den Kopf, dass Sie dermaßen verantwortungslos sind!«, schimpfte er. »Wissen Sie überhaupt, in welche Gefahr Sie sich und Dave gebracht haben? Was wäre passiert, wenn Sie gefallen wären? Einmal ausgerutscht, und all die tollen Fortschritte, die Sie gemacht haben, wären zum Teufel gewesen ...«

Er hielt mir eine lange Standpauke, die ich wie ein kleines ungezogenes Gör einfach abblockte. Ich hatte es geschafft, und ich war stolz darauf. Eine Woche später brachten mich der Drill-Sergeant und meine Ergotherapeutin zu mir nach Hause, und ich machte eine offizielle Treppenbesteigung.

Dieser erste genehmigte Gang die Treppe hinauf geschah langsam und wohlüberlegt. Ich benutzte eine Krücke, um meine linke Körperhälfte zu stützen, und hielt mich mit der stärkeren rechten Hand am Treppengeländer fest. Der Physiotherapeut legte seine Hände auf meine Taille und gab mir zusätzlichen Halt. So machte ich einen Schritt nach dem anderen, zunächst zögerlich, doch dann mit wachsendem Selbstvertrauen, je näher ich dem Ende der Treppe kam.

Die Kleinigkeit von vier Stufen in Osborn 4 hatte ich drei Mal bewältigt, daher war ich zuversichtlich, die Treppe bezwingen zu können. Aber als meine Therapeuten und Mark jetzt zuschauten, wuchs in mir die Angst vor dem Scheitern. Doch ich schaffte es. Abends waren Mark und ich alleine und absolvierten den abschließenden Aufstieg.

Nachdem einmal akzeptiert worden war, dass ich das Treppensteigen beherrschte, hatte ich den Kampf gegen das neue Badezimmer gewonnen. Doch die nächste Auseinandersetzung stand schon bevor. Mark und die Ergotherapeuten waren sich einig, dass wir das Badezimmer zu einer Nasszelle mit Dusche umbauen sollten, um mir den Zugang zu erleichtern. Dafür sollte das übriggebliebene Geld des Wohltätigkeitsrennens eingesetzt werden. Die Logik dieser Maßnahme leuchtete mir ein, nur wollte ich nicht hinnehmen, wie lange es dauern würde.

»Ich habe einen Installateur gefunden, der die Arbeiten übernimmt«, verkündete Mark eines Abends und schaute selbstzufrieden drein. Schließlich war es kein gewöhnlicher Auftrag, und es hatte ihn Mühe gekostet, einen Handwerker zu finden, der bereit war, so ein ausgefallenes Projekt anzugehen. »Aber er sagt, dass wir drei Monate warten müssen, bis das notwendige Material beschafft ist.«

Das brachte mich nicht weiter, denn ich wollte verzweifelt nach Hause. Und wieder waren sich Mark und die Therapeuten einig, es sei besser für mich, im Krankenhaus zu warten, als in eine Baustelle zu ziehen.

»Such jemand anderen, der es schneller macht«, hielt ich dagegen, da ich immer ungeduldiger wurde.

»Ich habe es doch versucht, Kate. Ich bin die Gelben Seiten komplett durchgegangen – keiner der hiesigen Installateure packt es an. Dieser hier ist ein Spezialist, er weiß, was er tut. Ehrlich, Kate, ich unternehme alles, um es so schnell wie möglich erledigt zu bekommen«, sagte Mark.

Niemand schien Verständnis für meine Eile zu haben. In meinem Verfolgungswahn dachte ich schon, Mark wolle mich gar nicht zu Hause haben, und die Erinnerung an das Erlebnis nach der ersten Begutachtung verfolgte mich. Schließlich gelang es Mark, den Installateur dazu zu überreden, Termine hin und her zu schieben und Druck auf die Zulieferer auszuüben, dass sie unseren Auftrag vordringlich behandeln sollten, und endlich konnten die Arbeiten beginnen. Für meinen Geschmack ging es allerdings immer noch viel zu langsam.

Auf meiner Facebook-Seite schrieb ich:

Es ist gemein, dass man mich nicht nach Hause zu meiner Familie lässt, weil wir ein neues Badezimmer bekommen. Ich weiß, dass Mark es gut meint, aber es ist trotzdem ungerecht.

Während der Kampf zu Hause weiterging, durchlief ich im Krankenhaus ein Training für Erwachsene, um wieder trocken zu werden. »Flip flowing« nannte sich die Trainingsmethode, mit der die Muskeln in der Blase wieder an ihre Arbeit gewöhnt werden sollten, was bei Erfolg zur Entfernung des Katheters führen würde. Nach fast acht Monaten der Nichtbenutzung waren die Muskeln natürlich erschlafft.

Das Ganze spielte sich folgendermaßen ab: Per Schalter stoppten die Schwestern den Urinfluss in den Katheterbeutel, was zur Folge hatte, dass sich Urin in meiner Blase sammelte. Nach einer gewissen Zeit öffneten die Schwestern den Schalter wieder, damit der Urin in den Beutel abfloss. Zuweilen entstand dabei eine Art »Bypass«-Effekt, und der Urin sickerte am Rand des Schlauchs vorbei. Ich spürte zwar, wenn das geschah, konnte aber nichts dagegen unternehmen. Diese Prozedur wurde einen Monat lang fortgesetzt, mit einer Steigerung von einer halben auf vier Stunden, und in dem Maße, wie meine Muskeln kräftiger wurden und die Beweglichkeit des rechten Arms zunahm, war ich bald sogar selbst in der Lage, den Urinfluss an- und abzustellen.

Als es mir gelang, den Harn vier Stunden zu halten, erlaubten mir die Schwestern, auf die Toilette zu gehen. Parallel dazu trainierte ich, meinen Darm zu benutzen, was allerdings wie bei einem Kleinkind zu mehr Unfällen als Erfolgen führte. Mein Körper musste von neu auf lernen, die Signale für einen drängenden Toilettenbesuch zu erkennen. Danach ging es darum, schnell genug dorthin zu gelangen und die Hose herunterzuziehen, bevor es zu spät war.

Das Erreichen der Toilette erforderte die Hilfe von zwei Schwestern, die mich in meinen elektrischen Rollstuhl hievten, sodass ich alleine zum Toilettenraum fahren konnte, wo sie mir wieder aus dem Rollstuhl heraushalfen. Das Ganze war also ein langwieriger Prozess, und ich schaffte es nicht immer rechtzeitig. Glücklicherweise versorgten mich die Schwestern mit dicken Einlagen, um das Schlimmste zu verhindern.

Eines Nachmittags saß ich auf meinem Bett und übte dieses »Flip flowing«, als mir der Gedanke kam, es wäre lustig, Alison die Nachricht zu schicken: »Nenn mich Tena Lady.«

»Ich denke nicht daran, dich Tena Lady zu nennen«, kam die prompte und knallharte Antwort. Alison fand es nicht spaßig, dass ich mich über mich selbst lustig machte.

Durch den Katheterschlauch gerieten mein eigener Fahrplan und der Zeitplan der Ärzte erneut in Konflikt. Nachdem ich regelmäßig die Toilette benutzt hatte, wollte ich, dass der Katheter entfernt wurde. Er war ein äußeres Zeichen für meine Krankheit, und ich brauchte ihn nicht mehr. Die Schwestern hingegen sahen keinen Grund für die Eile, denn für sie war es bequemer, mich nicht alle paar Stunden zur Toilette bringen zu müssen.

Das Glück stand mir zur Seite, als sich die Entfernung des Katheters eines Sonntagabends zufällig ergab, weil eine Schwester Medikamente in meine PEG injizierte und dabei den Schlauch versehentlich rauszog. Es brannte teuflisch, doch ich beschwerte mich nicht. Das verfluchte Ding war draußen, und so sollte es auch bleiben. Die Schwester gestand dem Abteilungsleiter, was passiert war, und der wollte, dass der Schlauch wieder eingesetzt wurde.

»Nichts da!«, sagte ich. »Ich gehe auf die Toilette.«

Es folgten viele unruhige Nächte und zahlreiche durchnässte Einlagen, als meine Blase auf die Probe gestellt wurde. Selbst meine Mutter ist immer noch davon überzeugt, ich habe den Schlauch selbst rausgezogen. Doch ich war es wirklich nicht. Es war ein Unfall.

Ich brauchte länger als einen Monat, bis es mir gelang, jedes Mal rechtzeitig die Toilette zu erreichen. Der Tag, an dem mir erlaubt wurde, mich von den Windeln zu verabschieden und Unterhosen zu tragen, war ein großer Sprung nach vorn. Ohne diese voluminösen Einlagen fühlte ich mich schlanker und freier.

Eine andere große Auseinandersetzung hatte ich mit meiner Ernährungsberaterin, einer pingeligen Frau, die sich als Paragrafenhengst gerierte. Unser Verhältnis bekam nach einer schmerzhaften Darmverstopfung einen gewaltigen Knacks, als sie einfach nicht akzeptieren wollte, dass die von ihr verordnete Diät dazu beigetragen hatte, während ich fest davon überzeugt war.

Sie bestand darauf, ich solle an Gewicht zulegen, indem mir statt normalem Essen weiterhin flüssige Nahrung zugeführt wurde. Das vollzog sich nachts, wenn ich an einen Tropf angeschlossen wurde, über den wertvolle Kalorien in meine PEG flossen. Auf diese Weise kollidierte der Einsatz des Tropfs nicht mit meinen Therapiestunden.

Ich bekam nicht ein einziges Mal normales Essen zu normalen Essenszeiten, und meistens war mir das auch egal, denn meine Familie und die Freundinnen waren nie so taktlos, in meinem Beisein zu essen. Nur ein Mal wurde es zu einem Problem, als Mark direkt von der Arbeit zu mir kam und gerade eine Tüte Chips verspeist hatte. Sein Atem roch dermaßen penetrant nach Käse und Zwiebeln, dass mir plötzlich klar wurde, wie sehr ich meine heiß geliebten Salt and Vinegar Chips vermisste.

Für mich war die PEG das letzte unübersehbare Zeichen, das mich zur Invaliden machte. Nachdem die Versuche mit dem Löffel und dem Wasser erfolgreich verlaufen waren, beschloss ich, jetzt sei es Zeit für Tee. Während einer Schluckübung fragte meine Therapeutin Sophie: »Yorkshire oder Earl Grey?«

Als wenn sie das hätte fragen müssen!

»Earl Grey, bitte«, erwiderte ich.

Also verschwand sie in der Küche, stellte den Kocher an und kam mit einem halb vollen Becher milchigem Earl Grey Tee zurück. Sie reichte ihn mir und beobachtete stolz, wie ich den Plastikbecher mit der rechten Hand hielt und trank, indem ich die Flüssigkeit über die Tülle am oberen Rand in mich hineinschlürfte. Dieser Moment, als ich meine erste Tasse Tee zu mir nahm, ist mit Worten nicht zu beschreiben. Ich beherrschte es. Die Tischtennisball-Übungen hatten funktioniert. Es gelang mir, die Flüssigkeit in den Mund zu saugen. Ich brauchte keine Schwester, die mir den Tee tröpfchenweise mit dem Löffel einflößte. Ich trank eigenständig, und es war ein grandioses Gefühl. Auch den allerletzten Tropfen schlürfte ich noch aus dem Becher.

»Gibt's noch einen zweiten?«, fragte ich mit einem dreisten Grinsen.

»Wir wollen es mal nicht übertreiben. Vielleicht morgen.«

Es war genau die Antwort, die ich erwartet hatte.

Der nächste Schritt war püriertes Essen, Joghurt und große Riegel Cadbury's Caramel Chocolate, die meine Besucher in meinen Spind schmuggelten. Ich legte mir jeweils ein kleines Stück davon auf die Zunge und ließ es schmelzen, bis mir die klebrige Süßigkeit die Kehle hinabrutschte.

Ich hatte gelernt, langsam zu essen, indem ich den Kopf nach unten neigte und nur ganz kleine Bissen nahm, sodass das Essen die Speiseröhre passieren konnte. Das klappte meistens, auch wenn es schon mal vorkam, dass etwas in der Röhre stecken blieb. Da ich über keinen Husten- oder Würgreflex verfügte und es nicht wieder ausspucken konnte, zeigte mir eine der Schwestern einen cleveren, wenn auch völlig unorthodoxen Trick: Sie kitzelte mich mit der Zahnbürste hinten im Rachen, und sofort hustete ich das Essen aus. Diese Technik erwies sich nach meiner Krankenhauszeit als äußerst nützlich. Gewöhnlich nahm das Essen aber den richtigen Weg, und nach einiger Zeit hatte ich gut an Gewicht zugenommen.

Von nun an diente meine PEG nur noch zur Verabreichung von Schmerzmitteln und meiner täglichen Dosis Lebertran. Solange ich mich im Krankenhaus befand, war ich froh, meine Medikamente auf diese Weise einzunehmen, denn der Lebertran schmeckte derart widerlich, dass ich den Geschmack auch dann zu spüren glaubte, wenn mir das Zeug direkt in den Magen geleitet wurde.

Schließlich musste meine Ernährungsberaterin einsehen, dass sie einen aussichtslosen Kampf führte, mich am Essen zu hindern. Sie ließ mich ein Haftungsausschluss-Formular unterschreiben, in dem ich erklärte, gegen ihren Willen zu handeln. Ich sorgte selbst für meine Ernährung und legte mit meinem Schokokaramel und einer Suppen-Diät gute sechs Kilo zu.

Bevor mir die PEG entfernt werden konnte, musste »Ming, der Gnadenlose« seine Zustimmung erteilen, und dafür hatte ich mich einer erneuten Videofluoroskopie zu unterziehen. Ich lehnte es kategorisch ab, die Prozedur schon wieder über mich ergehen zu lassen. Nachdem ich bei diesem Test bereits zwei Mal durchgefallen war, wollte ich mir nicht die nächste Enttäuschung einhandeln. Außerdem war ich nicht bereit, meinem Körper innerhalb von drei Monaten eine dritte Strahlendosis zuzumuten.

Eine Woche vor meiner geplanten Entlassung kam die PEG-Schwester, um mir zu erklären, wie ich meine PEG zu Hause benutzen sollte.

»Scheren Sie sich zum Teufel!«, sagte ich. »Ich nehme das Ding nicht mit nach Hause!«

Ich schaltete auf stur und bekam schließlich meinen Willen. Vier Tage vor der Verabschiedung aus dem Krankenhaus erschien ein Assistenzarzt und zog die PEG raus. Es tat höllisch weh und glich dem Versuch, ein Kamel durch ein Nadelöhr zu bringen, als der Gummipfropfen, der in meinem Magen eingepasst war, damit die PEG nicht verrutschte, durch ein Loch von einem Fünftel seiner Größe herausgezogen werden musste. Ohne Betäubung, mit lediglich einer Dosis Paracetamol (der letzten Versorgung über die PEG) spürte ich jedes Zerren und jede Drehung, als der Arzt daran zog. Mit einem letzten kleinen Plopp war sie draußen.

»Das hat mir kein bisschen wehgetan«, sagte der Arzt.

Es dauerte eine ganze Weile, bis der Schmerz nachließ und ich darüber lachen konnte. Der Arzt klärte mich darüber auf, dass es vierundzwanzig Stunden dauern könnte, ehe die Wunde unter dem Verband zu heilen begänne. In der Zwischenzeit fühlte ich mich wie eine Figur aus *Tom und Jerry* mit einem Loch in der Mitte.

Ich erinnere mich noch daran, dass ich im Krankenhaus sogar um eine Bluttransfusion kämpfen musste, als ich feststellte, dass ich anämisch war. Während meiner Periode waren die Blutungen immer stärker geworden. Seit der Geburt von India litt ich fortwährend unter heftigen Menstruationen. Wenn es ganz schlimm wurde, musste ich mehrere Tage zu Hause bleiben, da ich mich nicht traute, vor die Tür zu gehen. Manchmal raubte es mir jede Energie, doch ich hatte mehr als zehn Jahre damit gelebt, und als voll funktionstüchtige, körperlich gesunde Frau meisterte ich die Lage. Als ich jedoch auf die Schwestern angewiesen war, die mir meine blutigen Einlagen wechseln mussten, fiel die Sache auf.

An jenem bewussten Tag kam »Sara klein« zu mir, um meine Windeln zu wechseln, und sie bekam einen gehörigen Schrecken, als sie die Unmengen Blut sah, die ich verloren hatte.

»Mein Gott, Kate! Sie sehen ja aus, als wären Sie überfallen worden!«, rief sie aus, während sie mich säuberte.

Es war hochgradig peinlich. Nach einer medizinischen Untersuchung wurde beschlossen, mir eine Spirale einzusetzen, um den Blutfluss zu kontrollieren. Also wurde ich in die gynäkologische Abteilung des Krankenhauses gebracht, wo man den Eingriff vornahm. Der erhoffte Effekt stellte sich auch ein, denn ab diesem Zeitpunkt waren meine Perioden schwächer und leichter zu handhaben. Dennoch fühlte ich mich nicht wohl. Meine ohnehin reduzierte Kraft verließ mich so schnell, dass ich eines Morgens meine Physiotherapie auslassen musste, weil ich einfach zu erschöpft war.

Ich kannte meinen Körper, und ich hatte das Gefühl, dass etwas nicht stimmte. Als Mark mich besuchte, bat ich ihn, mir einen Spiegel zu reichen. Ich betrachtete mich, zog das untere Augenlid herunter und erschrak, als ich dort weiße durchsichtige Haut statt gesunder, rosafarbener Arterien entdeckte.

Nachdem Mark nach Hause gegangen war und die Station ihre Besuchertüren geschlossen hatte, fuhr ich zur Schwesternrezeption, um den Schwestern meine Entdeckung zu zeigen. Anschließende Bluttests ergaben, dass ich unter schwerer Blutarmut litt. Der Wert meiner roten Blutkörperchen betrug sechs, zwölf hätten es sein müssen. Jede noch so große Menge Eisentabletten hätte nicht gereicht, die Anzahl schnell genug zu erhöhen, daher ordnete »Ming, der Gnadenlose« eine Bluttransfusion an.

An und für sich hätte das keine große Sache sein dürfen angesichts all dessen, was ich schon mitgemacht hatte. Als der Nachtdienst der Abteilung mir aber eröffnete, innerhalb von zwanzig Jahren noch keine Bluttransfusion durchgeführt zu haben, wurde ich nervös. Glücklicherweise wurde beschlossen, die Transfusion könne bis zum nächsten Morgen warten, dann würde eine Schwester von der Blutbank den Kolleginnen zeigen, was zu machen sei.

Am nächsten Morgen, als ein Liter gespendetes Blut in meine Venen tropfte, musste ich an all die schrecklichen Geschichten denken, die ich in den Nachrichten über mit HIV und Hepatitis infiziertes Blut gehört hatte, das man Patienten mit Bluterkrankheit gegeben hatte, und Panik erfasste mich. Doch es half alles nichts, ich brauchte das Blut, und die Transfusion wirkte hervorragend.

Während ich beobachtete, wie das fremde Blut in meinen Körper floss, dachte ich an einen Filmabend, den Alison, India und ich gemeinsam verbracht hatten. India schleppte ihren Lieblingsteil der *Twilight*-Serie an, und wir drei ließen uns im Besucherzimmer nieder. Das konnte zwar das Kuscheln auf dem heimischen Sofa nicht ersetzen, aber es war doch eine willkommene Abwechslung zum Aufenthalt auf der Station.

Bevor sie die DVD in den Player schob, sagte India: »Es ist ein Film über Vampire, Mama. Weißt du, was Vampire sind?«

Alison sprang mir schnell zur Seite und meinte: »Natürlich weiß sie, was Vampire sind. Deine Mutter hat zwar einen Schlaganfall gehabt, aber deswegen ist sie doch nicht blöd.«

_____ KAPITEL 34 _____

Für ein Wochenende zu Hause

*I*ch hatte mich so darauf gefreut, meine erste Nacht zu
Hause zu verbringen, ohne Pflegepersonal und die Kran-
kenhaus-Routine. Ich wollte in meiner eigenen Umgebung
sein, wollte meine eigenen Regeln aufstellen, lange aufblei-
ben, essen wann und was ich wollte. Doch schon kurz nachdem ich zu Hause angekommen war, musste ich feststellen,
zu welchem Dampfdrucktopf unser Familienleben durch
den Stress geworden war. Harvey und Woody betrieben
ihre alten Spielchen, ewiger Kampf und Streit, immer noch
genauso wie vor acht Monaten, als ich mich verabschiedet
hatte. Mark schimpfte mit ihnen, sie sollten sich gefälligst
benehmen. Meine Güte, dachte ich, bin ich hier etwa auf einem Kriegsschauplatz gelandet?

Ohne meinen Katheter konnte ich die Toilette wie ein
normaler Mensch benutzen, doch aufgrund meiner langsamen Bewegungen, die Mark oft mit denen eines Roboters
verglich, musste ich im Voraus planen, damit ich mich nicht
in Verlegenheit brachte und plötzlich ganz dringend musste.
Neben der Küche befand sich eine kleine Toilette, auf die
man ein Gestell für mich gebaut hatte, das um das Klo passte
und es mir ermöglichte, mich auf den Sitz niederzulassen.
Dennoch benötigte ich Marks Hilfe, um mir die Hose run-
terzuziehen und mich sachte auf den Sitz zu setzen. Sobald ich einmal saß, war alles gut, nur Mark kam nicht zur
Ruhe, da er ständig Angst hatte, ich könne das Waschbe-

cken dazu benutzen, mich daran hochzuziehen und aufzustehen, obwohl er mir gesagt hatte, ich solle es nicht tun. Daher schwirrte er ständig vor der Tür herum, was die Toilettenaufenthalte nicht gerade entspannter machte.

Später abends setzten wir uns vor den Fernseher, um im Familienverbund das Samstagabendprogramm zu genießen. Woody schmiegte sich dicht an mich, um sich die Liebkosungen abzuholen, auf die er fast acht Monate hatte verzichten müssen.

»Ich habe dich so vermisst, Mama«, flüsterte er mir ins Ohr und schlang seinen Arm vorsichtig um meinen Körper. Er hatte Angst, er könne mich verletzen, oder noch schlimmer, versehentlich meine PEG herausziehen, über die doch meine Medikamente in den Magen geleitet wurden. Unser Kuscheln war aber nicht von langer Dauer, denn genau zum falschen Zeitpunkt begannen meine Beine zu zucken.

Pünktlich um 19.00 Uhr erwischte mich ausnahmslos jeden Abend ein Zucken und Stechen in den Beinen, auch bekannt als Restless-Legs-Syndrom (RLS). Es stellte sich erstmals bei mir ein, als ich einige Monate vor der Niederkunft mit India stand, und danach wieder, als ich mit Harvey und Woody schwanger war. Damals konnte ich wenigstens herumlaufen, um es etwas erträglicher zu machen. Jetzt ging man davon aus, meine ruhelosen Beine seien ein weiteres Symptom der Unterbrechung meiner Nervenbahnen im Gehirn, die normalerweise für geschmeidige Muskelbewegungen sorgten. Die Ironie wollte es, dass das Leiden im Locked-in-Zustand noch unerträglicher wurde, da ich das Bett nicht verlassen und im Zimmer herumlaufen konnte. Zusammen mit meiner üblichen Schlaflosigkeit sorgte das im Krankenhaus für viele lange und lästige Nächte.

Ich hatte gehofft, zu Hause endlich davon befreit zu werden, doch es sollte nicht sein. Ich konnte nicht sitzen bleiben und fernsehen, daher ging ich früh zu Bett und legte mich schlafen. Mark half mir die Treppe hinauf, wie er es auch schon unter der Woche getan hatte, als das Physiotherapeuten-Team ihn unterstützte. Jetzt waren wir auf uns selbst gestellt, aber wir machten unsere Sache ziemlich gut.

Das Zubettgehen verlangte wie so vieles einige Vorbereitung. Wie im Krankenhaus musste ich meine Flüssigkeitsaufnahme regulieren. 19.30 Uhr war der letzte Zeitpunkt für eine Tasse Tee. Es mag so aussehen, als sei ich von der Toiletten-Problematik besessen gewesen – stimmt, das war ich. Ohne eine Schwester am anderen Ende eines Rufknopfs fühlte ich mich verletzbar und ängstlich.

Weil sich unser Schlafzimmer sechsunddreißig Treppenstufen hoch auf dem Dachboden befand, hatten Mark und ich beschlossen, in Harveys Zimmer im ersten Stock zu schlafen, das nur fünfzehn Stufen über dem Erdgeschoss lag, und Harvey bekam dafür unser Bett. Als mein Kopf an diesem ersten Abend das Kopfkissen berührte, überkam mich ein Gefühl der Ruhe und Erleichterung. Die Weichheit eines Federkissens, der Geruch eines frisch gewaschenen Bezugs aus Baumwolle anstelle des steifen, gestärkten Krankenhausdings; selbst das Gefühl, meinen Körper von einer Daunendecke umspielen zu lassen, statt der straff gezogenen Krankenhausbettdecke, war ein Genuss.

Daran könnte ich mich gewöhnen, und zwar ziemlich schnell, dachte ich, als ich in den tiefsten Schlaf sank, den ich erlebt hatte, seit ich aus dem Koma erwacht war.

Für Mark wurde es eine weit weniger bequeme Nacht. Aus Angst, zu mir herüberzurollen und mich zu verletzen, schlief er nur leicht und blieb auf seiner Seite.

Während meiner Ergotherapie-Stunden hatte mich meine Therapeutin darauf vorbereitet, unabhängig zu werden. Es ging um ganz einfache Dinge des Lebens, die wir als selbstverständlich betrachten, wie eine Tasse Tee zubereiten oder

Plätzchen backen. Dieser Unterricht, der in einer kleinen Küche innerhalb der Station über Osborn 4 stattfand, machte unheimlich Spaß, als ich wieder lernte, den Wasserkocher anzustellen, ohne mich zu verbrühen, und Plätzchen nach Rezept zu backen.

Das war eine völlig neue Welt für mich, da ich mich mein ganzes Leben lang nie an Rezepte gehalten habe. Ich bin eher der Typ Köchin, die mit viel Gottvertrauen etwas in die Schüssel wirft und hofft, dass das Ergebnis allen schmeckt. Mit dieser Methode bin ich immer gut gefahren, besonders bei meinen Müsliriegeln, die der ganze Stolz des Lehrer-Eltern-Ausschusses gewesen waren.

Während meine Therapeutin Mehl und Zucker gewissenhaft abwog, mischte ich die Zutaten auf gut Glück – mit zweifelhaftem Erfolg. Meine Scones waren lecker, aber die Müsliriegel erwiesen sich als absolutes Desaster. Wahrscheinlich haben wir sie zu lange im Backofen gelassen, jedenfalls waren sie steinhart. Nach dem Backen räumten wir auf, und ich probierte meine Plätzchen, die ein Gedicht waren. Die Reste nahm ich für meine Besucher mit auf die Station.

Das Ganze erinnerte mich an jene Zeit, als ich eines Tages nach dem Hauswirtschaftslehre-Unterricht nach Hause kam und meiner Mutter und Dave eine zu Holzkohle verbrannte Kreation vorsetzte, die ihr Leben einmal als Apfelstreusel begonnen hatte.

Habe gerade Plätzchen gebacken und abgewaschen. Soll aber nicht zur Gewohnheit werden, schrieb ich nach einer dieser Stunden auf Facebook.

An anderen Tagen kochten wir eine Suppe, die ich auch aß. Eigentlich sollte ich das nicht, aber meine Therapeutin hatte es aufgegeben, mich daran zu hindern, da ich sowieso immer häufiger machte, was ich wollte.

An meinem ersten Wochenende zu Hause konnte ich

meine in der Krankenhausküche erworbenen Kenntnisse in der Praxis erproben, als es für die ganze Familie den ersten gemeinsamen Sonntagsbraten gab. Mark bereitete das Hähnchen für den Bräter vor, India schälte Kartoffeln, Harvey zerkleinerte Brokkoli und Möhren und Woody und ich überwachten und dirigierten alles vom Rollstuhl aus.

Ich glaube fest daran, dass es für eine Familie wichtig ist, gemeinsam am Esstisch zu sitzen, weshalb es zu den Dingen gehörte, auf denen Mark während meiner Abwesenheit gegenüber den Großeltern bestanden hatte. Einfach nur an diesen Aktivitäten teilzuhaben, gab mir das Gefühl, wieder ein Mensch zu sein. Als das Essen fertig war, setzten wir uns alle um den Tisch herum und griffen zu. Meine Portion war in der Küchenmaschine püriert worden, weshalb sie wie Babynahrung aussah, aber, mein Gott, schmeckte das gut! Ich löffelte das Essen selbst und kostete jeden mit Bratensoße und Hähnchen vermengten Bissen in vollen Zügen aus. Es war ein traumhaftes Gefühl, wieder im Herzen der Familie angekommen zu sein.

Nach diesem erfolgreichen »One-Night-Stand« wurden meine Besuche bei uns zu Hause zur Regelmäßigkeit und ich durfte zwei Nächte lang bleiben. Diese Ausflüge waren dazu gedacht, mir zu mehr Unabhängigkeit zu verhelfen und meiner Familie einen Geschmack davon zu geben, was sie bei meiner endgültigen Rückkehr erwartete. Nach einigen Wochen hatte ich größeres Selbstvertrauen gewonnen. Innerhalb der Station wurde ich in ein Einzelzimmer verlegt, mit eigenem Waschbecken und Kleiderschrank. Es lag weiter vom Schwesternzimmer entfernt und es bedeutete, dass der Tag meiner Entlassung näher rückte.

Während dieser Genesungsphase erhielt ich die traurige Nachricht, dass Alisons Vater gestorben war. Im Mai hatte Alison mir erzählt, dass man einen Gehirntumor bei ihm entdeckt hatte. Über die Dauer meiner Rehabilitation hinweg hatte sie mich immer wieder fröhlich und optimistisch gestimmt, während sie gleichzeitig mit ihrer eigenen persönlichen Tragöde zurande kommen musste. Alison und ihr Vater hatten sich sehr nahegestanden, und es erschütterte mich, dass ich körperlich nicht imstande war, ihr meine Schulter anzubieten, um sich daran auszuweinen, als sie es am nötigsten brauchte. Aus Loyalität und als Beistand für Alison wollte ich aber unbedingt an der Beerdigung teilnehmen.

Am Tag der Beisetzung brachte mich eine Freundin von Alison in meinem Rollstuhl zur Kirche von Dore. Das Gotteshaus war voll – Alisons Vater war ein ehemaliger Geschäftsmann in Dore gewesen, sehr bekannt und geachtet in der Dorfgemeinschaft. Bis zu diesem Moment hatte ich mir noch keine Gedanken darüber gemacht, wie ich darauf reagieren würde, dem Tod wieder so nahe zu sein. Als wir in der Kirche saßen und darauf warteten, dass der Gottesdienst begann, tippte mir ein Dorfbewohner auf die Schulter und fragte, wie es mir ginge.

»Es geht mir gut«, sagte ich mit meiner langsamen Schlaganfall-Stimme.

Und dann, völlig unmotiviert, begann ich zu lachen. In diesem Moment setzte die Musik aus, weil die Organistin in ihrem Notenbuch umblättern musste, und jeder konnte mein Eselslachen hören. Ich schämte mich entsetzlich. Ich wusste, dass es unpassend war, aber es war ein nervöses Lachen, und ich konnte mich nicht dagegen wehren.

Als der Sarg in die Kirche gebracht wurde, brach ein abscheuliches Geräusch wie ein Schrei aus mir heraus. Später hatte ich das Gefühl, mich bei Alison für etwas entschuldigen zu müssen, das wie Respektlosigkeit gegenüber ihrer Familie erschienen haben musste, obwohl es lediglich Ausdruck meiner Unsicherheit angesichts der Beerdigung gewesen war. Ich hatte nicht erwartet, dermaßen bewegt zu sein, während ihrem Vater die letzte Ehre erwiesen wurde. Doch als ich auf den Sarg blickte, der aufgebahrt zwischen den Kränzen stand, stellte ich mir vor, ich selbst läge darin. Ich sah einen imaginären Kranz, eine Urne mit *Mama* darauf, daneben standen ein untröstlicher Mark, India, Harvey und Woody. Tränenüberströmt schaute ich mich zu den Gesichtern der Trauergemeinde um und fragte mich, wer wohl zu meiner Beerdigung erschienen wäre.

_____ KAPITEL 35 _____

Ich weiß, dass ich keine gute Patientin bin

Zwei Wochen vor meiner Entlassung aus dem Krankenhaus bekam ich die abschließende Beurteilung meiner The-
rapie-Ergebnisse. Darin stand:

Mrs Allatt bewies enorme Standhaftigkeit, ihre Rehabilitation nach einer zunächst schlechten Prognose zu ihrer
momentan beträchtlichen Genesung voranzutreiben. Allerdings neigte sie durch ihren Elan auch dazu, unnötige Risiken einzugehen und gelegentlich die Ratschläge der Therapeuten zu ignorieren, was künftig überwacht werden muss,
solange ihre Fortschritte dadurch nicht ungerechterweise
eingeschränkt werden.

Da hatte ich es also schwarz auf weiß: Ich war keine gute
Patientin. Das wusste ich bereits, aber wie schon gesagt, war
mir das schnuppe. Auf Facebook schrieb ich:

Ich bin nicht impulsiv. Ich gehe nur wohlüberlegte Risiken ein.

Niemand kannte meinen Körper so gut wie ich. Die ganzen
Ärzte, Schwestern, Pfleger und Therapeuten mögen Jahre
der medizinischen Ausbildung hinter sich gebracht, Fallstu-
dien, biologische und physiologische Literatur gebüffelt haben, mich kannten sie deshalb noch lange nicht. Ich hatte
vierzig Jahre in meinem Körper verbracht, ich wusste, auf

welche Signale ich achten musste, wenn ich krank war, wie bei der Blutarmut-Geschichte, und ich wusste auch, wie viel Training und Übungen mein Körper mitmachte, was immer weit über dem Durchschnitt lag. Ich war kein Literaturfall. Ich verlangte nicht nach einer speziellen Therapie, aber ich wollte als Individuum behandelt werden, worin die Wurzel vieler meiner fortwährenden Kämpfe mit dem Pflegepersonal lag.

Innerhalb von Tagen nach meiner Verlegung nach Osborn 4 war ich bereits als jemand verschrien, der sich nicht an die Regeln hielt, nachdem man mir einen in Apfelsaft getunkten Schwamm zum Lutschen gegeben hatte, um meinen Mund zu erfrischen. Weil es mir noch so schlecht ging, durfte ich keinerlei Flüssigkeit zu mir nehmen, doch eine Schwester hatte Mitleid mit mir und meinem ausgetrockneten Mund, holte einen Karton mit Apfelsaft, tauchte den Schwamm hinein und betupfte damit meine Zunge, um die abgestandene Trockenheit zu beseitigen.

Das war eine wahre Wohltat, und die Schwester hatte sich kaum umgedreht, als Alison auch schon damit fortfuhr, mir den Saft einzuflößen. In null Komma nichts war der Karton leer. Ich hatte den Saft in die Lunge laufen lassen, obwohl er nur den Mund von innen erfrischen sollte. Die Schwestern mussten den Lungensauger herbeischaffen, um den Saft herauszupumpen, und danach war Schluss mit dem Schwamm.

Dies war das erste der vielen Privilegien, die ich missbrauchte. Als ich zu Beginn meines Aufenthalts in Osborn 4 ins Freie geschoben werden durfte, forderte ich meine Besucher jedes Mal auf, mit mir die Begrenzung der Station und des Gartens zu verlassen. Ich erinnere mich noch, in welche Panik wir einen armen Pfleger versetzten, als er nach uns schauen wollte und wir verschwunden waren.

Selbst in den Wochen vor meiner Entlassung bereitete

ich dem Pflegepersonal noch Bauchschmerzen, weil ich so lange wegblieb. Wenn ich um 16.00 Uhr zurück sein sollte, rief ich häufig an und sagte: »Ich übernachte hier. Tschüss, bis morgen früh.«

Eines Abends, nach meiner Verlegung in das Einzelzimmer, hatte ich meinen Hals zwischen den Gitterstäben eingeklemmt und musste zum Handy greifen, um Hilfe herbeizuholen. Ich hatte mich umgedreht, um auf den Summer zu drücken, damit mich eine Schwester zum Klo brachte; der Klingelknopf befand sich hinter mir an der Wand, und als ich mich zu weit zurücklehnte, blieb ich zwischen den Metallstangen hängen, sodass sie auf meine Luftröhre drückten. Zum Glück lag das Handy direkt neben meiner Hand auf dem Bett, und die Telefonnummer der Station war einprogrammiert, sodass es mir gelang, bei der Zentrale um Hilfe zu bitten. Als Oliver den Anruf annahm, hörte er eine kleinlaute, atemlose Stimme sagen: »Hier ist Kate. Ich brauche Hilfe.« Er zögerte nicht lange und befreite mich aus meiner misslichen Lage.

Bei mir brannte auch leicht die Sicherung durch, wenn es um Schwesternschülerinnen ging. Das Northern General war das wichtigste Ausbildungskrankenhaus der ganzen Gegend, und alle sechs Wochen erschien ein neuer Schwarm Schülerinnen, um vom Pflegepersonal und den Patienten in Osborn 4 zu lernen.

Ich hasste es, deren Versuchskaninchen zu sein, denn alles dauerte vier Mal so lange, wenn man in die Hände so einer Lernschwester geriet. Ihnen wurden die beschissensten Jobs übertragen wie das Wechseln meiner Windel oder die Begleitung zur Toilette oder zum Duschen, sodass meine Erniedrigung durch ihre Unerfahrenheit unnötig in die Länge gezogen wurde. Selbst eine einfache Fahrt in die Dusche dauerte eine Ewigkeit, wenn die Schülerinnen an der Reihe waren.

Es gab nur eine einzige Schülerin, die ich in mein Herz schloss. Der Grund war, dass sie meine Fingernägel lackierte, mich verwöhnte und in mein Einzelzimmer kam, um mir Witze zu erzählen. Alle anderen machten mich rasend. Als ich mit meiner Geduld schließlich am Ende war, sagte ich »Sara klein«, sie solle aufhören, Schülerinnen zu mir zu schicken.

Ein anderes Mal war ich alleine in der Dusche und verlor das Gleichgewicht, als ich nach dem Shampoo griff. Normalerweise schob mich eine Schwester in den Duschraum, betätigte die Bremse des Rollstuhls, half mir beim Aufstehen, bis ich festen Stand hatte, und überließ es mir, mich selbst zu waschen. An diesem Tag schätzte ich den Abstand zwischen mir und der Flasche falsch ein, als ich sie ohne nachzudenken aufheben wollte. Ich griff daneben und verlor das Gleichgewicht. Meine rechte Hand war nicht schnell genug, um mich abzustützen. Ich fiel wie in Zeitlupe, mein Kopf schlug mit einem Knall auf den Boden. Ich zog an der Notleine, und die Schwestern kamen, um mir aufzuhelfen.

Anschließend warfen sie mir vor, ich habe wieder versucht, die Grenzen zu verschieben. Dabei war es ein echter Unfall, der mir klarmachte, dass ich noch nicht so selbstständig war, wie ich es gerne gehabt hätte. Dennoch weigerte ich mich, den Duschstuhl zu gebrauchen, sondern nutzte lieber die Gelegenheit, stehen zu können.

Eine Woche nach dem Duschunfall stürzte ich erneut, als ich alleine aus dem Bett stieg und mich in den elektrischen Rollstuhl setzen wollte. Die Beine gaben unter mir nach, und als ich einen Satz nach vorne machte, um nach dem Nachttisch zu greifen, rutschte dieser weg. Ich prallte mit der Nase auf die Tischkante, dass Blut spritzte.

Als die Schwestern kamen, um mich aufzusammeln, bot ich einen traurigen Anblick. Der Sturz versetzte mir einen gehörigen Schrecken und machte mich ziemlich kleinlaut. Später äußerte ich mich dazu auf Facebook:

Auweia! Schon wieder ein Sturz. Habe mir eine blutige Nase geholt, ist dadurch aber nicht gerade geworden.

Obwohl ich als Patientin das Schreckgespenst schlechthin war, entwickelte ich ein starkes Band zu mehreren Vollzeitschwestern und Pflegern der Abteilung, die mich bald wie ihresgleichen behandelten, vermutlich weil ich so viel Zeit an ihrem Arbeitscomputer verbrachte. Der Pfleger, vor dem ich den größten Respekt hatte, war »Läufer«. Vielleicht lag es daran, dass er wie ich durch die Gegend rannte und wir daher von Anfang an eine Gemeinsamkeit teilten. Außerdem stellte ich fest, dass er über ein enzyklopädisches Wissen verfügte, und ich verbrachte endlose Stunden damit, es anzuzapfen und ihn zu fragen, was ich tun musste, um meinen Katheter und die Windeln loszuwerden. Er erklärte mir auch, was ich tun musste, um wieder gehen zu können. Seine Ratschläge waren von unschätzbarem Wert und beschleunigten meine Genesung.

Einige der jüngeren Schwestern kamen zu mir ins Einzelzimmer, um fernzusehen oder meinen Computer zu benutzen. Selbst zu jenen, die ich anfangs wegen ihrer Kleinlichkeit und Strenge nicht mochte, entwickelte ich irgendwann ein wärmeres Verhältnis. Ich begann sie eher als Freundinnen und Freunde, denn als Pflegepersonal zu betrachten, und ihnen gefiel meine direkte, positive Art.

Oft fuhr ich mit dem Rollstuhl zum Schwesternzimmer und verbrachte dort meine Zeit. Eines Tages saß ich während der Mittagspause mit den Schwestern und Pflegern zusammen, als der schwule Pfleger mit seinem üblichen Gejammer über sein Gewicht anfing, und dass keine seiner Diäten erfolgreich seien. Als er sein neuestes »Diät-Pa-

ket« bestehend aus zwei Tüten Chips, einer Schokoladenta-
fel und einem WeightWatchers-Speckpfannkuchen auf den
Tisch legte, schrieb ich auf ein Stück Papier:

weshalb nicht einfach weniger essen?

Oliver, der sich die Gespräche anhörte, aber nichts sagte,
lachte sich krumm über meine Direktheit.

Als ich so weit war, Osborn 4 zu verlassen, hatte ich die
guten und die schlechten Seiten des Krankenpflegesystems
im Nationalen Gesundheitsdienst kennengelernt, und ich
war zu vielen Schlüssen gekommen. Daher möchte ich den
Ärzten, die geistig wahrnehmungsfähige Patienten behandeln, als Abschiedsgeschenk ein paar Ratschläge mit auf den
Weg geben:

- Gehen Sie nicht davon aus, dass jemand dumm ist, nur
  weil er sich nicht bewegen kann. Versuchen Sie es mit einem einfachen Blinzel-Test beim Patienten, um festzustellen, ob Gehirnleistung vorhanden ist.
- Reden Sie nicht am Patienten vorbei, sprechen Sie ihn direkt an. Wissen Sie, wie ungehobelt und erschreckend das
  ist? Selbst wenn der Patient nicht sprechen kann, er versteht, was Sie sagen.
- Stellen Sie Blickkontakt her. Wenn die Augen das einzige
  verfügbare Kommunikationsmittel sind, dann ist die Wei-
  gerung, dem Patienten in die Augen zu schauen, nichts als
  pure Ignoranz.
- Bemühen Sie sich, die eigentliche Ursache zu behandeln, nicht nur die Symptome. Hat der Patient Schmerzen? Wenn eine simple Maßnahme wie das Bewegen eines
  Beins oder der Schulter Linderung verschafft, sorgen Sie
  dafür, dass es gemacht wird.
- Glauben Sie nicht, nachts sei es einfach. Es ist die

– 261 –

schlimmste Zeit. Fürchtet sich Ihr Patient vor der Nacht, weil er nicht schlafen kann? Finden Sie es schnell heraus und verabreichen Sie ihm Schlafmittel, falls erforderlich. Müdigkeit lässt es einem noch schlechter gehen, als man ohnehin schon dran ist.

- Benutzen Sie Ihren Patienten nicht als die nächste Fallstudie. Denken Sie daran, dass jeder Mensch ein Individuum mit seiner ganz eigenen Schmerztoleranz ist und dass er fühlt, was mit ihm nicht stimmt.

- Vermuten Sie nicht, Locked-in-Syndrom-Patienten würden weinen, weil sie traurig sind. Vielleicht ist es ein Betteln um Hilfe, weil ihnen zu heiß ist oder zu kalt oder weil sie umgedreht werden müssen. Ignorieren Sie ihn also nicht in der Hoffnung, er würde schon irgendwann zu weinen aufhören.

- Seien Sie nicht pessimistisch, seien Sie aufgeschlossen. Nur weil Sie noch keine positiven Erfahrungen bei der Behandlung von Patienten mit Locked-in-Syndrom gemacht haben, heißt das noch lange nicht, dass diese sich nicht einstellen können. Lesen Sie die positiven Erfahrungsberichte anderer Menschen und teilen Sie diese mit den Patienten, um ihnen Hoffnung zu machen. Lassen Sie ihnen die Möglichkeit, sich ihr eigenes Urteil zu bilden.

- Unterschätzen Sie nicht die Intuition Ihrer Patienten. Denken Sie immer daran: Sie kennen ihren Körper besser als Sie.

- Tun Sie etwas so Einfaches, wie den Fernsehkanal für den Patienten zu wechseln. Dafür braucht man zwar keinen akademischen Abschluss als Mediziner, aber es kann die Langeweile des Patienten verringern.

- Legen Sie der Therapie keine Beschränkung auf. Wenn der Patient nach mehr verlangt, lassen Sie es zu.

- Bauen Sie keine Schranken auf, die Fortschritte, Grenzen oder Zeitpläne bei dem, was erreicht werden soll, blockieren. Hören Sie zu, lernen Sie, ermutigen Sie und nennen Sie alle sechs Wochen klar definierte Ziele, um den Schwung zu erhalten.

- Wecken Sie keine falschen Hoffnungen, aber sorgen Sie dafür, dass der Patient hoffnungsvoll ist. Negative Einstellung ist lähmender als der eigentliche Schlaganfall.

KAPITEL 36

Ich stehe in Marks Schuld

Wenn ich für die Schwestern und Pfleger als Patientin auch das Schreckgespenst schlechthin war, so konnten sie sich am Ende des Tages wenigstens nach Hause aufmachen und abschalten. Mein Lieblingspfleger Oliver erzählte mir später, in all seinen Jahren im Pflegedienst habe er keinen anderen Patienten mit so viel Energie und Entschlossenheit angetrieben, wieder gesund zu werden, wie mich. Für den armen Mark gab es keine Erholungsphase von meinen permanenten Forderungen; er war mein Sprachrohr. Ganz egal, wie unvernünftig ich sein mochte, er durfte es mir nicht sagen. Er saß zwischen den Stühlen.

Als ich wollte, dass mir der Trachi rausgenommen wurde, war es Mark, von dem ich verlangte, er solle losmarschieren und es fordern. Nach Vollendung der Mission kam er an mein Bett geschlichen und wich meinem Blick aus, weil er wusste, dass mich das »Nein« maßlos ärgern würde.

Auch hinter den Kulissen bekam Mark von allen Seiten Druck. Die Ärzte erklärten, sie hätten zu große Bedenken, den Trachi jetzt schon zu entfernen, da es keine einfache Sache sei, ihn wieder einzusetzen, falls es mit der Atmung nicht klappte. Im Ernstfall würde dies eine größere Operation erforderlich machen, und die Risiken überstiegen den möglichen Nutzen bei Weitem. Mark konnte ihrer Logik folgen, doch er hatte keine Chance, mich zur Einsicht zu bringen.

Ich kenne meinen Körper, warum hört denn niemand auf mich?,

schrieb ich wütend.

Es gab keine einfache Antwort. Ich wusste immer, wann Mark eine schlechte Nachricht für mich hatte, denn dann war er ungewöhnlich ruhig. Rückblickend sehe ich ein, dass er sich in einer unmöglichen Position befand, doch damals dachte ich nur: Weshalb zeigst du nicht etwas mehr Rückgrat?

Ähnlich war es, als ich wollte, dass mir die PEG entfernt wurde und Mark mal wieder als Blitzableiter für meine Frustration herhalten musste. Später gestand er mir, es habe jedes Mal so gewirkt, als sei alles, was er tat, falsch gewesen. Er befand sich in einer Situation, in der es für ihn nichts zu gewinnen gab. Selbst so etwas Simples wie die Bitte, eine Schwester zu holen, um mir den Speichel aus dem Mund abzusaugen, wurde zum Streitpunkt. Ich forderte ihn auf, sich eine Schwester zu schnappen, und er stiefelte los.

»Die sind alle mit anderen Patienten beschäftigt«, erklärte er, als er zurückkam. »Aber in ein paar Minuten ist eine hier.«

»Ich will auf der Stelle eine Schwester! Du bist keine Hilfe für mich!«, lautete meine Antwort.

Er seufzte und machte sich erneut auf den Weg, um vielleicht doch noch jemanden vom Pflegepersonal aufzutreiben.

Als ich über Facebook zu kommunizieren begann, meldete sich Mark ebenfalls dort an, damit er während der Arbeit mit mir in Kontakt bleiben konnte. Doch auch das endete mit Tränen, da ich online weiter mit ihm stritt. Wir wurden zur lebenden Seifenoper, und manche Bekannte gaben später zu, sie hätten unsere öffentlich ausgetragenen Ehekräche genüsslich verfolgt.

Es heißt, man verletze immer genau denjenigen, den man liebt, und das war mit Mark gewiss der Fall. Meine Wut und die ganze Frustration, die sich in mir aufstauten, weil ich mein Leben in diesem Krankenhauskäfig fristen musste, entluden sich auf ihm. Jeder Mann mit weniger Charakterstärke hätte vermutlich kapituliert und wäre gegangen. Mark blieb. Während der schlimmsten Phasen saugte er alles in sich auf wie ein Schwamm, hielt schlechte Prognosen von mir fern und sorgte für Zusammenhalt innerhalb des Familienverbandes. Er drückte sich nicht ein einziges Mal vor seinem abendlichen Besuch, sondern setzte eine tapfere Miene auf und machte weiter. Zu Hause erwartete ihn Ärger mit meiner Mutter, die sehr häufig Partei für mich ergriff, doch Mark ließ sich nicht unterkriegen. Er glaubte immer, aus gutem Grund so zu handeln, wie er es tat, selbst als der Urlaub in Cornwall und die Verzögerung durch den Umbau des Badezimmers für zusätzlichen Stress sorgten.

Er bezeichnete sich selbst häufig als den Esel, der dazu da sei, die ganze Arbeit zu verrichten, wie mir die Hose hochzuziehen und die Schnürsenkel meiner Turnschuhe zuzubinden, während alle anderen ihre Besuche genießen durften.

Als ich einmal allzu unverschämt wurde, erachtete Alison es für angemessen, Mark zur Seite zu stehen, indem sie sagte: »Sei mal ein bisschen nett zu Mark. Er gibt wirklich sein Bestes.« Das brachte mich nur noch mehr auf, und es dauerte Monate, bis ich die Opfer zu würdigen wusste, die Mark gebracht hatte, und bis ich die harte Arbeit anerkannte, die er leistete, um unserer Familie ein einigermaßen normales Leben zu ermöglichen.

Nur ein paar Tage vor meiner Entlassung besuchte mich Mark, und zum ersten Mal seit Februar machte es ihn sprachlos, wie »normal« ich wirkte. Ich lag auf dem Bett in meinem Einzelzimmer, ohne seine Anwesenheit zu be-

merken, und rutschte hin und her, um es meinen Beinen ge-
mütlich zu machen. Mark blieb mehrere Minuten außerhalb
meines Blickfeldes stehen, beobachtete mich schweigend
und war so stolz wie an jenem Tag, als unser erstes Kind zur
Welt kam.

Plötzlich spürte ich seinen Blick, und der Zauber war
verflogen, als ich rief: »Was starrst du mich so an?«

KAPITEL 37

Ich habe meine Zeit abgesessen;
danke und tschüss!

Man nannte mir das Entlassungsdatum: 29. September 2010. Ich begann die Tage zu zählen, bis ich wieder in meinem eigenen Bett schlafen durfte. Es war eine Woche früher als erwartet, aber ich hatte mal wieder Druck gemacht und verlangt, dass man mich nach Hause ließ. Mark hatte in Deutschland zu tun, seine Eltern kümmerten sich um die Kinder, und das Badezimmer war immer noch eine Baustelle. Doch das spielte alles keine Rolle, ich wollte nach Hause. Bevor Mark zu seiner Geschäftsreise aufbrach, gab es im Krankenhaus einen ausgewachsenen Streit zwischen uns. Am Ende sagte ich ihm: »Regel du das, ich komme nach Hause.« Für mich gab es nichts zu verhandeln, ich wollte endlich raus.

Da Mark im Ausland war, blieb es an meiner Mutter hängen, mich aus dem Krankenhaus abzuholen. Doch vor meinem endgültigen Abschied galt es noch, ein letztes Hindernis zu überwinden: den Gang von meinem Bett zum Eingang der Station. Zwei Monate zuvor hatte ich Oliver eine Nachricht geschrieben, in der ich versprach:

Ich gehe hier zu Fuß raus.

Damals hatte er mit den Augen gerollt, als wolle er sagen: »Wir werden ja sehen.«

Am Morgen meiner Entlassung bediente meine Mutter

die Videokamera, um meine Marathonleistung festzuhalten. Ich hatte mir dieses letzte Ziel selbst gesetzt, und ich musste es schaffen. Es gab keinen Druck von Seiten des Pflegepersonals und der Therapeuten, sie hätten mich liebend gerne zum Auto geschoben und mir nachgewunken, doch ich wollte mir selbst beweisen, dass ich in der Lage war, selbstständig zu gehen.

Um mich auf das große Finale vorzubereiten, hatte Alison meine grauen Haaransätze aufgefrischt, und meine Mutter hatte mir meine Jeans, eine Lederjacke und meine besten Schuhe gebracht, sodass ich feierlich gekleidet war, um an mein Ziel zu gelangen – mein Zuhause.

Das gesamte Pflegepersonal hatte sich versammelt und wartete darauf, dass ich mich aus meinem Rollstuhl erhob und für den langen Gang nach Hause auf meine Krücken stützte.

»Hintern gerade halten!«, rief der »Drill-Sergeant«, während ich mit den Krücken auf den Linoleumboden klopfte und meine Füße dem Rhythmus folgten. Die Bewegungen waren mechanisch, doch ich lachte.

Mit jedem vorsichtigen Schritt gewann ich an Selbstvertrauen. Ich kam am Bereich für die schwer Pflegebedürftigen vorbei, wo ich die ersten beiden Monate meiner Rehabilitation verbracht hatte. Ich passierte das Nebenzimmer, in dem ich so manchen langen Nachmittag damit verbracht hatte, über den Garten hinweg in die Ferne zu starren, und ich ging mit unsicherem, aber zielstrebigem Schritt weiter. Und während ich ging, folgten mir immer mehr Schwestern und Pfleger. Ich fühlte mich wie Rocky, der einen Triumphzug um den Ring anführte.

Als ich die Außentüren der Abteilung erreichte, blieb ich stehen. »Hintern aufrecht halten, Sie sacken ab!«, ließ mich der »Drill-Sergeant« wissen. Doch ich konnte nicht weitergehen, machte unter Tränen Schluss und ließ mich auf einen Stuhl fallen. »Sara klein«, die mir die ganze Zeit gefolgt war und meine Sachen in einem Plastikbeutel des Krankenhauses trug, half mir, mich hinzusetzen, damit ich wieder zu Atem kam.

Bei all den Anstrengungen, Osborn 4 zu verlassen, hatte ich mich nicht auf die Schwermut vorbereitet. Jetzt, als sich meine Therapeuten im Flur aufreihten, um mir Lebewohl zu sagen, und andere Patienten im Rollstuhl kamen, um mir die Hand zu drücken, sah ich, wie Becky, eine meiner liebsten Schwestern, an der Wand stand und weinend darauf wartete, dass ich an ihr vorbeiging. Sie würde mir nie mehr den Hintern abwischen, den Katheterbeutel leeren, mir mit einem Löffel Earl Grey Tee einflößen oder mich zum Lachen bringen.

Diese Endgültigkeit traf mich wie ein Schlag in die Magengrube. In jenem Moment verstand ich, welche Bedeutung diese Menschen während der letzten sechs Monate für mein Leben gewonnen hatten. Es stimmt schon, dass wir unsere Höhen und Tiefen miteinander erlebt haben, in der Regel verursacht durch meine Ungeduld, und was ich immer wieder vermisste, war Einfühlungsvermögen, dennoch, ganz ehrlich, diese Menschen wurden zu meiner Familie. Sie teilten ihr Wissen mit mir und gewährten mir Einblick in ihr Privatleben. Ich hatte das Gefühl, eine ihrer Freundinnen zu sein. Sie versorgten mich mit den medizinischen Kenntnissen und der Pflege, die ich benötigte, um erfolgreich zu genesen, und sie ließen es zu, dass ich die Regeln umging.

Ich bin kein sentimentaler Mensch, doch selbst mich überwältigten die Gefühle. Als ich wieder auf die Füße kam, sah ich meine Mutter an der Tür stehen, die in die normale Welt führte. Ich schwankte ihr entgegen und machte meine letzten symbolischen Schritte, bevor ich in den wartenden Rollstuhl sackte.

Als ich mich umdrehte, um endgültig zum Abschied zu

winken, erwartete ich, dass mir das Pflegepersonal den Mittelfinger zeigen würde. Und ich hätte es ihnen noch nicht einmal verdenken können. Doch alles, was ich erblickte, war eine Reihe strahlender Gesichter.

Bis zum Ende hin eben echte Profis.

Ein einfaches »Danke!« reicht nicht ... Sie alle haben mich vor dem bewahrt, was ein beschissenes Leben hätte werden können!

Eintrag auf Facebook am Freitag, dem 1. Oktober 2010:

Ich sitze alleine in meiner fantastischen Küche und denke darüber nach, wie mir Leute, die ich kenne, und solche, die ich nicht kenne, den Auftrieb gegeben haben, weiter zu kämpfen. Ich glaube wirklich, dass ich ohne eure Liebe und Unterstützung, verbunden mit meiner unglaublichen Sturheit, niemals so weit gekommen wäre. Von ganzem Herzen Dank an jeden von euch, und ermutigt mich weiter, es verleiht mir enorme Kraft. Wie Rocky auf den Stufen zum Museum in seinem berühmten Film kann ich jetzt die Musik hören!

KAPITEL 38

So, Kinder, jetzt reicht's!
Die Normalität hat mich wieder

Ich wusste, dass mich die acht Monate Krankenhausaufenthalt verändert hatten, doch der Schock, wieder zu Hause zu sein, war größer als erwartet. Unser Familienleben war zum Verzweifeln. Ein paar Stunden in diesem Chaos aus Lunchpaketen, Nachmittagsaktivitäten und Geschwisterkämpfen reichten, um mich schon fast wieder nach der Langeweile und der relativen Ruhe des Krankenhauses zu sehnen.

Mark war immer noch auf Geschäftsreise, daher kümmerten sich Schwägerin Ann und Schwager Kevin um mich und die Kinder. Zu meiner Begrüßung hatten sie draußen Willkommens-Transparente und Luftballons angebracht. Als ich auf meinen Krücken in die Diele stakste, wehte mir aus der Küche ein anheimelnder Geruch entgegen. Ann briet gerade Lammfleisch für eines ihrer berühmten Gerichte.

Mit Blick in die Zukunft hatten beide Großelternpaare gesagt, sie wollten wieder zu ihren alten Leben zurückkehren und ihre Rolle als Behüter der Kinder aufgeben, die sie acht Monate lang übernommen hatten. Mit meiner Zustimmung hatte Mark unsere alte Babysitterin Jessie als tägliche Stütze angeheuert. Sie erschien Montag bis Freitag für drei Stunden von 8 bis 11 Uhr, machte alles für die Kinder fertig, brachte Woody zu Fuß zur Schule und kochte mein Essen. Nachmittags holte sie die Kinder von der Schule ab, bereitete deren Lunchpakete für den nächsten Tag vor, kochte ihnen Tee und fuhr sie zu ihren jeweiligen Aktivitäten.

Außerdem hatten wir eine Putzhilfe, die schon vor meinem Schlaganfall zwei Stunden pro Woche gekommen war, was sie während meines Krankenhausaufenthalts beibehalten hatte und auch jetzt weiterführte. In den ersten Monaten war ich auf diese Hilfen extrem angewiesen. Jessie gönnte sich nach ihrem Abitur ein Jahr Auszeit, sie brauchte Geld, und die Kinder waren gerne mit ihr zusammen. Solange ich noch unsicher auf den Beinen war und nur ein paar Schritte mit meinen Krücken zurücklegen konnte, bevor ich ermüdete, brauchte ich jemanden in meiner Nähe, wenn Mark arbeitete.

Die erste Nacht zu Hause war seltsam. Zur Schlafenszeit half mir Ann nach oben in Harveys Zimmer. Das Badezimmer war immer noch eine Baustelle. Ich hatte gelernt, nach 19.30 Uhr nichts mehr zu trinken, damit ich nicht mitten in der Nacht aufstehen und auf die Toilette gehen musste, was immer die Gefahr in sich barg, über irgendein Rohr zu stolpern.

Ich schlief wie ein Brett, um 2 und 6 Uhr aber wachte ich auf. Meine innere Uhr hatte sich darauf eingestellt, weil mir im Krankenhaus um diese Zeit meine Medikamente verabreicht wurden, und es dauerte eine ganze Weile, bis ich mich wieder umstellte. Schwägerin und Schwager, die unten auf den Sofas schliefen, verbrachten ebenfalls eine unruhige Nacht, da sie Angst hatten, ich könne vielleicht fallen, wenn ich aufzustehen versuchte.

Am nächsten Tag kam Mark aus Deutschland zurück, und wir versuchten, wieder zu unserem Leben als Familie zurückzukehren. Mark war nicht wiederzuerkennen. Nachdem ich all die Jahre gemotzt hatte, er solle sich auch mal im Haus nützlich machen, tat er es jetzt ganz von selbst. Er packte seinen Koffer aus und steckte die schmutzigen Sachen in die Waschmaschine. Er bügelte sogar und räumte das Geschirr in die Spülmaschine. Er war sehr viel rücksichtsvoller und besorgter als der Mark, den ich »verlassen« hatte.

»Da hat mein Schlaganfall doch wenigstens eine positive Wirkung gehabt«, neckte ich ihn.

Allerdings verlor Marks Rolle als Hausmann sehr schnell seinen Neuheitsfaktor, als meine Ansprüche mehr und mehr zur Routine wurden. Wenn ich einmal saß, kam ich nur unter Schwierigkeiten wieder auf die Beine und forderte deshalb ihn oder die Kinder auf, mir die Fernbedienung zu geben oder meinen Laptop zu holen. Meine Ungeduld wuchs beständig. Als ich noch fit gewesen war, hatte ich die Dinge selbst erledigt, und zwar schnell. Von anderen abhängig zu sein bedeutete, dauernd warten zu müssen, und ich hasste warten. Das führte zu vielen Auseinandersetzungen und Diskussionen.

Dass ich jetzt zu Hause war, stresste Mark mehr als meine Abwesenheit, weil er ständig befürchtete, ich könne stürzen oder einen Unfall in der Küche haben, wenn ich irgendetwas tat, was ich nicht tun sollte. Zwar ist nie etwas passiert, aber seine Angst blieb. Er war in ständiger Sorge, er könne mitten am Tag einen Notruf erhalten, weil ich gefallen war oder mich am Herd verbrannt hatte.

Für die Kinder war es ebenfalls ungewohnt, dass ihre Mutter wieder Teil ihres Lebens war. Verständlicherweise wollten sie sich an mich schmiegen, doch ich empfand es so, als erstickte ich unter ihrer Liebe, und ihre Umarmungen erschöpften mich. Ich begann, mich auch über kleine Dinge aufzuregen, die sie taten, ohne es selbst zu merken. Ich hatte einen Lieblingsplatz, an dem ich gerne saß: ein Stuhl an der Ecke unseres Küchentresens. Wenn eines der Kinder diesen Stuhl weggerückt hatte, brannte meine Sicherung durch. Ich weiß, das war irrational, aber mein an Gewohnheiten geketteter Geist konnte nicht anders.

Als ich mich in meiner eigenen Umgebung schließlich

nach und nach entspannte, nutzte ich die Zeit, wenn ich alleine war, für Übungen, wie zum Beispiel bis zur Insel in der Mitte unserer Küche geradeaus zu gehen oder sie zu umkreisen. In gleichem Maße wie ich meine innere Balance wiederfand, wurden mir auch die Kinder wieder vertrauter, und sie schliefen abwechselnd bei mir, wenn Mark nicht da war. Das führte allerdings wieder zu Kämpfen, wenn es darum ging, wer den Platz neben mir im Bett einnehmen durfte.

Die Unordnung gehörte ebenfalls zu den Dingen, die mich furchtbar aufregten, als ich wieder zu Hause einzog. Eines Nachmittags, als ich zwischen Jessies Schichten alleine war, schaute ich mich im Haus um, ließ meinen Blick über Berge von Papieren auf den Tischen wandern, über die mit Spielzeug übersäten Fußböden und dachte: Die reinste Müllhalde!

Jessie hatte sich bemüht, alle Oberflächen sauber und staubfrei zu halten, doch während der acht Monate meiner Abwesenheit war niemand dazu gekommen, Papierkram zu erledigen. Es reichte. Ich musste ausmisten. Da gab es Mahnungen von Woodys Schwimmgruppe, endlich den Mitgliedsbeitrag zu zahlen, Rechnungen, die man mir zum Aussortieren überlassen hatte, und selbst Woodys Legosteine, die schon in der Wohnzimmerecke gelegen hatten, als mich der Schlaganfall heimsuchte, befanden sich noch dort und setzten Staub an. Während meiner Abwesenheit war Mark so damit beschäftigt gewesen, mit der Situation zurechtzukommen, dass er gewisse Dinge schleifen lassen musste.

Ich nahm mir die Zeit, mich durch die Papierberge durchzukämpfen, indem ich alles auf einen Haufen legte, was abgeheftet werden musste. Der Rest kam auf einen anderen Stapel, damit Jessie ihn entsorgen konnte. Papier und kaputtes Spielzeug wanderten in die Mülltonne. Das war meine Art, unserem Haus wieder meinen Stempel aufzudrücken.

Es dauerte nicht lange, bis die Kinder wieder ganz die alten waren und schimpften, sich rauften und Wutanfälle bekamen. Woody war schon immer der größte Übeltäter gewesen. Als Nesthäkchen hatte ihm die ganze Aufmerksamkeit gegolten; er wurde von allen verwöhnt und mochte es viel weniger als seine älteren Geschwister, wenn ihm gesagt wurde, was er tun sollte. Seine Wutanfälle waren zwar lästig, wurden aber nie zu einem echten Problem. Als ich noch eine laute Stimme hatte, konnte ich brüllen und mit dem Fuß aufstampfen, doch jetzt war ich physisch einfach nicht in der Lage, meine Stimme zu heben.

Wenn Mark da war, schritt er ein, war ich aber alleine mit Woody, konnte ich ihm nur leise gut zureden oder ihn in Ruhe lassen, bis er seine schlechte Laune von selbst ablegte. Meistens wurstelten wir uns irgendwie durch, und er wusste meist, wie weit er gehen durfte. Eines Abends aber flippte er dermaßen aus, dass ich Alison anrufen musste, um mir zu helfen. Woody war mitten in einem Computerspiel, als ich ihm sagte, er solle ins Bett gehen. Da brannte bei ihm eine Sicherung durch, und er begann zu schreien und zu toben. Schließlich stürmte er in sein Zimmer, wo vor lauter Wut mit Sachen um sich schmiss.

Mark war nicht zu Hause, und ich war machtlos, ihn zur Räson zu bringen. So rief ich Alison an und bat sie: »Bitte, komm und hilf mir, ich werde mit Woody nicht mehr fertig.«

Als sie die Verzweiflung in meiner Stimme hörte, war sie im Nu bei uns und stauchte Woody zurecht. Er hörte auf, sein Zimmer zu verwüsten, und sammelte widerwillig seine Spielsachen wieder auf. Er hatte seine Lektion gelernt: Treib es nicht zu weit bei Mama, sie hat Verbündete!

KAPITEL 39

Ich werde wieder laufen

Nachdem ich nach Hause gekommen war, konnte ich endlich mit dem regelmäßigen Training im Fitnessstudio beginnen, was ich mir in den letzten Wochen meines Krankenhausaufenthalts fest vorgenommen hatte. Mir und meinem Trainer Michael hatte ich zum Ziel gesetzt, bis Weihnachten wieder zu laufen.

Anfangs war Michael skeptisch. Ich saß mit weichen, wackeligen Beinen im Rollstuhl und besaß gerade genügend Kraft, mein eigenes Gewicht zu tragen. Ich bin ziemlich sicher, dass er gedacht hat, es müsste schon ein Wunder geschehen, wenn wir mein Ziel erreichen wollten. Falls ihm solche Gedanken durch den Kopf gegangen sein sollten, so hat er sie nie geäußert. Seine positive Einstellung war genau das, was ich brauchte. Nach Wochen der Ängstlichkeit von Seiten der Therapeuten im Krankenhaus traf ich hier endlich jemanden, der bereit war, mein Tempo mitzugehen.

Nach meiner Entlassung aus dem Krankenhaus gab es nur acht Wochen offizielle Therapie für mich. Die Physiotherapeuten der Gemeinde besuchten mich ein Mal pro Woche zu Hause und stellten mir die Aufgabe, die ersten paar Treppenstufen hinaufzugehen, was in meinen Augen ziemlich albern war, weshalb ich auf mein eigenes Trainingsprogramm setzen und mich härter rannehmen musste.

An fünf Tagen in der Woche erschien ein Taxi vor unserer Tür und fuhr mich die zehn Minuten zum Freizeitzentrum, wo Michael bereits auf mich wartete und mich durch das Gedränge in das Fitnessstudio schob. Es war groß, mit dumpf klingenden Tanzmusik-Rhythmen im Hintergrund, während die Mitglieder auf den Laufbändern ächzten und Hanteln stemmten. Ich war selbst acht Jahre lang Mitglied des Freizeitzentrums gewesen und hatte jede Woche Stunden damit verbracht, auf dem Crosstrainer und dem Fahrrad zu schwitzen.

Ich spürte die Blicke der anderen Studiogäste, als Michael mich zur Beinpresse schob. Die Leute müssen sich gefragt haben, wie jemand, der noch nicht mal richtig laufen konnte, Gewichte wuchten wollte. Ich hätte vielleicht verlegen sein sollen, doch das konnte ich mir nicht leisten, denn ich musste mich auf den Weg konzentrieren, der noch vor mir lag.

Am Anfang machte Michael mit mir sehr einfache Übungen, um meine Beinmuskulatur zu stärken. Er half mir aus dem Rollstuhl auf ein Gerät, bei dem ich Kniebeugen im Liegen üben sollte. Ich lag mit angewinkelten Knien auf dem Rücken, die Füße gegen eine Platte gepresst, und musste die Beine und die Knie strecken, um mein Körpergewicht wegzudrücken. Zu Beginn schaffte ich es höchstens zwei oder drei Mal, doch mit jedem Besuch wuchs meine Kraft. Nachdem ich mit dem niedrigsten Gewicht begonnen und selbst mit dem noch zu kämpfen hatte, bauten sich die Muskeln langsam wieder auf, und der Anzeiger auf der Gewichtsskala kletterte nach oben.

Für meinen Oberkörper schickte mich Michael auf die Brustpresse, wo ich meinen stärkeren rechten Arm benutzte, um anfangs die leichtesten Gewichte zu stemmen. Als ich nach und nach kräftiger wurde, gelangen mir immer mehr Wiederholungen.

Um meine Kondition zu verbessern, ging Michael mit mir an der Wand des Fitnessstudios entlang, wobei er mich mit dem Arm stützte. Zu Beginn waren es nur ein paar Schritte, doch im Laufe der Zeit wuchs die Strecke. Wie bei einem Kind, das Radfahren lernt, ließ die führende Hand irgendwann los, und ich setzte ganz alleine und selbstsicher einen Fuß vor den anderen.

Nach sechs Wochen regelmäßigen Trainings war ich imstande, den Rollstuhl stehen zu lassen und auf meinen Krücken ins Fitnessstudio zu gehen. Weil mich die anderen Studiogäste inzwischen kannten, boten sie mir Hilfe an und wollten mich hineinführen, was ich ablehnte. Es war nett von ihnen gemeint, doch ich wollte keine besondere Behandlung, sondern dachte: Ihr versteht es wahrscheinlich nicht, aber ich möchte so normal sein wie ihr, nicht abhängig von euch.

Als ich an Kraft zulegte und fitter wurde, erweiterte Michael mein Programm: Bein heben, Brustpresse, fünf Minuten auf dem Crosstrainer und dem Fahrrad. Und Einheiten auf dem Laufband, das ich schon gehasst hatte, als ich noch hundertprozentig fit gewesen war – es war mir einfach zu langweilig. Ich liebte das Laufen an der frischen Luft. Michael wählte für mich ein Gehprogramm von anfangs 3 km pro Stunde – das Ziel waren 4,8 km, was für die Teilnahme an einem Lauf reichte. Bei den ersten Schritten auf dem Laufband hatte ich Mühe, das Gleichgewicht zu halten, und ich musste mich links und rechts an den Stangen festhalten, doch als mein Selbstvertrauen wuchs, konnte ich die Stangen loslassen und beschleunigen.

Zusätzlich zu der täglichen Fitnessstudioroutine belegte ich zusammen mit Anita einen Pilates-Kurs im Gemeindesaal von Dore. Anita hatte schon früher etliche Versuche unternommen, mich zur Teilnahme zu überreden, doch ich hatte jedes Mal abgelehnt. Ich war absolut kein Fan der Pilates-Methode; die ganze Konzentration auf das Stretchen und die Atmung erschien mir langweilig. Ich bevorzugte hartes und schnelles Training. Jetzt jedoch überzeugte mich Anita, dass es gut für mein Gleichgewicht sei. Zwei Mal pro Woche gesellten wir uns zu den anderen Müttern und älteren Ladys des Dorfes, um uns zu beugen und biegen, und ich muss zugeben, dass es mir half, Körperhaltung und Gleichgewicht zu stabilisieren.

Anita überredete mich sogar dazu, Gesangsstunden zu nehmen. Sie liebt das Singen, sie ist Mitglied im Dorfchor, und bei unseren Frauenabenden war sie immer die Erste, die zu singen begann. Sie vermutete, eine Stunde wöchentlich mit ihrer Gesangslehrerin würde mir helfen, mein Zwerchfell zu kontrollieren und zu stärken, und außerdem würde es meine Aussprache verbessern. Ich versuchte es mehrere Monate lang, aber das ganze Einatmen machte mich schwindelig, und ständig die Tonleiter la-li-la-li-la rauf und runter zu singen, fand ich zu blöde, daher gab ich es auf.

Anita borgte mir sogar einen Hometrainer, sodass ich mich regelmäßig aufs Rad setzen konnte. Das einzige Problem dabei war, dass ich jemanden brauchte, der mir auf den Sattel half und mich wieder herunterholte.

Ende November verabschiedete ich mich von meinen Krücken. Es war ein glücklicher Tag für mich, als ich sie in den Kleiderschrank zu all den Paar Schuhen stellte, die ich gekauft und nur einmal getragen hatte. Ich war zuversichtlich, kürzere Strecken alleine gehen zu können. Dennoch war bereits abzusehen, dass ich mein Ziel, Weihnachten wieder laufen zu können, nicht erreichen würde.

Ich war enttäuscht, aber nicht verzweifelt, als Michael mir erklärte, ich habe bei der Festlegung meines Ziels wohl gewaltig unterschätzt, wie viel Zeit es erforderte, das Heben der Knie und das Laufen zu lernen. Beim Gehen, selbst beim schnellen Gehen, beansprucht man weniger Muskeln, um einen Fuß vor den anderen zu setzen, weil die Beine fast gestreckt bleiben.

Wenigstens konnte ich mich darüber freuen, gerade meinen ersten Kilometer ohne Pause auf dem Crosstrainer absolviert zu haben, und ich war nahe am halben Kilometer auf dem Laufband, was mich beides ungeheuer geschlaucht hatte. Um laufen zu können, musste ich lernen, die Bewegung vom Crosstrainer zu perfektionieren, ohne mich an den Griffen festzuhalten. Ich war noch nicht so weit, doch Michael glaubte, dass ich es mit viel Einsatz schaffen würde, im Februar zu laufen.

Ich beschloss, für den Jahrestag meines Schlaganfalls am 6. Februar einen Wohltätigkeitslauf anzusetzen. Ich verbreitete über Facebook eine Nachricht, in der es hieß, dass ich im örtlichen Eccleshall Wood laufen würde und dass all meine Freunde und alle Laufbegeisterten herzlich eingeladen seien, mich zu begleiten.

Drei Monate noch – das hieß, es gab keinerlei Druck.

KAPITEL 40

Ein Wochenende unter Frauen

*I*ch war gerade erst drei Tage zu Hause, als ich auch schon einen Koffer für mein erstes Wochenende mit den Frauen packen durfte. Jedes Jahr im September verließen Anita, ich und eine Gruppe anderer Mütter unsere Familien, um ein reines Frauen-Wochenende zu verbringen. In den Jahren zuvor waren wir immer nach Spanien geflogen, und die Erinnerungen an diese Reisen hatten mir in den dunklen Zeiten des Krankenhausaufenthalts sehr geholfen. In diesem Jahr lagen die Dinge anders.

Nach all dem, was wir als Freundinnen durchgestanden hatten, brachte Anita es nicht übers Herz, einen Kurzurlaub in Spanien zu organisieren, bei dem ich aus gegebenem Anlass noch nicht dabei sein konnte. Wie immer rücksichtsvoll, hatte sie vorgeschlagen, wir sollten etwas in der Nähe von Dore unternehmen.

In den Wochen vor meiner Entlassung hatte ich etwas, auf das ich mich freuen durfte, wenn Anita über mögliche Orte sprach, die wir besuchen konnten. Da sich meine Genesung in Sprüngen vollzog, wartete Anita mit dem Buchen bis zur letzten Minute und überraschte mich schließlich mit einer Reise inklusive einer Übernachtung am Samstag, dem 2. Oktober, ins Champneys Springs, ein Wellness-Hotel in Leicestershire. Weil ich zu jener Zeit meist noch den Rollstuhl benutzte, um irgendwohin zu gelangen, hatte sie für Alison und mich ein rollstuhlgerechtes Doppelzimmer gebucht.

Am Morgen unserer Abreise holte uns Anita mit ihrem Mercedes-Transporter ab und verstaute uns hinten für die 90-Minuten-Fahrt zum Hotel. Ich fühlte mich sauwohl in der Gesellschaft meiner alten Freundinnen, denn dieses Beisammensein im größeren Kreis hatte ich im Krankenhaus am meisten vermisst, da immer nur zwei Besucher gleichzeitig zugelassen worden waren.

Nach unserer Ankunft luden wir unsere Koffer aus und begannen sogleich mit der Planung unseres Fitnessprogramms. Es gab Kurse für Aerobic, Tai-Chi, Bauch-Beine-Po und Meditation. Das Angebot an Massagen und Verwöhn-Behandlungen schien endlos, und mit Schokoladen-Packung oder Limonen- und Ingwersalz-Anwendung las es sich teilweise wie die Speisekarte eines Spitzenrestaurants. Anita und einige andere Mütter ließen sich nicht zweimal bitten und schlugen voll zu.

Alison, die ja in einem Zimmer mit mir schlief, benutzte mich als Ausrede, um alles abzulehnen, was ihr zu anstrengend erschien. Wir buchten beide eine Gesichtsmassage für den späten Nachmittag und machten uns zum Swimmingpool auf, wo wir uns eine Liege suchten. Es gab eine Einzelumkleidekabine für Rollstuhlfahrer, und Alison half mir in meinen Badeanzug. Bis ich ins Wasser gelangte, dauerte es eine ganze Zeit. Der Beckenrand war nass und glitschig, und ich musste aufpassen, nicht zu fallen und mich vor den anderen Hotelgästen zu blamieren, daher bewegte ich mich, mit Alison als Stütze an meiner Seite, vorsichtig aufs Wasser zu und glitt langsam hinein.

Nachdem ich das geschafft hatte, musste ich einen Rettungsring für Kinder benutzen, um meinen Kopf über Wasser zu halten. In Osborn 4 war ich ein paar Mal mit meiner Physiotherapeutin beim Schwimmen gewesen, und sie hatte mir geholfen, an der Oberfläche zu bleiben, doch als ich es alleine mit Mark versuchte, wäre ich fast untergegangen. Ich besaß einfach nicht die Kraft, mich über Wasser zu halten.

»Ich finde es beknackt, dieses Ding umzuhaben«, sagte ich verlegen zu Alison, die meinte, ich solle mich nicht darum kümmern, was andere Leute dachten. Nach einer Weile hatte ich das peinliche Gefühl überwunden und genoss die Zeit nur noch als das, was sie war: ein erholsames, sorgenfreies Wochenende.

Wir verbrachten den ganzen Nachmittag am Pool und entspannten uns, bis ich sagte: »Was meinst du, ist es bereits Zeit für einen Wein?«

»Und ich dachte schon, du würdest nie fragen«, antwortete Alison. Für sie war dies ein weiteres Zeichen, dass ich zu meinem alten Ich zurückfand. Zusammen machten wir uns auf den Weg zu unserem Zimmer, um zur Feier des Tages eine Flasche Calva zu köpfen.

Doch bevor wir in unserer Unterkunft ankamen, galt es mehrere Hindernisse in Form von Doppeltüren zu überwinden. Anita hatte zwar ein rollstuhlgerechtes Zimmer gebucht, aber es befand sich in einem anderen Flügel des Gebäudes als die Räume der anderen und um dorthin zu gelangen, mussten wir einen steilen Anstieg und zwei Doppeltüren bewältigen. Wir hatten großen Spaß, als Alison sich in einen Schlangenmenschen verwandeln musste, um den Rollstuhl am Zurückrollen zu hindern und gleichzeitig mit einem Fuß die Tür zu öffnen. Ich versuchte, so gut ich konnte, zu helfen, indem ich die Tür festhielt, doch es war äußerst schwierig und der Beweis, dass selbst angeblich rollstuhlgerechte Einrichtungen nicht immer einfach zu nutzen sind.

Als es für Alison Zeit wurde, zur Gesichtsmassage zu gehen, fragte sie Anita, ob sie mich nach meiner eigenen Massage abholen und in unser Zimmer bringen würde.

»Natürlich«, sagte Anita, die sich freute, wieder einmal

ihre pflegerischen und mütterlichen Fähigkeiten einsetzen zu können. Nach meiner Massage war allerdings niemand da, um mich abzuholen. Ich wartete und wartete. Keine Anita weit und breit. Nach einer halben Stunde rief die Masseurin in unserem Zimmer an, und Alison nahm ab. Anita hatte offenbar völlig vergessen, dass sie mich abholen sollte, daher schob mich freundlicherweise die Masseurin zurück. Nachdem ich glücklich im Zimmer angekommen war, konnte Alison nicht widerstehen, Anita zu foppen, die mittlerweile mit den anderen Frauen an der Bar saß und Gin Tonic trank. Alison rief dort an und fragte Anita, ob ich bei ihr sei. Als Anita zögerte, legte Alison nach: »Ich hoffe, du hast sie nicht im Stich gelassen. Denn du weißt doch, wie sehr sie so was aufregt.«

Anita war bestürzt. Dann behauptete Alison, man habe mich gerade gebracht, und ich sei in Tränen aufgelöst.

»Hörst du, wie durcheinander sie ist?«, fragte sie.

Ich spielte mit und setzte meine beste Eselstimme für ein fingiertes Heulen ein. Anita war fix und fertig und fand völlig gegen ihre Gewohnheit keine Worte. Natürlich war es ein böser Streich, den Alison ihr da spielte, aber wir mussten das ganze Wochenende darüber lachen.

Der Rest des Kurzurlaubs gestaltete sich genauso spaßig. Für mich war es eine tolle Gelegenheit, wieder in normalen Kontakt mit all den Freundinnen zu kommen, die mir in meiner schweren Zeit zur Seite gestanden hatten. Sie hatten mit mir gelacht, als ich ein sabberndes Häufchen Elend war, und jetzt lachten wir immer noch zusammen, wie in alten Zeiten. Meine Behinderung war kein Thema, niemand behandelte mich anders, selbst wenn ich nicht mit ihnen mithalten konnte.

Die alte Kate wäre immer die Letzte gewesen, die zu Bett ging, doch an diesem Abend verließ ich als Erste die Bar und bat Alison, mich auf unser Zimmer zu bringen. Ich sagte ihr, sie solle zu den anderen Frauen zurückgehen, während ich mich ins Bett legen wollte. Ich war erschöpft und unheimlich glücklich.

Inspiriert durch unseren Wochenendausflug, organisierte ich noch viele weitere Treffen. Ich beteiligte mich auch wieder am Literaturkreis und tauchte in eine Welt aus Fiktion und Fantasy ein. Während der ganzen Zeit meines Aufenthalts im Krankenhaus hatte der Literaturkreis stark gelitten, besonders in den ersten Tagen, als es meinen Freundinnen schwergefallen war, sich auf die Flucht aus der Wirklichkeit zu konzentrieren, die das Lesen mit sich brachte. Außer wenn sie Erfahrungsberichte von anderen Menschen besprachen, die ihre Krankheit überwunden hatten, fehlte ihnen der Enthusiasmus, über irgendwelche Geschichten zu diskutieren.

Jetzt konnten wir wieder loslegen, und ich wählte einen Bericht aus dem wirklichen Leben: *Deceived* von Sarah Smith. Ich war gefangen von der Geschichte dieser jungen Studentin, die zehn Jahre lang von einem Hochstapler manipuliert wurde, der ihr vorgaukelte, er sei MI5-Agent und sie auf der Flucht vor der IRA.

Mit Jaquis, Alisons und Anitas Hilfe organisierte ich am Wochenende nach meinem Wellness-Abenteuer eine Überraschungsparty zu Marks vierundvierzigstem Geburtstag. Acht Monate lang hatte sich alles um mich gedreht, und jetzt wollte ich ihm das Gefühl vermitteln, etwas Besonderes verdient zu haben.

Mir gelang es, vor ihm geheim zu halten, dass ich für ein großes Treffen unseres Freundeskreises gesorgt hatte, der sich in Jaquis mit chinesischen Laternen und Fähnchen dekoriertem Wohnzimmer versammeln sollte. Als das Taxi kam, glaubte Mark, wir würden in den örtlichen Pub fahren. Stattdessen ging es zu Jaquis Haus, in dem all unsere Freunde warteten. Der Ausdruck auf Marks Gesicht war nicht zu toppen, als er seine Freunde und das Büfett mit chinesischem Essen entdeckte, das für ihn angerichtet worden war.

Obwohl ich mich immer noch schwach fühlte und nichts von den reichhaltigen Gerichten essen konnte, war ich glücklich, ihn endlich wieder einmal entspannt und ausgelassen zu erleben.

KAPITEL 41

Bis dass der Tod uns scheidet

Wieder mit Mark unter einem Dach zu leben, brachte mich dazu, unsere Beziehung zu überdenken. Auch wenn ich unsicher und besorgt gewesen war, er könne mich vielleicht verlassen und gegen eine Neue eintauschen, mit der er sich vernünftig unterhalten konnte – oder gegen eine tumbe Blondine mit gesundem Geschlechtstrieb –, machte mir die Zeit im Krankenhaus klar, dass seine Liebe zu mir bedingungslos war. Über die ganze Genesungsphase hinweg hatte er die Familie selbstlos zusammengehalten und mir sogar den Mut verliehen, gegen seine zuweilen unsensiblen Äußerungen anzukämpfen. Er hatte sich an das Ehegelöbnis gehalten, in guten und in schlechten Tagen, in Gesundheit und Krankheit, weshalb ich ihm etwas zurückgeben wollte – und ihm einen Antrag machte.

Die Idee kam mir eines Tages in Osborn 4, als ich mir im Fernsehen anschaute, wie eine Frau interviewt wurde, die ihr Ehegelöbnis erneuerte, nachdem sie eine lebensbedrohliche Krankheit überwunden hatte. Als Mark mich abends besuchte, fragte ich ihn: »Hast du Lust, noch einmal zu heiraten?«

Seine Antwort war nicht gerade berauschend. Er schaute mich an, als wolle ich ihn veräppeln. Die großartige romantische Geste vor unserer ursprünglichen Trauung, als er um die halbe Erde geflogen war, um meine Liebe wiederzugewinnen, hatte anders ausgesehen. Wir saßen inmitten eines

– 288 –

Krankenhauszimmers, umgeben von Patienten mit Hirn-schädigungen, doch ich ließ mich dadurch nicht abschrecken.

»Mir ist es ernst«, sagte ich, »lass uns unser Ehegelöbnis erneuern.«

Nach einigem Zögern willigte er ein. Später gab er zu, er habe geglaubt, ich hätte mir da nur irgendwelchen Mumpitz ausgedacht. Doch nachdem er sich die Sache gründlich durch den Kopf hatte gehen lassen, gefiel ihm der Gedanke, unsere Versprechen von 1998 zu wiederholen, zumal es die Gelegenheit bot, eine große Party zu schmeißen.

Vom Krankenhaus aus hatte ich bereits mit den ersten Vorbereitungen begonnen. Ich schickte dem Pfarrer der Kirchengemeinde Dore eine E-Mail, und er besuchte mich am Krankenbett. Als Datum hatten wir Sonntag, den 15. Mai, gewählt – unseren dreizehnten Hochzeitstag. Etwas unglücklich, mag der eine oder andere vielleicht denken.

Ich begann auch damit, online etwas Passendes zum Anziehen zu suchen. Bei Coast fand ich genau das, was ich haben wollte: ein einfaches schulterfreies Kleid in Schwarz und Weiß. Ich rief bei der Filiale im Meadowhall an, um zu fragen, ob sie es in meiner Größe vorrätig hatten. Doch noch bevor ich richtige Worte herausbrachte, legte die Verkäuferin bereits wieder auf, da sie glaubte, ich sei eine Scherzanruferin. Dieses Erlebnis versetzte meinem Selbstvertrauen einen Schlag, und seitdem leite ich sämtliche Telefonanrufe mit einem Hinweis ein, der meine seltsame Sprechweise erklären soll. Ich beginne jetzt jeden Anruf mit: »Nicht auflegen. Dies ist kein Scherzanruf. Ich hatte einen Schlaganfall.«

Durch diesen Vorfall wurde mir klar, wie vorurteilsbeladen und intolerant manche Leute gegenüber Behinderten sind. Am nächsten Tag brachte mich Alison höchstpersönlich zu dem Geschäft und sagte der Verkäuferin gründlich die Meinung. Wir fanden das Kleid in Größe 36 und nahmen es mit, um es bei ihr zu Hause anzuprobieren. Als Alison mir den Reißverschluss zuzog, verlor ich das Gleichgewicht und fiel hin, da ich mich nirgends festhalten konnte. Zum Glück landete ich weich auf dem Sofa, das den Sturz abfing. Alison schaffte es kaum, mich wieder aufzurichten, so heftig musste sie lachen.

Anschließend machte ich mich an die etwas anspruchsvolleren Details der Hochzeitsvorbereitungen, indem ich den örtlichen Rugby Club für den Empfang buchte und das Catering organisierte. Ich wollte, dass es zu einem Fest des Lebens und der Liebe wurde, bei dem alle Freundinnen und Freunde, die uns bei der Rückkehr in ein normales Leben geholfen hatten, Zeuge sein sollten. Über Facebook schickte ich eine Einladung an meine sämtlichen Freunde und Verwandten.

Einige von euch wissen vielleicht, dass unser Hochzeitstag ansteht, und was Besseres könnte man feiern? Jeder ist eingeladen. Geschenke unnötig, wir wollen stattdessen einen tollen Familienurlaub in Amerika! Kinder sind willkommen, ebenso Schwestern und Pfleger! Gebt mir Bescheid, ob ihr kommt. Ist jemand Vegetarier? Ich brauche eure Antwort, da wir keine formellen Einladungen verschicken und für das Catering die Zahl der Gäste wissen müssen.

Unsere erste Hochzeit war lustig. Wir hatten sie in Whitely Hall in South Yorkshire gefeiert, einem wunderschönen Herrschaftssitz aus dem sechzehnten Jahrhundert, der als Hotel diente. Nach dem Empfang spielten die Kumpels vom Rugbyclub bei glühender Hitze auf dem Rasen Cricket. Die Party am Abend war eine Disco mit Musik aus den Siebzigern und einem Meer aus violettem Knautschsamt, langen Perücken und fließenden Tuniken. Ich weiß noch, dass sich Marks Eltern weigerten, sich vor der Braut zu verabschieden, daher feierten sie um vier Uhr immer noch!

Statt Flitterwochen hatte ich diesmal einen zweiwöchigen Urlaub in Disney World in Florida geplant. Auch das organisierte ich bereits vom Krankenhaus aus. Donna, meine alte Schulfreundin, arbeitete in einem Reisebüro, und sie half mir bei der Suche nach Flügen und der Unterkunft. Die Ärzte hatten mir die Erlaubnis zu fliegen erteilt, und die *Stroke Association* besorgte mir eine Reiseversicherung, die sogar einigermaßen erschwinglich war.

Gewaltigen öffentlichen Rummel um Marks und meine Ehe zu machen, fiel mir leicht. Dagegen hatte ich nach meiner Rückkehr in unser Zuhause monatelang große Schwierigkeiten mit dem physischen Teil unserer Beziehung. Ich hatte psychische Probleme und konnte mit Intimität nicht umgehen. Lange war mein Körper öffentliches Eigentum der Ärzte und des Pflegepersonals gewesen, die meine geheimsten Winkel untersuchten und daran herumfummelten. Als ich wieder zu Hause war, konnte ich sagen: »Lass mich in Ruhe, ich habe genug Eingriffe gehabt!«

Es dauerte eine Weile, bis Mark und ich unsere körperliche Beziehung nach und nach wieder mit einer emotionalen Intensität aufleben lassen konnten, die ich nie für möglich gehalten hätte.

Unser Schlafzimmer war auch Schauplatz vieler lustiger Episoden. Neben dem Bett hatte ich ein Gehgestell, falls ich nachts mal auf die Toilette musste. Wenn ich aufstand und zum Bad schlurfte, wachte Mark jedes Mal auf, und er vermutete immer, ich würde absichtlich mit dem Gestell an jedem Möbelstück anstoßen, um ganz sicherzugehen, dass er wusste, dass ich unterwegs war. In Wirklichkeit war es in der Dunkelheit einfach schwer, sich zurechtzufinden und zu lenken, und mehr als ein Mal schaffte ich es nicht bis zum Bad, sondern fand mich auf dem Fußboden wieder und wartete lachend darauf, dass Mark mir aufhalf.

KAPITEL 42

In Pute und Fleischbällchen lauert Gefahr

Nachdem ich so hart gekämpft hatte, das Krankenhaus verlassen zu dürfen, lässt es sich denken, wie stocksauer ich war, als ich wenige Wochen später dank eines Putengerichts in der Notaufnahme landete. Meine Speiseröhre war schon immer enger als normal. Ich erinnere mich, dass mich meine Eltern als Kind ständig ermahnten, das Essen richtig zu kauen, da es mir oft im Hals stecken blieb, und jetzt musste ich noch vorsichtiger sein, weil meine Muskeln schlechter arbeiteten.

In den ersten Wochen nach meiner Entlassung hatte ich mein Essen stets püriert, nach einer Weile, als ich mich kräftiger fühlte, war ich aber zu fester Nahrung übergegangen. Eine der Langzeit-Beeinträchtigungen durch den Schlaganfall waren die schwachen Muskeln in der Speiseröhre. Daher habe ich mir Regeln für das Essen auferlegt: Ich darf nur kleine Bissen nehmen und konzentriere mich geduldig aufs Kauen. Manchmal muss ich sogar den Finger benutzen, um das Essen im Mund zu verschieben, weil die Muskeln der Zunge noch zu schwach sind.

Wenn ich schlucke, muss ich das Kinn anziehen, um die Luftröhre zu schließen und die Speiseröhre zu öffnen, um nicht versehentlich zu ersticken. Für Notfälle, wenn ich spüre, dass das Essen den falschen Weg nimmt, habe ich eine Zahnbürste zur Hand und kitzele damit den hinteren Rachenbereich, wie mir eine der Schwestern von Osborn 4 gezeigt hat. Das verursacht ein ungewolltes Husten, wodurch das sperrige Essensteil wieder hochgestoßen wird, auch wenn ich nicht willentlich husten kann.

Solange ich mich an diese Regeln hielt, ließ sich jegliches Drama verhindern, und auch wenn es für normale Leute eine umständliche Art der Nahrungsaufnahme zu sein scheint, für mich war sie wichtig. Mein Gesellschaftsleben hatte sich immer ums Essen und Trinken gedreht, seien es mein Earl Grey Tee mit Jaqui und Anita nach dem Laufen oder die Freitagabende in unserem Indischen Restaurant. Diese Beisammensein waren einer der Gründe, weshalb ich darauf bestanden hatte, dass man mir die PEG entfernte.

Trotz all dieser Vorsichtsmaßnahmen passierte es, dass ich beinahe an einem Putengericht erstickte. Ich war mit Mark und den Kindern zu Hause, als es eines Abends geschah. Ich weiß nicht, wie es dazu kam, da ich mich an alle Vorschriften hielt, jedenfalls blieb das Putenstück auf halbem Wege in der Speiseröhre stecken und wollte sich partout nicht bewegen. Ich versuchte, es mit Cola hinunterzuspülen, doch es rührte sich nicht. Ich spürte, dass es im Hals festsaß und blieb, wo es war. Weil ich heftige Brustschmerzen bekam, blieb mir nichts anderes übrig, als den Weg in die Notaufnahme anzutreten.

Mark rief unsere Babysitterin an und bat sie, sich um die Kinder zu kümmern, bevor er mich zur Unfallstation des nächsten Krankenhauses, das Sheffield Hallam, fuhr. Dort wurde ich zur Hals-Nasen-Ohren-Abteilung geschickt, wo eine weitere Untersuchung ergab, dass das Putenstück zu tief saß, als dass man es mit der normalen Apparatur hätte sehen können. Man wies mir ein Zimmer zum Übernachten zu, da am nächsten Tag eine Endoskopie gemacht werden sollte.

Mit mir nicht, dachte ich, als man mich in ein Bett des Magen-Darm-Trakts verfrachtete und Mark nach Hause fuhr. Ich hatte bereits genug Zeit im Krankenhaus verbracht, für dieses Leben reichte es mir, und so stand für mich außer Frage, eine weitere Nacht damit zu verplempern, schlaflos in einem Bett des Nationalen Gesundheitsdienstes zu liegen, wenn es nicht unbedingt erforderlich war.

Als der Arzt mit dem Ergebnis der Röntgen-Aufnahmen kam, beschloss ich endgültig, nicht zu bleiben. Der Arzt erklärte, das Fleisch habe sich etwas nach unten bewegt und befände sich nicht nahe der Luftröhre, dennoch müsse man morgen mit einem Teleskopschlauch das Fleisch entfernen. Mir war sofort klar, dass für mich keine Gefahr bestand, solange das Putenstück die Luftröhre nicht blockierte, und vielleicht würde es mit der Zeit sowieso hinunterrutschen. Deshalb wollte ich das Krankenhaus verlassen.

Nachdem der Arzt gegangen war, machte ich den Schwestern die Hölle heiß und bestand darauf, nach Hause gelassen zu werden. Als sie sich weigerten, riss ich mir die Kanüle aus dem Handrücken, die man in Vorbereitung des morgendlichen Bluttests vor dem Eingriff bereits angebracht hatte, und entließ mich selbst. Ich rief Mark an, er solle mich abholen, und ward danach nicht mehr gesehen.

Durch das stecken gebliebene Stück Fleisch schlief ich nachts etwas ungemütlicher, doch nachdem ich mich am nächsten Morgen ein wenig im Haus bewegt hatte, rutschte es allmählich in den Magen.

Als dieses Drama überstanden war, fand ich schnell wieder zur geselligen Routine mit meinen Freundinnen zurück. Anita und Alison kamen auf einen Kaffee vorbei, ich gönnte mir nach einer besonders harten Einheit im Fitnessstudio Tee und Kuchen im Esporta-Café, und wir nahmen sogar die alte Gewohnheit unseres Freitagabend-Pub-Besuchs wieder auf.

Freitagabends hatten India, Harvey und Alisons Töchter ihre Pfadfindertreffen, und wir lieferten die Kinder um

18.30 Uhr am Gemeindezentrum ab und setzten uns dann mit Woody und Nicole für ein paar Stunden in den Dorf-Pub, bis es Zeit zum Abholen der Kinder war.

Mir fiel allerdings sehr schnell auf, dass ich Alkohol nicht mehr so wie früher vertrug. Vor dem Schlaganfall hatte ich gut und gern ein oder zwei Gläser Rotwein oder auch mehrere Gin Tonics verputzt, jetzt hatte ich das Gefühl, die meisten Alkoholika schmeckten faul. Für meinen empfindlichen Rachen waren sie zu scharf, daher nahm ich wie die Kinder eine Limonade. Wenn ich mal auf den Putz hauen wollte, bestellte ich einen Wodka mit jeder Menge Cola, weil es das einzige alkoholische Getränk war, das ich vertrug.

Entscheidend für mich war, dass ich mich wieder als Mitglied der Gesellschaft fühlte, im Pub sitzen konnte, mit den Freundinnen und Dorfbewohnern über ganz gewöhnliche Sachen redete, nicht nur über meinen Schlaganfall. Nachdem wir unsere Freitagabend-Besuche im Pub wieder eingeführt hatten, begannen die Leute, über meine langsame, bedächtige Sprechweise und den unbeholfenen Gang, beides Überbleibsel meines Schlaganfalls, hinwegzusehen und in mir die alte Kate zu erkennen.

Allerdings waren nicht alle so freundlich und duldsam. Ich erinnere mich an einen Nachmittag, als ich mir in Alisons Frisiersalon die Haare hatte machen lassen. Es war Samstag, und ich war die letzte Kundin. Als Alison ihr Geschäft dicht machte, beschlossen wir, vor dem Nachhauseweg noch schnell etwas im Pub an der Ecke zu trinken. Während Alison die Tür abschloss, ging ich schon voraus, um unsere Getränke zu bestellen. Im Pub wurde gerade ein wichtiges Spiel übertragen, und der Laden war gerammelt voll, lauter Studenten und Rugbyfans. Als ich ohne meine Krücken als Stütze langsam und mit unsicheren Schritten den Pub betrat, sah ich, wie mich die Trinker auf den Fenstersitzen anstierten. Ich hatte das eindeutige Gefühl, dass sie mich abschätzten und für stockbesoffen hielten.

Dieser Vorfall machte mir klar, wie leicht wir Menschen bereit sind, ein Urteil über andere zu fällen, die nicht unserer Vorstellung von normal entsprechen. Ich bin sicher, als Studentin hätte ich noch genauso reagiert, doch inzwischen hatte ich auf die harte Tour gelernt, dass man ein Buch nicht nach seinem Umschlag beurteilen sollte. Und wenn jemand in eine Kneipe wankt, heißt das noch lange nicht, dass er ein paar zu viel getrunken hat. Vor einem Jahr hätte ich mich vielleicht auch so verhalten, jetzt nicht mehr.

An einem anderen Abend aß ich mit Mark, Alison und deren Ehemann in unserem Indischen Restaurant und wurde zum Mittelpunkt der Aufmerksamkeit. Der ganze Tag und der Abend davor waren schon schlecht gelaufen. Es war der Tag vor Woodys siebtem Geburtstag, und ich musste die Feier organisieren. Begonnen hatte das Drama, als ich mich am Abend zuvor beim Essen an einem Fleischbällchen verschluckte. Ich wusste bereits in dem Moment, als es in meinen Rachen rutschte, dass es zu groß war und für Ärger sorgen würde. Wie das Stück Pute verklemmte es sich auf halbem Wege durch meine Speiseröhre und verursachte einen Schmerz, als sei ich in den Rücken gestochen worden. Ich versuchte es wieder mit Cola, doch es tat sich nichts. In meiner Verzweiflung zapfte ich die herausragenden medizinischen Erkenntnisse bei Google an und suchte nach Ratschlägen, wie man sich von einem festsitzenden Fleischbällchen befreien kann. Ich probierte mehrere Tipps, trank vornübergebeugt Wasser, schlürfte sogar ein rohes Ei, doch das verdammte Ding wollte sich einfach nicht bewegen. Ich spürte es in meiner Kehle.

Es war Freitagabend, und ich schätzte meine Chancen auf rasche Behandlung bei all den Betrunkenen in der Notaufnahme des Krankenhauses nicht sehr hoch ein, daher wartete ich ab und verbrachte eine unangenehme Nacht, während der der Schmerz nicht nachließ. Am nächsten Morgen hatte sich immer noch nichts bewegt, und ich begab mich in die Notaufnahme. Wieder wollten mich die Ärzte dabehalten, diesmal bis Montagmorgen, wenn der Facharzt Dienst hatte und mir mittels Endoskopie das Fleischbällchen in den Magen befördern konnte. Ich bat sie eindringlich, mich früher gehen zu lassen. Schließlich sollte am nächsten Tag Woodys Geburtstagsfeier stattfinden, und Mark war auf dem Sprung zu einer Geschäftsreise nach Südafrika.

»Ich muss noch heute Abend nach Hause«, bettelte ich.

Dankenswerterweise wurde der Facharzt herbeigerufen, der den Eingriff unter örtlicher Betäubung durchführte. Ich vermute, dass ihnen über das Wochenende Betten fehlten, und war erleichtert, als ich wieder gehen durfte.

Um 10 Uhr abends saß ich dann mit Mark, Alison und deren Ehemann in besagtem Restaurant, aß Pappadums, trank Wodka mit Cola und wartete auf meine Garnelen-Vorspeise. Seit über vierundzwanzig Stunden hatte ich nichts mehr gegessen und starb vor Hunger.

Plötzlich spürte ich einen brennenden Schmerz im Magen und sackte vornüber auf meinem Stuhl zusammen. Mark richtete mich in Panik auf, schaffte mich zum Eingang und legte mich auf die kalten Steinfliesen, während der Ober einen Rettungswagen rief. Die anderen Gäste des Restaurants müssen gedacht haben, ich sei aus den Latschen gekippt, weil ich zu viel getrunken hatte.

»Verlass mich nicht, Kate! Ich kann ohne dich nicht leben«, hörte ich Mark in dem ganzen Tumult stammeln. Mein Kopf fühlte sich leicht an. Alison nahm meine Hand in ihre und forderte mich auf, sie zu drücken. Ich tat es.

»Du kannst den Krankenwagen wieder abbestellen, Mark«, rief Alison durch das Restaurant. »Sie ist nur ohnmächtig geworden.«

Als ich wieder zu mir kam, stellte ich fest, dass meine neue weiße Bluse mit Soße bekleckert war.

»Glaubst du, dass die Flecken wieder rausgehen?«, fragte ich Alison. Mark schaute mich an, auf seinem Gesicht lag eine Mischung aus Erleichterung und Fassungslosigkeit.

Im Nachhinein kann ich nur sagen, Wodka auf nüchternen Magen war nicht die beste Idee.

KAPITEL 43

Wohltätigkeit beginnt zu Hause

Von Winston Churchill stammt das Zitat: »Erfolg ist nicht final, Misserfolg nicht fatal; es ist das Durchhaltevermögen, das zählt.«

Ich stimme dem bedeutenden Mann weitgehend zu. Jeder von uns hat die Wahl, ob er kämpfen will, um seine Ziele zu erreichen, oder sich lieber umdreht und die Niederlage hinnimmt, weil er Angst hat, es nie zu schaffen. Für mich war das etwas, über das ich nicht lange nachzudenken brauchte. Als klar war, dass ich den Schlaganfall überleben würde, gab es für mich gar keine andere Wahl, als zu genesen und zu meinem ursprünglichen Leben zurückzukehren, auch wenn die Ärzte einer schnellen und völligen Genesung skeptisch gegenüberstanden.

Nachdem ich die Intensivstation verlassen hatte und mich auf dem Weg der Besserung befand, verschwendete ich keinen einzigen Gedanken daran, nicht mehr die Kate werden zu können, die ich einmal gewesen war, auch wenn alle anderen große Zweifel hegten. Und als ich beschloss, die Stiftung »Fighting Strokes Young & Locked-In Syndrome« zu gründen, wurde das Churchill-Zitat zu meinem Leitspruch.

Vor dem 6. Februar 2010 hatte ich noch nie etwas über das Locked-in-Syndrom gehört und war der Meinung, Schlaganfälle seien etwas, das nur alten Menschen zustößt. Doch als ich über Facebook wieder Kontakt mit der Außenwelt aufnahm, erfuhr ich schnell, dass ich mit meinem

– 300 –

Locked-in-Problem nicht alleine dastand. Es sah so aus, als gehörte ich zu denjenigen, die Glück hatten. Ich war lediglich acht Wochen in mir selbst eingeschlossen und gefangen geblieben, bevor ich erste Anzeichen von Bewegung zeigte. Ich sage »lediglich«, weil viele Menschen eingeschlossen blieben und schließlich starben.

Im Internet begann ich mich in Fälle aus der ganzen Welt einzuarbeiten. Nicht nur in solche von bekannten Leuten wie Jean-Dominique Bauby, dem Autor von *Schmetterling und Taucherglocke*, oder in den der Amerikanerin Julia Tavalaro, die im Alter von zweiunddreißig Jahren zwei Schlaganfälle bekam und sechs Jahre lang im Wachkoma lag, bevor man feststellte, dass sie innerlich lebte. Es gab auch andere positive Berichte wie den über Graham Miles, einen Engländer aus Sussex, der mit neunundvierzig einen Gehirnstamm-Schlaganfall erlitt und zwanzig Jahre später wieder zu gehen begann.

Auch die Tatsachenberichte von Menschen, die eine andere Nahtoderfahrung als durch einen Schlaganfall gemacht hatten, inspirierten mich. Am meisten bewegte mich das Buch von Lance Armstrong *Tour des Lebens. Wie ich den Krebs besiegte und die Tour de France gewann.* In seinem Kampf, sich vom Krebs zu erholen, das berühmteste Radrennen der Welt zu gewinnen, eine Stiftung zu gründen und dem Radsport zu nützen, entdeckte ich einige meiner eigenen Hürden. Ich konnte seine Hingabe und den nicht enden wollenden Elan, trotz der geringen Aussichten genesen zu können, nachvollziehen. Zugleich gab es mir das Gefühl, ich habe anderen etwas anzubieten.

Als mir eine Freundin dabei half, auf Facebook meine »Beating-Locked-in-Syndrome«-Seite einzurichten, war ich von der Resonanz überwältigt. Innerhalb weniger Wochen gewann ich 500 Freunde, und im Laufe der Zeit wurden es 1 000. Nicht nur mein Freundeskreis und die Verwandten lasen meine Überlegungen, selbst Fremden aus so fernen Regionen wie den USA oder Spanien diente meine Geschichte als Ermutigung.

Ein Mann aus New York berichtete mir von seiner Freundin Sheily Keegan Uhl, die am zweiten Weihnachtsfeiertag einen ähnlichen Schlaganfall wie ich erlitten hatte. Er schrieb:

Ihre Geschichte hat uns alle zutiefst beeindruckt und durch das Wissen, dass es wirklich Hoffnung gibt, Trost gespendet. Ich bin sicher, dass alles, was Sie Sheila und ihrer Familie an Ratschlägen und Ermutigung zuteilwerden lassen, ihnen gewaltigen Auftrieb gibt, da sie von Tag zu Tag größere Fortschritte in diesem harten Kampf macht. Herzlichen Dank dafür, dass Sie Ihre positive Energie mit uns teilen.

Die Mutter eines jungen Mannes aus Amerika nahm Kontakt mit mir auf, nachdem sie meine Geschichte im Internet gefunden hatte. Sie schrieb:

Möchte Ihnen mitteilen, dass Sie für unsere Familie eine große Inspiration gewesen sind. Unser Sohn Stephen erlitt am 15. Oktober einen fürchterlichen Hirnstamm-Schlaganfall. Die Prognose war äußerst schlecht: Locked-in-Syndrom der schlimmsten Sorte. Wir haben nach Erfahrungen gesucht und Ihre Web-Seite gefunden und Steve Ihre Geschichte vorgelesen. Kurz darauf begann er zu reagieren und wachte auf. Er ist in einer Reha-Klinik und macht Sprech-/Schluck-, Physio- und Beschäftigungstherapie, kann jetzt alle Glieder bewegen und sprechen (ohne Stimme, weil er einen Trachi hat, deshalb bemühen wir uns, von seinen Lippen abzulesen). Er hängt am Beatmungsgerät, und es liegt noch ein langer, harter Weg vor ihm, aber Steve tut viel, um wieder gesund zu werden. Danke, und laufen Sie!

Im September 2010 hatte ein junger Mann namens Gary Atkinson einen Hirnstamm-Schlaganfall, der bei ihm zum Locked-in-Syndrom führte. Seine Situation war nahezu identisch mit meiner. Seine Tochter Chloe verfolgte meine Facebook-Seite, und plötzlich erhielt ich eine E-Mail von seiner Ehefrau Deborah. Sie erklärte mir Garys Situation und fragte mich, ob ich bereit sei, ihren Mann achtzig Kilometer entfernt in Bury, Lancashire, zu besuchen. In der E-Mail stand:

Ich habe Ihre Geschichte mit großem Interesse verfolgt, nachdem ich von Ihrer unglaublichen und bemerkenswerten Anstrengung erfahren habe, sich von einem Hirnstamm-Schlaganfall und Locked-in-Syndrom zu erholen. Wie bei Ihnen und Ihrem Mann nahm man auch uns ein ums andere Mal so gut wie jede Hoffnung, was Garys Zukunft betrifft. Da ich selbst ein sehr positiv denkender Mensch bin und jetzt gelesen habe, wie Sie sich durch das Locked-in-Syndrom durchgekämpft und es überwunden haben, war ich nicht bereit, mich geschlagen zu geben, denn Gary und ich können noch viel leisten. Ich kenne seine innere Kraft, die er für sich nutzen kann. Ich will den Ärzten beweisen, dass — warum nicht, wenn jemand anderes es geschafft hat? — auch Gary dazu in der Lage ist. Momentan ist er seit sechs Monaten in einer Reha-Einrichtung in Bury, wo er jeden Tag Therapie hat, einschließlich Physiotherapie, Logopädie, Psychotherapie und Ergotherapie, außerdem generelle pflegerische Versorgung. Ich wüsste gerne, welche Art Therapie Sie in diesem Stadium Ihrer Genesung bekommen haben. Ich möchte keine unangenehmen Erinnerungen und Gefühle in Ihnen wachrufen, aber Ihre Symptome und Diagnose stimmen praktisch mit denen von Gary überein, und ich weiß, dass mir Ihre Erfahrung helfen würde, Gary zu motivieren, den Kampf fortzuführen. Im Augenblick leidet er unter kleinen quälenden Infektionen, die uns jedes Mal wieder zurückwerfen, wenn es gerade aufwärtsgeht. Ich würde Ihnen gerne in irgendeiner Form helfen und Ihren Kampf, mehr Aufmerksamkeit auf das Locked-in-Syndrom zu lenken, unterstützen.

Ich antwortete all diesen Menschen, so gut es ging, indem ich ihnen meine Erfahrungen vermittelte und ihnen sagte, sie sollten ihren Angehörigen dabei helfen, sich Ziele zu setzen und diese zu erreichen, ganz egal, wie klein oder signifikant sie sein mochten.

Ungefähr zu jener Zeit erhielt ich eine E-Mail von Hazel Cushion, Chefin von Accent Press, die gelesen hatte, dass ich ein Buch schreiben wollte, und die mich ermunterte, weiter daran zu arbeiten, weil sie es gerne verlegen würde. Damit hatte ich ein weiteres Ziel meiner Krankenhauszeit erreicht, denn jetzt konnten all jene Notizen, die ich in den langen und einsamen Stunden von Osborn 4 niedergekritzelt hatte, Teil des Buchs werden.

Über Facebook lernte ich auch eine weitere Mutter aus den Midlands kennen. Sue war verheiratet und hatte einen dreizehnjährigen und einen erwachsenen Sohn. Sie hatte im Sommer einen Schlaganfall erlitten und konnte sich danach nicht mehr bewegen. Wie ich war sie entschlossen, wieder gehen zu können, und sie verlangte nach einer Therapie, die ihr helfen sollte, Treppen hochsteigen zu lernen. Auch sie bot mir an, meine Stiftung zu unterstützen und sich am Kampf für andere zu beteiligen.

Je mehr sich meine Geschichte in der Online-Schlaganfall-Gemeinde verbreitete, desto mehr rückte ich in das Interesse der Medien. Ich lieferte regelmäßige Beiträge für Internet-Foren, in denen das Pflegepersonal von Schlaganfall-Patienten positive Entwicklungen diskutierte und seine Frustrationen teilte.

Ich wurde zu einer Radio-Diskussion über die Frage eingeladen, ob Angehörigen das Recht erteilt werden sollte, die lebenserhaltenden Geräte ihrer nächsten Verwandten abzuschalten, ohne Angst vor strafrechtlicher Verfolgung haben zu müssen. Natürlich war ich dagegen.

Meine Geschichte wurde auch von einem Journalisten des *Daily Mirror* entdeckt, der über 300 Kilometer fuhr, um mich zu interviewen. Das Interview erschien am Freitag, dem 6. November, im Mittelteil der Zeitung. Ich war völlig baff: Kate Allatt, mit einem doppelseitigen Bild in der Mitte des Blattes! Gott sei Dank war es nicht auf Seite drei. Als Dave den Artikel las, brach er in Tränen aus. Meine Geschichte gedruckt zu sehen, führte ihn in die härteste Zeit seines Lebens zurück, und es gab immer noch viele unverarbeitete Emotionen.

Auf die dem Artikel folgenden Reaktionen war ich nicht vorbereitet. Fernsehen, Radio, Frauen-Zeitschriften, alle wollten meine Geschichte haben. Ich fühlte mich jedoch noch nicht sicher genug für einen Fernsehauftritt zur Hauptsendezeit, da ich immer noch große Schwierigkeiten mit dem Sprechen hatte. Dennoch stimmte ich einem Radio-Interview bei unserem regionalen BBC-Sender Sheffield zu, weil ich drei Tage vor meinem Schlaganfall in Rony Robinsons Nachmittagssendung aufgetreten war.

Ich saß im Studio und wartete darauf, dass es losging,

als Rony den Bee-Gees-Hit *Staying Alive* auflegen ließ. Keine schlechte Musikwahl, dachte ich. Rony stellte mich vor, indem er eine Aufzeichnung meiner Aussagen vom 3. Februar abspielte. Die Zuhörer vernahmen die Stimme einer munteren, enthusiastischen jungen Kate, die von ihrem Plan erzählte, für das örtliche Kinderhospiz den Kilimandscharo zu besteigen. Im Anschluss schaltete er das Mikrofon an, und den Hörern bot sich meine Schlaganfall-Stimme, als ich wieder aufleben ließ, was nach der damaligen Sendung geschehen war. In nüchternen Worten schilderte ich den Tag des Schlaganfalls, meine Gefühle, lebendig begraben zu sein und sterben zu wollen, den Ärger, abgeschrieben zu werden, und die Ermutigungen, die ich von Seiten meiner Kinder, Verwandten und Freundinnen erfahren habe, um wieder gehen und sprechen zu lernen. Ich dankte den Bürgern von Dore für den Gemeinschaftsgeist, mit dem sie mir und meiner Familie halfen, die schweren Zeiten zu überstehen. Außerdem wies ich auf mein Vorhaben hin, am 6. Februar, dem Jahrestag meines Schlaganfalls, wieder zu laufen. Und schließlich sprach ich mein neuestes Ziel an, eine Stiftung für jüngere Überlebende eines Schlaganfalls zu gründen.

Nach dem Interview gab Rony die Telefonleitung für Kommentare der Hörer frei und wurde von der Reaktion total überrascht. Er sagte, in seinen sechsundzwanzig Jahren als Rundfunkmoderator habe er noch nie eine Resonanz wie diese erlebt.

Ein Mann schickte eine SMS und schrieb:

Ich war mit dem Auto unterwegs und musste anhalten, um mir die Tränen abzuwischen, als ich diese wunderbare Kate hörte, die so viel Tapferkeit und Mut gezeigt hat.

Ein anderer rief an und gab zu, er habe ebenfalls weinen müssen, als er meine Geschichte hörte. Eine Frau, die gerade auf dem Weg zur Kirche gewesen war, um die Beerdigung ihrer Mutter zu regeln, als sie meine Geschichte hörte, sagte, das Gehörte habe für sie alles relativiert, und sie dankte mir, ihr wieder Mut gemacht zu haben.

Eine andere Hörerin ließ uns wissen, sie habe eine Freundin in Grantham, die ebenfalls einen schweren Schlaganfall erlitten habe, und mich zu hören, habe ihr Hoffnung für ihre Freundin gemacht. Die Anrufe nahmen kein Ende: jeder noch emotionaler als der vorherige.

Ich mag gefühllos klingen, aber es ließ mich gleichgültig, wenn ich hörte, dass mir völlig unbekannte Menschen meinetwegen weinten. Es war, als sei die Kate, über die sie etwas erfahren hatten, eine andere Person aus einer anderen Zeit. Ich verstand auch nicht, weshalb man so viel Aufhebens um mich machte, es war einfach mein Schicksal, und ich hatte es gemeistert. Ich machte weiter. Dennoch bestärkte mich dieses Interesse an meiner Lebensgeschichte in der Überzeugung, welch große Bedeutung meine Stiftung dafür haben könnte, jüngeren Menschen mit Schlaganfall jene Unterstützung und Ermutigung zuteilwerden zu lassen, die sie auf ihrem langen Genesungsweg brauchten. Nach Schätzung der Stroke Association befinden sich von den jährlich 150 000 Menschen in Großbritannien, die einen Schlaganfall erleiden, nur 10 000 noch nicht im Rentenalter, und ein noch geringerer Anteil ist vierzig oder jünger. Diese Altersgruppe also sollte es sein, auf die sich meine Stiftung konzentrieren würde.

Auch wollte ich meine Stiftung an die Spitze diverser Kampagnen setzen, und einer der ersten Fälle, bei dem ich froh war, mich beteiligen zu können, war der von Michelle Wheatley, einer jungen Mutter von zwei Kindern aus Stockport, Greater Manchester. Michelles Eltern Linda und Frank hatten sich mit der Bitte an mich gewandt, sie im Kampf für eine Intensivtherapie in einer Privatklinik zu unterstützen.

Michelle war erst siebenundzwanzig Jahre alt, als sie zur Locked-in-Syndrom-Patientin wurde. Zwei Jahre hatte sie in einer Pflegeeinrichtung mit betreutem Wohnen verbracht, während es ihrem Partner überlassen blieb, sich um die beiden kleinen Kinder zu kümmern. Michelles einziges Kommunikationsmittel war das Blinzeln, und ihre Eltern hatten 17 000 Pfund zusammengebracht, um ihr zu helfen. In einer letzten verzweifelten Anstrengung hatten sie versucht, den Nationalen Gesundheitsdienst dazu zu bewegen, 42 000 Pfund für ein dreimonatiges Intensivtherapie-Programm in einer Privatklinik zur Verfügung zu stellen. Das Gesundheitsamt hatte den Antrag abgelehnt. Jetzt hatten sie sich an mich als Beispiel dafür gewandt, wie die richtige Therapie zu den Ergebnissen führen konnte, die sie sich erhofften. Michelles Schicksal berührte mich, und so hatte ich zugesagt, sie zu besuchen und ihr einige Anregungen zu geben.

Alison begleitete mich, und wir fuhren die siebzig Kilometer nach Stockport, um Michelle und ihre Angehörigen zu treffen. Insgeheim war Alison besorgt, wie ich reagieren würde, wenn ich Michelle in dem Wissen begegnete, dass ich ebenso gut in einer solchen Pflegeeinrichtung hätte enden können. Ich verschwendete keinen einzigen Gedanken daran. Was ich in Michelle erkannte, war eine echte Kämpfernatur.

Ihre Kommunikationsform war das Hochblicken für »ja« und das Senken des Blicks für »nein«, was den Blickkontakt erschwerte. Ich dachte daran, wie meine ausdrucksstarken Augen sehr viel mehr vermittelt hatten als die Wörter auf meiner Kommunikationstafel. Indem ich eine solche Tafel benutzte, fragte ich Michelle, was sie gerne tat. »EINKAUFEN«, signalisierte sie, während die Eltern mir ein Paar schwarzer Stöckelschuhe zeigten, das sie bei einem ihrer letzten Tagesausflüge gekauft hatte.

Ich erklärte Michelle und den Angehörigen, sie müsse sich kleine, aber erreichbare Ziele setzen.

»Stellen Sie sich mal vor, Sie würden aufstehen und in Ihren neuen Schuhen gehen«, schlug ich vor.

Michelles Augen begannen zu glänzen. Ich wusste, dass in Michelles Körper ein mir ganz ähnlicher Geist eingeschlossen war. Sie besaß genügend Kampfeswillen und das nötige Feuer, um in Verbindung mit der richtigen Therapie in eine erfolgreiche Genesung gelenkt zu werden. Mit Vergnügen unterstützte ich Michelles Sache, und drei Tage nach meinem Besuch teilten mir die Eltern mit, der Einspruch gegen die Entscheidung sei erfolgreich gewesen. Michelle bekam eine zweite Chance.

Wie ich Michelles Eltern gegenüber erklärte, bin ich der festen Überzeugung, dass der Geist über den Körper triumphieren kann. Wenn der Verstand etwas wirklich erfasst, kann man alles erreichen. Die Kraft des Gehirns wird gewaltig unterschätzt.

Nachdem Aufgaben und Zielsetzung meiner Stiftung geklärt waren, brauchte ich ein Logo. Eine ehemalige Kollegin und Grafikerin erklärte sich bereit, eines zu entwerfen, das die drei wichtigsten Elemente kombinierte, die meinen Kampf um die Wiedererlangung von Gesundheit und Fitness ausmachten: Ein Auge mit einem Schloss in der Mitte symbolisierte das Eingeschlossensein und meine einzige Kommunikationsform – das Blinzeln. Ein kultiges Bild von Rocky mit der erhobenen Faust stand für meine dauerhafte Inspiration. Rocky war der Underdog, der entgegen aller Wahrscheinlichkeit gewann.

Meine Stiftung sollte für die medizinischen Underdogs kämpfen, denen man jegliche Hoffnung absprach.

Mit diesen Gedanken im Hinterkopf setzte ich mich hin und schrieb einen Brief an meinen *Rocky*-Helden Sylvester Stallone, in dem ich ihn bat, Schirmherr meiner Stiftung zu werden. Ich warte auf seine Antwort.

KAPITEL 44

»Alles, was wir uns zu Weihnachten wünschen, ist unsere Mama«

Normalerweise zeige ich in der Öffentlichkeit keine Emotionen, unter meinen Freundinnen bin ich die Abgebrühte. Woher kam es also, dass ich am Weihnachtstag pausenlos heulte? Die Tatsache, dass ich mich im Herzen meiner Familie befand und sah, wie die Kinder immer aufgeregter wurden, je näher Heiligabend rückte, machte mir bewusst, wie anders alles hätte sein können.

In der Woche zuvor war ich zu einer Weihnachtsfeier in Osborn 4 eingeladen worden. Das Pflegepersonal und die Patienten, die sich noch an mich erinnerten, waren erstaunt, wie gut ich aussah und welche Fortschritte ich gemacht hatte. Beim Gehen war ich kaum noch auf meine Krücken angewiesen, auch wenn ich sie zur Sicherheit behielt. Ich erzählte den Mitarbeitern von meinem Plan, am Jahrestag meines Schlaganfalls den ersten Lauf zu machen, und mehrere Schwestern und Pfleger versprachen, mich dabei zu begleiten.

Heiligabend ist das einzige Mal im Jahr, dass wir gemeinsam zur Kirche gehen, um in Dore den Gottesdienst mit Kerzenlicht und Weihnachtsliedern zu erleben. Im Dorf war es schon lange Tradition, zusammen mit den Freundinnen und deren Kindern daran teilzunehmen, und selbst die Väter machten mit. Im Jahreskalender von Dore war es einer der Höhepunkte.

Allerdings hatten die Kinder mich gewarnt, ich dürfe

nicht mitsingen. Angesichts der zwei Monate Gesangsunterricht, die ich genommen hatte, fand ich das schon ein bisschen harsch. Doch dann erinnerte ich mich an die peinliche Szene, die ich bei Indias Schulkonzert mit meinem Eselslachen heraufbeschworen hatte, und so sah ich ein, dass es vielleicht rücksichtsvoller sein könnte, den Mund zu halten. Dennoch war es ein komisches Gefühl, in der Kirche zu sitzen und bei meinem Lieblingslied nicht mit einstimmen zu dürfen. So beschränkte ich mich auf das Nächstbeste und nieste. Es begann mit einem Kitzeln in der Nase und entlud sich zum Zeitpunkt des stillsten Moments des Gottesdienstes, als der Pfarrer mitten in seiner Predigt war, als Eruption mit einer Lautstärke von 140 Dezibel. Wie peinlich!

Als der Gottesdienst zu Ende war, stand ich wieder mal im Mittelpunkt der Aufmerksamkeit. Ob es nun das Niesen oder der Schlaganfall gewesen war, weiß ich nicht, jedenfalls kamen Leute, die ich seit Heiligabend letzten Jahres nicht mehr gesehen hatte, um mir alles Gute zu wünschen. Es war ein wunderbares Gefühl, außer Haus zu sein und ganz normale Dinge zu tun.

Nach dem Besuch des Gottesdienstes kamen wir unserer christlichen Gemeinschaftspflicht nach und begaben uns in den Dorf-Pub, um uns einen vorweihnachtlichen Schluck zu genehmigen, bevor es nach Hause zur Vorbereitung auf den Weihnachtsmann ging. India und Harvey glaubten schon längst nicht mehr an den Weihnachtsmann, doch mit Rücksicht auf Woody ließen sie mir meinen Willen, als wir im Garten einen Eimer Wasser und eine Möhre für Rudolph das Rentier sowie einen Mince Pie und ein Glas Baileys für den Weihnachtsmann deponierten, ehe wir zu Bett gingen.

Der erste Weihnachtstag war überraschend bewegend. Ich heulte wegen der kleinsten Kleinigkeit. Mark und ich

– 312 –

hatten beschlossen, das Fest zum grandiosesten aller bisherigen Weihnachten zu machen. Acht Monate lang hatten sich die Kinder mit irgendwelchem Plunder zufriedengeben müssen, daher waren wir der Meinung, wir sollten für die Geschenke kein Limit setzen. Wir wollten es getrost übertreiben und sämtliche Wünsche erfüllen, die sie auf ihrer Liste für den Weihnachtsmann notiert hatten und die ausnahmsweise überraschend zurückhaltend ausgefallen war.

Ich hatte per Internet eingekauft: Designer-Klamotten und Turnschuhe für India, Cricket-Set und Manchester-United-Trikot für Harvey und einen Roller für Woody.

Um 7.00 Uhr linste ein Trio aufgeregter Gesichter um die Schlafzimmertür und schleppte die großen Strümpfe hinter sich her. Während sie ihre eigenen Geschenke auspackten, sagte jedes der Kinder, wie gerne es sich selbst eingepackt und sich mir als Geschenk überreicht hätte.

Ich weinte.

India nahm mich zur Seite und gestand: »Mama, ich weiß über den Weihnachtsmann Bescheid, und ich bin ihm dankbar für alles, was er mir gebracht hat. Aber am meisten freue ich mich, dass du hier bist.«

Und wieder heulte ich wie ein Schlosshund.

Um das Weihnachts-Postkarten-Bild einer idealen Familie abzurunden, zündete Mark den Kamin an, und während der Schnee im Garten zu schmelzen begann, saßen wir um das Feuer herum, spielten Gesellschaftsspiele und kuschelten miteinander in der Hitze der Flammen.

Das Weihnachtsessen weckte weitere Emotionen in mir. Braten war mein Lieblingsgericht, es war die erste normale Speise, die ich nach der Entfernung der PEG gegessen hatte, und als Weihnachtsfestessen war es jetzt das Allergrößte. Nachdem ich mich an dem Putenstück verschluckt hatte, passte ich nun besonders gut auf, den Kopf nach vorne zu neigen und langsam zu essen, ohne dabei zu reden, was mir alles andere als leichtfiel.

Während der erste Weihnachtstag dazu diente, als Familie eng zusammenzurücken, die Ruhe zu genießen und uns an der Gesellschaft der anderen zu erfreuen, war der zweite Weihnachtstag Tag der offenen Tür. Von morgens bis spät abends meldeten sich Freunde und Nachbarn, um gemeinsam etwas zu trinken und zu schwatzen.

Sowohl am ersten als auch am zweiten Weihnachtstag ermüdete ich schnell und ging früher zu Bett, als es sich für ein Partymädchen gehörte, doch zum standesgemäßen Feiern fehlte mir einfach das Stehvermögen der alten Kate.

Nach Weihnachten gab es einige gute Nachrichten für mich. Am Donnerstag, den 30. Dezember, erschien ich im Northern General Hospital, um mich der ersten Nachuntersuchung durch den Facharzt für Neurologie, »Ming, den Gnadenlosen«, zu unterziehen. Ich betrat das Sprechzimmer ohne Gehhilfe und nahm vor dem Schreibtisch Platz. Was Ming zu sehen bekam, erstaunte ihn.

»Sie sind ja das reinste Wunder!«, sagte er. »Sie müssen göttlichen Beistand gehabt haben.«

Ich rückte ihm sofort den Kopf zurecht: »Man kann es auch knallharte Arbeit nennen.«

Es ärgerte mich, dass er meine ganzen Anstrengungen, den Punkt zu erreichen, an dem ich jetzt stand, dermaßen abwertete. Allerdings hatte er auch ein kleines Bonbon für mich parat – die Erlaubnis, Auto zu fahren. Ich hätte ihn küssen können. Seitdem ich wusste, dass Mark während meines Aufenthalts auf der Intensivstation meinen Wagen verkauft hatte, liebäugelte ich mit einem neuen Auto – einem roten Mini Cooper Cabrio. Ich hatte Glück, dass Mark bei all seiner Genauigkeit vergessen hatte, meinen Führerschein an die Kraftfahrzeugzulassungsstelle zurückzuschicken. Jetzt teilte mir der Facharzt mit, er sei früher Fahrlehrer gewesen und er freue sich, das medizinische Formblatt ausfüllen zu können, das mich für fahrtauglich erklärte.

Ein paar Wochen später überraschte mich Mark, zu seinem Wort stehend, mit einem verspäteten Weihnachtsgeschenk: einem roten Mini Cooper Cabrio! Nach meinem inspirierenden Kinohelden taufte ich ihn *Rocky*. Mit dem neuen Gefährt unter dem Hintern war ich noch unabhängiger, ich konnte vom Haus zum Wagen gehen und fahren, wohin ich wollte. Ich war nicht mehr aufs Taxi angewiesen, um mich ins Fitnessstudio bringen und von dort abholen zu lassen. Wenn ich in der Stadt eine Freundin auf einen Kaffee treffen wollte, setzte ich mich ins Auto und fuhr einfach los. Einer Plakette für Behinderte sei Dank durfte ich überall in der Nähe meines Bestimmungsortes parken. Es dauerte jedoch ein paar Wochen, bis ich das Kupplungsspiel wieder voll im Griff hatte, und so lange erkannte man mich an den Känguru-Sprüngen meines Autos.

Verglichen mit Weihnachten war Silvester 2010 eine ruhige Veranstaltung. Alison und ihr Mann besuchten uns mit den Kindern. Alison und ich verbrachten die meiste Zeit alleine in der Küche, wir hatten keine Lust auf den ganzen Silvester- und Neujahrszinnober. Alison vermisste ihren Vater, und mir stand nicht der Sinn danach, irgendwelche großen Pläne zu schmieden. Das hatte ich vor genau einem Jahr getan, und man sah ja, wozu das geführt hatte.

Ich schaffte es, bis Mitternacht aufzubleiben, so lange wie nie zuvor seit meiner Entlassung aus dem Krankenhaus, und stieß auf ein besseres Jahr 2011 an, bevor ich schlafen ging.

An diesem Abend postete ich auf Facebook:

2010 ist also vorbei, ich kann nicht sagen, dass mich das traurig stimmt! Es war ein Jahr wie kein anderes. Aber mich gibt es noch, und wie erschöpft der kleine Kämpfer Rocky auch sein mag, ich werde weiter kämpfen und als die zurückkommen, die ich einmal war. Für mich und alle jungen Menschen mit Schlaganfall, insbesondere Locked-in-Syndrom. Danke für die Aufmerksamkeit; sie gibt mir die Kraft, weiterhin jeden Tag zu kämpfen. Das Glas ist NICHT halb leer, es ist halb voll!

KAPITEL 45

Laufen ist meine Freiheit

Sonntag, 6. Februar 2011, war der Tag, an dem ich dieses Kapitel meines Lebens abschließen und mich zu neuen Ufern aufmachen konnte. Es war auf den Tag genau ein Jahr her, dass ich den Schlaganfall gehabt hatte, und es war der Tag, für den ich mir und aller Welt versprochen hatte, wieder zu laufen. Dieses Symbol bedeutete einen gewaltigen Schritt im Zuge meiner Genesung. Meine Freunde und Angehörigen sahen darin die Feier meines Überlebens, doch ich betrachtete es eher als Demonstration, dass ich recht behalten hatte: Ich hatte angekündigt, wieder zu laufen, und jetzt würde ich es tun.

Auf meiner Facebook-Seite postete ich eine Einladung zu diesem Ereignis und legte den Start auf zwölf Uhr mittags bei mir zu Hause fest. Anita hatte eine Reihe von Laufstrecken über 1 bis 5 km ausgesucht und führte den Lauf an, zu dem all meine Freunde und Verwandten und die Dorfbewohner willkommen waren.

In den Wochen vor diesem Jahrestag hatte ich es geschafft, mit meinem Trainer an der Seite zwanzig Meter ohne Unterbrechung zu laufen. Als sich Freunde und Bekannte am Sonntag vor meinem Haus versammelten, meldeten sich Schmetterlinge in meinem Bauch. Meine ernsthaften Lauf-Freundinnen und Marks Mountainbike-Kumpel erschienen in Laufkleidung und Radtrikots, die Mütter der Schulkinder und deren Sprösslinge trugen Leggins und

– 317 –

Turnschuhe, während die Großeltern und älteren Mitglieder der Kirchengemeinde in Wanderstiefeln aufkreuzten.

Eine junge Ärztin, die mich zuletzt gesehen hatte, als ich noch auf der Intensivstation lag, schloss sich der Teilnehmerschaft an und war verblüfft von meiner Entwicklung. Selbst Alison, die mich ständig daran erinnerte, »ich laufe prinzipiell nicht«, erschien in Laufschuhen. Sie argumentierte, wenn ich an diesem bedeutsamen Tag lief, konnte sie sich schlecht verweigern. Sogar ein Kamerateam des örtlichen Fernsehsenders kam, um Aufnahmen für die Abendnachrichten zu machen. Es gab also überhaupt keinen Druck.

Als ich die Schnürsenkel meiner Laufschuhe zuband, eine Aufgabe, die mich vor einem halben Jahr fünf Stunden gekostet hatte, setzte bei mir die Panik ein. Was, falls ich es nicht schaffte? Was, wenn ich versagte und mich öffentlich blamierte? Die Wahrheit ist, dass es keinen der Teilnehmer interessiert hätte. Aber ich besaß eben meinen Stolz.

Mein Trainer war überzeugt, dass ich es schaffte. Wie einen Top-Sportler nahm er mich zur Seite, gab mir ein paar aufmunternde Worte mit auf den Weg und legte mir an meiner schwächeren linken Wade einen Tapeverband an, wie ihn Leute des Kalibers David Beckham, Lance Armstrong oder Andy Murray benutzen, um ihre Leistung zu steigern. In meinem Fall diente er dazu, die schwachen Muskeln zu unterstützen und ihnen die Bewegung zu erleichtern.

Um 12 Uhr machte sich die Menschenmasse, die sich in Haus und Garten versammelt hatte, auf den Weg zum Start. In dem Moment, als ich in das Auto meines Trainers einsteigen wollte, um zur Startlinie gefahren zu werden, hörte ich jemanden meinen Namen rufen. Sue, eine Mutter wie ich, die ihren Schlaganfall überlebt hatte, und die ich bisher nur über Facebook kannte, war nach einer zweistündigen Fahrt mit ihrem dreizehnjährigen Sohn und dem Ehemann erschienen, um mich anzufeuern. Insgesamt zählte ich mehr als 150 Leute am Start, einschließlich Michelle Wheatleys Eltern, die hofften, für ihre Tochter ein Stück Inspiration mitnehmen zu können. Ihr Erscheinen verdeutlichte mir, dass diese Veranstaltung nicht nur für mich wichtig war.

Alle Blicke ruhten auf mir. Als ich aus dem Wagen ausstieg, die matschige Laufstrecke betrat und meinen Platz an der Spitze des Feldes einnahm, war ich überwältigt. Ich hielt mich an meinem Trainer fest, nahm die Starthaltung ein und holte tief Luft. Und dann lief ich. Lief mich frei. Einen Meter, zwei Meter, zehn Meter – ich zählte jeden Einzelnen.

Nach fünfzehn Metern hielt ich an, um Atem zu schöpfen, wobei ich mich bei meinem Trainer abstützen musste. Auf den Gesichtern meiner Freundinnen sah ich Freudentränen. Selbst die Fernsehreporterin, die ich erst vor einer Stunde kennengelernt hatte, kämpfte mit den Tränen. Ich hatte mir vorgenommen, mein ganz eigenes Ziel zu erreichen, doch jetzt wurde sichtbar, wie viel meine Genesung auch anderen bedeutete. Mein Kampf hatte Spuren bei meiner Familie hinterlassen, aber ich hatte auch Einfluss auf das Leben anderer genommen, wie Sue oder die Wheatleys. Das bestärkte mich, für andere zu kämpfen, die nicht meinen Tatendrang besaßen.

Ich konnte meine Gefühle nicht länger zurückhalten, die »Eiserne Lady« brach unter Tränen zusammen, und die Kameras hielten den Moment des Triumphs fest.

»Komm, die letzten fünf Meter schaffst du auch noch!«, feuerte mich mein Trainer an.

Ich atmete tief durch, wischte mir die Tränen aus dem Gesicht, klammerte mich an Alisons Hüfte, und weiter ging es. Der Matsch schmatzte unter meinen Laufschuhen, während ich die letzten Meter mitzählte und dabei durch die Tränen hindurch lachte.

Nach zwanzig Metern war die Tat vollbracht, und ich

rief: »Ich glaube, jetzt brauche ich einen Drink. Wer kommt mit mir in den Pub?«

Ich stand an der Theke unseres Dorf-Pubs und schenkte zur Feier des Tages allen Teilnehmern, die ins Ziel kamen, Gläser mit rosa Schampus ein. Später setzte sich die Party in unserer Küche fort. Die Feier lief auf Hochtouren, als Mark sich auf einen der Essstühle stellte und eine Rede hielt. Er dankte der Gemeinde für die Güte, unsere Familie in diesen schweren Zeiten unterstützt zu haben; er dankte meiner Mutter, dass sie ihn als »Trottel« beschimpft hatte, als er noch einer gewesen war; er dankte unseren Kindern dafür, ihm eine größere Hilfe gewesen zu sein, als sie selbst jemals wissen konnten. An India gerichtet sagte er: »Eines Tages, wenn du älter bist, wirst du verstehen, was du in diesem Jahr für mich getan hast.«

Schließlich blickte er zu mir herüber, während ich neben Alison stand und wir aus Pappbechern Champagner tranken, und verschluckte sich an seinen eigenen Worten, als er sagte: »Ich habe immer gewusst, dass du ein Dickkopf bist, aber mitanzusehen, wie du dein ganzes Leben wieder neu aufgebaut und allen bewiesen hast, dass sie falsch lagen, war grandios. Du bist eine außergewöhnliche Frau!«

Ich lachte und gab Alison ein Zeichen, sie solle meinen leeren Becher wieder füllen. Als ich ihr die Flasche aus der Hand nahm und mich vergewisserte, dass auch der letzte Tropfen in meinen Becher floss, schaute sie mich an und sagte: »Unsere Kate ist wieder ganz die alte.«

NACHWORT

Reflexionen nach einem beschissenen Jahr

*E*in paar Monate nach meiner Rückkehr aus dem Krankenhaus saßen Alison, Anita und ich am Küchentisch, tranken
Earl Grey Tee, knabberten Schokolade und Kekse und mo-
serten über die Männer in unserem Leben. Plötzlich kam
meine Genesung zur Sprache.

»Ich frage mich, was wohl passiert wäre, wenn Mark den
Schlaganfall bekommen hätte, und nicht du«, sagte Alison.
»Ob er wohl auch so hart darum gekämpft hätte, wieder
nach Hause und auf sein Mountainbike zu kommen? Oder
hätte er die ärztliche Meinung einfach hingenommen und
würde jetzt immer noch in einem Krankenhausbett liegen?
Ich glaube nicht, dass mein Chris so gut damit umgegangen
wäre.«

Es traf mich, welch bedeutende Rolle meine Freundinnen und meine absolute Sturheit in meinem Genesungsprozess gespielt hatten. Um nicht missverstanden zu werden:
Die Ärzte und das Pflegepersonal waren unverzichtbar, um
mich während der ersten entscheidenden Stunden am Leben zu halten und mir danach zu helfen, die Nervenbahnen
in meinem Gehirn zu reaktivieren. Auch wenn ich in meinem damaligen Zustand zu dickköpfig und ungehalten war,
dies anzuerkennen, gab es gewisse Schwestern und Pfleger,
die mir das Leben im Krankenhaus erst erträglich machten.

Doch ohne meine Freunde und meine Familie wäre ich
nie so weit gekommen, und vor allem nicht so schnell. Über

die ganzen Monate im Krankenhaus hinweg war es für mich nie selbstverständlich, dass Anita, Alison, Jaqui und die hilfsbereite Truppe von Müttern aus Dore während der Besuchszeiten bei mir aufkreuzten und ihre Zeit mit mir verbrachten, obwohl sie bei sich zu Hause genug um die Ohren hatten.

Es ist schon seltsam, dass man von sich selbst immer ein anderes Bild hat als die anderen. Für mich war sonnenklar, dass ich extrem hohe Erwartungen an mich stellte, und bei den Menschen in meinem Umfeld setzte ich ähnlich hohe Maßstäbe voraus. Doch mir war nicht bewusst, dass praktisch mein gesamtes Netzwerk aus Freundinnen, deren Ehemännern und Freundinnen in mir Kate »die Kämpferin« sah.

Nur ein paar Tage nach meinem Schlaganfall, als ich noch im Koma lag und mein engster Freundeskreis eine Krisensitzung abhielt, leistete sich Anitas Ehemann Bill eine Bemerkung, die dermaßen unsensibel und unrealistisch positiv rüberkam, dass meine Mutter und Mark entsetzt zusammenzuckten. Er stand in unserer Küche, betrachtete das Foto mit Mark und mir und den Kindern beim Surfen in Cornwall und sagte: »Wie ich Kate kenne, ist sie in Nullkommanichts wieder auf den Beinen. In einem Jahr werden wir uns fragen, weshalb wir uns so aufgeregt haben.«

Bills Einschätzung wurde von anderen Dorfbewohnern aufgegriffen, die nur die alte Kate kannten und nicht wussten, welch verheerende Wirkung der Schlaganfall für mich gehabt hatte. Wenn Bill mich zu diesem Zeitpunkt gesehen hätte, gerade einmal zwei Punkte entfernt vom Ende auf der von 0 bis 10 zählenden Todesskala, ohne auch nur das geringste Anzeichen von Bewegung, dann hätte er sich für seine Bemerkung furchtbar schämen müssen. So aber war ein Jahr ins Land gegangen, und er hatte recht behalten.

Mir war bewusst, dass Alison eine ganz entscheidende

Rolle bei meiner Genesung gespielt hatte. Ohne jede medizinische Vorkenntnisse, außer denen aus einem fünfundvierzig Jahre alten Erste-Hilfe-Pfadfinder-Heftchen, schenkte sie mir etwas, das mir kein Mediziner bieten konnte – emotionale Zuwendung, Liebe und Unterstützung. Sie bemitleidete mich nie. Sie redete nie von oben herab auf mich ein, selbst wenn andere es taten, besonders wenn ich im Rollstuhl saß. Sie verbarg ihre eigenen Gefühle, vor allem als ihr Vater starb. So konnte sie mir immer ihre strahlende Miene präsentieren, wenn sie mich besuchte. Sie war mein Verzweiflungsschrei, wenn ich Schmerzen hatte. Sie richtete mich auf, wenn ich deprimiert war, sie war meine ungezogene Komplizin, wenn ich jemanden ärgern wollte. Sie unverblümt fragen zu hören: Warum bist du denn so launisch?«, während alle anderen auf Zehenspitzen um meine Gefühle herumschlichen, reichte schon, um meine Stimmung zu heben. Kurz gesagt, sie war mein Engel in Kitten-Heel-Schuhen von Kurt Geiger. Ich bin der festen Überzeugung, Freundinnen wie Alison sollten geklont und innerhalb des Nationalen Gesundheitsdienstes allen Schlaganfall-Patienten verordnet werden. Ich habe seitdem von vielen anderen gehört, die weit weniger schwere Schlaganfälle hatten als ich und dennoch Jahre brauchten, um sich zu erholen. Ich bin ganz sicher, dass ich mein Leben Alison und ihrer Mitstreiterin Anita verdanke.

Auch Mark war meine Rettung. Falls ich vor meinem Schlaganfall unsere Beziehung jemals infrage gestellt haben sollte, dann wurde sie in den Monaten danach in Stein gemeißelt. Er tat jederzeit das, was er für mich und die Familie für das Beste hielt. Vielleicht schien es zu jenem Zeitpunkt nicht immer die richtige Entscheidung zu sein, und ganz gewiss hat er mich manchmal in den Wahnsinn getrieben. Wir waren häufig unterschiedlicher Meinung, doch der Ärger, den er bei mir auslöste, feuerte mich letztlich unbewusst nur an und forderte mich zum Kampf heraus, und das war mehr als jede positive Bestätigung.

Überhaupt kein Zweifel besteht daran, dass Mark mir am Sonntag, dem 7. Februar 2010, um 18.09 Uhr das Leben rettete und dass er mich aus der Hölle befreite, die Locked-in-Syndrom heißt. Entscheidend aber ist, dass er mich vor der negativen Prognose schützte, die die Ärzte ihm gegenüber die ganze Zeit aufrechterhielten, und dass er trotzdem an mich glaubte.

Nach genauem Nachdenken sind dies die zehn Gründe, weshalb ich das Locked-in-Syndrom besiegt habe:

1. meine Fitness;
2. mein Mann, die Kinder und meine Mutter;
3. meine besten Freundinnen, Alison und die anderen Mütter, Anita, Jaqui und das Netzwerk der Unterstützerinnen, die mich regelmäßig zusammen mit meiner Mutter besuchten;
4. meine Sturheit, die ein »Ich kann es nicht« als Antwort einfach nicht zuließ;
5. die Konzentration darauf, meinen Gliedmaßen den Befehl zu geben, sich zu bewegen, indem ich sie anstarrte und dachte: Bewegt euch endlich, ihr verfluchten Dinger!;
6. meine disziplinierte Therapie sowohl mit den Therapeuten als auch später alleine;
7. dass ich mir Zeitrahmen und Ziele setzte;
8. meine Bereitschaft, Haftungsausschlüsse zu unterschreiben und mich ärztlichem Rat zu widersetzen, um meinem Bauchgefühl zu folgen;
9. dass ich meine vollständige Prognose nie erfuhr;
10. Lachen und die Art und Weise, wie Mark und meine Freundinnen sich über mich lustig machten, statt mich zu bedauern.

*Die glücklichsten Menschen haben nicht das Beste von allem,
sie machen nur das Beste aus allem, was sie haben.*
Kate Allatt, Facebook, 2010

Ich behaupte nicht von mir, Expertin in Sachen Schlaganfall zu sein, doch nachdem ich es selbst durchgemacht und am Ende viele Fähigkeiten zurückgewonnen habe, möchte ich meine sauer verdienten Erkenntnisse mit anderen teilen.

Kein Patient ist mit dem nächsten identisch. Ich habe immer darauf hingewiesen, dass jeder als Individuum zu betrachten ist, und wenn auch nur der kleinste meiner Ratschläge hilft, irgendjemandem, der irgendwo auf der Welt mit Locked-in-Syndrom auf einer Intensivstation liegt, Hoffnung und Ermutigung zu geben, den Kampf fortzusetzen, dann sind meine zwölf Monate auf dem Weg zur Genesung nicht umsonst gewesen.

Dies sind die Dinge, die bei mir und meiner Familie erfolgreich waren:

- **Positiv denken.** Das kann schwerfallen, solange um einen herum jeder negativ eingestellt ist, aber man muss an sich selbst und seine eigene Willenskraft glauben. Wenn einem das Leben beschissen erscheint, sollte man an etwas denken, das einem Mut macht. Für mich waren dies das *Rocky*-Lied und das Bild von Rocky auf den Stufen zum Museum, die ich immer im Hinterkopf behielt, wenn ich Motivation brauchte.
- **Sich selbst Ziele setzen.** Ganz egal, wie klein oder signifikant sie sind. Mein Fernziel lautete, wieder laufen und sprechen zu können, doch der Weg dorthin war weit. Einfachere Vorgaben, wie sitzen, schlucken, einen Stift halten oder einen Computer benutzen zu können, waren positive Einzelschritte auf meinem Genesungsweg.
- **Mit der Kommunikationstafel beharrlich weitermachen.** Die Kommunikationstafel ist unentbehrlich, wenn

man eingeschlossen ist, sie kann aber auch frustrierend sein. Geben Sie Zeichen, wie Sie das Blinzel-System nutzen wollen, und sorgen Sie dafür, dass sich alle daran halten, schließlich gibt es kaum etwas Schlimmeres, als wenn der Patient ein »Nein« geblinzelt hat, und die Pflegeperson denkt, er meinte »Ja«. Auf die Kommunikationstafel gehören vorgefertigte Schlüsselworte, um die Verständigung zu beschleunigen, aber sagen Sie nicht schon vorher, was der Patient vermutlich zu äußern versucht; das ist nämlich verflucht enervierend.

- **Passen Sie auf, worüber Sie reden.** Wenn jemand am Locked-in-Syndrom leidet, kann die Konversation schwierig sein, versuchen Sie deshalb, sich in diese Person hineinzudenken. Wird der Blick trübe, wenn Sie über irgendetwas Bestimmtes reden? Wenn ja, dann gehen Sie schnell zu einem anderen Gesprächsthema über. Für mich war es zu Beginn am schlimmsten, wenn ich mir etwas über meine Kinder anhören musste und was sie ohne mich machten. Die Verlust- oder Trennungsangst brachte mich aus der Fassung und ließ mich Tränen vergießen. Ich wollte nur wissen, dass es ihnen gut ging, sonst nichts. Andere Menschen stimmt es vielleicht tieftraurig, sich etwas über ihre Haustiere oder die Arbeit anhören zu müssen.

- **Nehmen Sie jede sich bietende Hilfe an, wenn möglich mehr.** Die funktionelle Elektrostimulation (FES) ist lebenswichtig und absolut erforderlich, um unwillkürliche Bewegungen zu verursachen, sodass das Gehirn neue Nervenbahnen öffnet. Es mag sich so anfühlen, als bekäme man einen Stromschlag, aber verwenden Sie sie trotzdem. Der Kipptisch ist abstoßend und unbequem, unterziehen Sie sich dennoch der Prozedur. Sie hilft Ihren Gelenken, das Gewicht Ihres Körpers tragen zu lernen, als Vorbereitung, alleine stehen zu können. Tragen

Sie Bein- und Handschienen, sie sind unangenehm und jucken teuflisch, aber wenn Sie jemals wieder gehen oder Ihre Hände gebrauchen wollen, sind sie erforderlich, um Krallenfüße oder verkürzte Fingersehnen zu verhindern.

- **Bringen Sie Ihren Körper dazu, sich zu bewegen.** Ich starrte ständig auf meine Gliedmaße und konzentrierte mich darauf, neue Nervenbahnen zu entwickeln. Das waren Wochen harter Arbeit, doch ich dachte dabei jeden Tag an diesen Hau-den-Lukas-Kraftmesser auf dem Jahrmarkt und stellte mir vor, ich würde den Hammer auf den Knopf donnern. Der Knopf war dabei das Signal des Gehirns, das an meinen Nerven entlangraste, um den Summer in der Mitte zu treffen. Mit jedem Tag wurden die Nerven etwas länger, bis – bingo! – der Summer endlich klingelte und meine Hand sich bewegte.

- **Üben Sie jeden Tag.** Vergessen Sie nicht, das Durchhaltevermögen zählt! Die Tage im Krankenhaus sind lang, wenn man nichts zu tun hat, trainieren Sie deshalb, wenn Sie alleine sind, und bringen Sie Ihre Besucher dazu, Ihnen bei den Übungen zu helfen.

- **Halten Sie sich an etwas, auf das Sie sich freuen.** Egal ob es nun die Besuchszeiten sind, die Sendezeiten Ihrer Lieblingsfernsehserien oder selbst die Hoffnung auf einen kurzen Ausflug in den Krankenhausgarten oder zum Krankenhauslädchen, es hilft, die Langeweile des Stundenlang-im-Bett-Liegens erträglicher zu machen.

- **Nehmen Sie Kontakt zur Außenwelt auf.** Wenn Sie sich, wie ich, einigermaßen gut mit dem Computer auskennen, sollten Sie ins Internet gehen, sobald Sie in der Lage sind, den Computer zu bedienen. Nutzen Sie Facebook und andere soziale Netzwerke für Ihre Kommunikation. Auf mein mentales Befinden hatte dies einen extrem positiven Einfluss, da ich mich nicht mehr im Krankenhaus gefangen fühlte, wenn ich zu jeder Tageszeit mit Freunden in der ganzen Welt kommunizierte. Wenn Sie dem Locked-in-Syndrom unterworfen sind und sich nicht bewegen können, sollten Sie Ihre Besucher dazu bringen, jeden Tag schriftlich für Sie festzuhalten, welche Leistungen Sie heute vollbracht haben. Lustige Briefe von Freunden **oder** Angehörigen sind ebenfalls ein tolles Mittel, Ihre Besucher die Zeit sinnvoll verbringen zu lassen, indem sie Ihnen die Briefe vorlesen, und außerdem können solche Nachrichten Ihnen vermitteln, dass sie noch Teil des Lebens da draußen sind. Gleichermaßen können E-Mails und SMS-Nachrichten Sie spüren lassen, dass Sie noch leben und nicht von der Außenwelt abgeschnitten sind.

- **Stellen Sie die Ärzte infrage.** Sie brauchen denen nicht alles abzunehmen, was sie Ihnen sagen, nur weil sie weiße Kittel tragen. Hegen Sie Ihre Zweifel. Reagieren Sie ruhig pampig, wenn es sein muss. Zwar werden Sie dann nicht als Patient des Monats ausgezeichnet, aber das bringt Sie ohnehin nicht an Ihr Ziel – fit zu sein und wieder nach Hause zu kommen.

- **Seien Sie darauf gefasst, wie Sie aussehen.** Schauen Sie nur in einen Spiegel, wenn Sie stark genug sind, den Menschen, der Sie anblickt, zu ertragen. Das Spiegelbild von jemandem zu sehen, der um zwanzig Jahre gealtert ist und Sie anstarrt, kann einen Schock auslösen. Wenn Sie aber zufrieden sind mit dem, was Ihnen dort begegnet, können Sie den Spiegel als Hilfsmittel für Ihre Mundübungen benutzen.

- **Beweisen Sie allen Zweiflern, dass sie falschliegen!** Spielen Sie ein Spielchen mit ihnen, und wenn Sie sich dem gewachsen fühlen, machen Sie ein Punktesystem daraus. Jedes Mal, wenn Sie den anderen das Gegenteil bewiesen und ein angeblich unerreichbares Ziel geschafft haben, ist das ein weiterer Punkt für Sie.

- **Wissen, was man will.** Nachdem Sie sämtliche Risiken

abgewogen haben und schließlich der Meinung sind, ein Risiko sei es wert, eingegangen zu werden, nehmen Sie es auf sich. Die Ärzte haben Angst um ihren Job und befürchten Klagen, in Ihrem Interesse aber könnte es sein, eine Alternative zu versuchen. Sie kennen Ihren Körper. Mit Ihrer Intuition liegen Sie häufig richtig, Ärzte, Therapeuten und Pflegepersonal müssen Ihnen mehr vertrauen. Seien Sie bereit, einen medizinischen Haftungsausschluss zu unterzeichnen, wenn Sie einen ärztlichen Rat nicht befolgen; seien Sie dabei aber sicher, dass Ihr Bauchgefühl recht hat.

- **Setzen Sie sich kein Limit für Ihre Genesung und Ihren Zeitrahmen.** Jegliche Verbesserung Ihres Zustands ist jederzeit möglich, wenn Sie im Kopf positiv und stark bleiben, wie schwer das auch immer fallen mag.
- **Kanalisieren Sie Ihren Ärger.** Wenn die Ärzte oder Ihre Angehörigen Sie verärgern, weil sie Ihrem Weg nicht folgen können, werden Sie nicht wütend, sondern aktiv. Vielleicht bemerken die anderen nicht einmal, dass Sie sich ärgern, verwandeln Sie Ihren Frust daher in eine Ihr-könnt-mich-mal-Haltung und machen Sie, was Sie wollen. Bei mir klappte das, obwohl meine Ärzte, das Pflegepersonal und die Freundinnen es nie darauf abgesehen hatten, mich zu verärgern!
- **Verplempern Sie Ihre Zeit nicht mit Träumen, arbeiten Sie lieber. Das Leben ist viel zu kurz! Und ignorieren Sie Kopfschmerzen nicht.**

DANKSAGUNGEN

Nachdem der erste Jahrestag nun vorüber ist, halte ich es für angemessen, in diesem Buch einigen Leuten zu danken. Meiner Mutter, die für mich tat, was nur Mütter am besten können – erstmals seit langer Zeit war ich wieder dein Baby. Alison French, meiner besten Freundin und »Komplizin«, die nie gelobte, sich um mich zu kümmern, wie es bei der Eheschließung geschieht, es aber trotzdem tat – ihre Albernheit, ihre Unterstützung, ihre bedingungslose Freundschaft und ihr von Bemitleidung freier Umgang mit mir waren fantastisch. Ihr Instinkt, ihre Hilfsbereitschaft und Selbstlosigkeit, ungeachtet ihres eigenen persönlich furchtbaren Jahres, waren von unschätzbarem Wert. Anita Hine und Jaqui Perryer, meinen schwer geprüften Lauffreundinnen, die mir beistanden und sich oft zusammentaten, um mich sowohl in praktischen Dingen als auch durch mütterliche Zuwendung zu unterstützen. Den gesamten Mitarbeitern der Intensivstation, die mich am Leben hielten, und dem Therapeutenteam, insbesondere Emma, die mich wie eine der ihren behandelte, und Oliver mit seinem sarkastischen Humor, der mich immer antrieb und mich bezüglich meiner Vorliebe für *The Smiths* verwöhnte.

Amy, Sharon, Sarah und Kerry, euer derber Sinn für Humor und Gelächter half mir, alles durchzustehen. Dank an meinen Stiefvater Dave, meine Schwester Abi, meine Schwägerin Ann und Schwager Kev – »Was fällt dir ein, deine Puschen unter die Treppe zu stellen!«. An Jo, dass sie mich die ganze Zeit maniküft hat! An Ali dafür, dass sie Ersatzmutter gespielt hat, und an Rob, dass er als Augenweide für die Schwestern herhielt. An Annas berühmt-berüchtigte Fischpastete. An alle Frauen der Kirchengemeinde, die während meiner Abwesenheit für Mark und die Kinder gekocht haben. An Michael, meinen Trainer, zusammen mit Alister vom Esporta Health & Fitness, die mir halfen, meinen Zeitplan einzuhalten, und mir eine zweite Lebenschance gaben. An Alison Stokes, die meine umfangreichen Vorgaben in eine lesbare Form brachte und mir außerdem half, mein Vermächtnis an meine Kinder weiterzugeben, und die mich dabei unterstützte, anderen Locked-in-Syndrom-Patienten, deren Angehörigen und Freunden Hilfe und echte Hoffnung zukommen zu lassen. An Hazel von Accent Press, denn wenn Sie mich nicht auf Facebook gefunden hätten, hätte ich nie Gelegenheit gehabt, meine Geschichte zu veröffentlichen.

Dank an John bei SM4B, der meine Facebook-Seite gestaltet hat, und an Allan und Annie, die das tolle Logo für meine Fighting-Stroke-Stiftung entwarfen. An Anne Marie für ihre Freundlichkeit und die Gebete, und an Lise, die mir buchstäblich das Leben rettete. An Lindsay und Sue von Co-op, die meinen Kindern gegenüber so viel Wärme zeigten. An Sue Hopkinson und die Dore Primary School. An Lisa für ihre herrlichen Zitronen-Ingwer-Plätzchen! Ganz besonders an die Mütter, die für mich die schönen Clarins-Cremes kauften, als ich auf der Intensivstation lag. An die Freimaurer von Dore für ihre fortwährende Unterstützung und Spendensammlungen. An die Frauen, die in diesem Buch als »Truppe« auftreten, ich hoffe, ihr seid mit meinen Berichten zufrieden! An alle, die das Wohltätigkeits-Radrennen am Derwent-Stausee unterstützt haben, ich danke euch sehr. An meine erste beste Freundin Donna Dank dafür, dass sie wieder so sehr für mich da war, und für den Urlaub in Disney World! An meine Fans auf Facebook und Twitter, die meine Entwicklung verfolgten und mir die Kraft gaben, weiterzukämpfen. An die Mountainbike-Ehemänner Chris, James, Bill, Andy, Simon, Adrian und Gary, Dank dafür, dass ihr da wart, um euch Marks Witze anzuhören und seinen kranken Sinn für Humor zu ertragen! An Mark für den Beweis, wie sehr er mich liebt; er machte seinem Ehegelöbnis alle Ehre und war für mich da, häufig mit der wenig beneidenswerten Aufgabe, harte Entscheidungen zu treffen. An meine Kinder, die sich die ganze Zeit so unglaublich belastbar zeigten und heute noch zeigen, obgleich die Schonzeit mit gutem Betragen mittlerweile vorbei ist!

Ich hoffe, dass dieses Buch Bewusstsein schafft, Hoffnung weckt und anderen Überlebenden mit Locked-in-Syndrom sowie jungen Schlaganfall-Patienten praktische Hilfe und Ratgeber ist. Wer sagt denn, dass der Gemeinschaftsgeist gestorben sei? Ich habe in vielen Ecken dieser Welt gelebt, aber ich versichere Ihnen, dass ich nirgendwo anders zu Hause sein möchte als in Dore.

Ein herzliches »Dankeschön!« euch allen.

Kate

FIGHTING STROKES
Young & Locked-in-Syndrome

*›Gib jenen Kraft und Mut, die einen
Schlaganfall erlitten haben,
einschließlich Locked-in-Syndrom,
und unter 60 Jahre alt sind‹*

Zielsetzung

- Bewusstsein schaffen
- Informationen für Bezugspersonen und
in Therapie eingebundenes Personal
- Hilfsangebot für Angehörige und Freunde
- Hilfsangebot für Patienten

http://www.fightingstrokes.org

Die beeindruckende Reise einer jungen Frau in die Freiheit

Meral Al-Mer
NICHT OHNE MEINE
MUTTER
Mein Vater entführte
mich als ich ein Jahr alt war.
Die Geschichte
meiner Befreiung
336 Seiten
mit zahlreichen
Abbildungen
ISBN 978-3-404-60706-8

Wo Merals Familie herkommt, da herrschen die Männer: stolze, auch kluge Männer, manchmal. Aber häufig brutal, ohne Respekt vor dem Körper einer Frau. Und ohne Angst davor, dass sie sich wehren könnte. Meral hat sich befreit, von ihrem Vater, der sie entführte, als sie ein Jahr alt war. Den sie anzeigte wegen seiner Gewalttätigkeit und grausamen Demütigungen, unter denen sie litt, solange sie bei ihm leben musste. Und sie hat wiedergefunden, was sie so lange entbehrte: ihre Mutter, die sie mehr als 25 Jahre nicht sehen durfte.

Bastei Lübbe Taschenbuch

Eine Liebeserklärung an ein Kind, das viel zu früh sterben musste

Anne-Dauphine Julliand
DEINE SCHRITTE
IM SAND
Das kurze,
aberglückliche Leben
meiner Tochter
Aus dem Französischen von
Ulrike Werner-Richter
240 Seiten
ISBN 978-3-404-60712-9

Ein strahlendes Lachen, so voller Leben: Thaïs ist ein süßes Kind. Eines Tages bemerkt Anne-Dauphine jedoch, dass mit ihrer zweijährigen Tochter etwas nicht stimmt. Ein Arzt stellt die erschütternde Diagnose: Die kleine Thaïs leidet unter einer seltenen Krankheit und wird schon bald sterben. Anne-Dauphine schwört sich: Die wenige Zeit, die bleibt, wird sie ihrem Liebling so schön wie möglich gestalten. Auch wenn ihr Leben schwierig wird, soll die Kleine stolz darauf sein können. Dieses mutige Versprechen verändert die Familie für immer.

»*Ein einzigartiges Zeugnis*«
LE FIGARO

Bastei Lübbe Taschenbuch